Wegweiser

Herzlich willkommen! Sie haben sich dazu entschlossen, Arabisch zu lernen – und Sie wollen sich über einfache Floskeln hinaus intensiver mit der Fremdsprache beschäftigen. Dieser Praktische Lehrgang wird Ihnen gründliche Kenntnisse des Arabischen vermitteln. Da die reine Hochsprache, die aus dem klassischen Arabisch entstand, sehr komplex ist und im Alltag nicht praktiziert wird, haben wir uns auf ein wesentliches Gerüst von Regeln beschränkt. Die Auswahl von Wortschatz und Grammatik orientiert sich vor allem am gesprochenen Arabisch, wie es in den zahlreichen arabischen Dialekten vorkommt. Sie werden also die häufigsten 1.000 Wörter und wichtigsten grammatischen Strukturen kennenlernen, um Situationen des Alltags sowohl schriftlich als auch mündlich auf Hocharabisch zu bewältigen. Oft kommen Hochsprache und Dialekt – je nach Situation und Bildung des Sprechers – miteinander verwoben vor. Daher erhalten Sie zusätzlich wichtige Informationen über die Sprachverwendung in den Dialekten am Beispiel des Syrischen und Ägyptischen.

Sie haben sich dafür entschieden, zu Hause und wahrscheinlich ohne Lehrer Arabisch zu lernen. Weil wir Sie dabei nicht allein lassen wollen, haben wir das Buch durchgängig klar strukturiert und darauf geachtet, besonders ausführliche und einfache Erklärungen, anschauliche Beispiele und nützliche Lerntipps aufzunehmen. In den folgenden beiden Abschnitten erfahren Sie, wie die Lektionen aufgebaut sind und wie Sie mit dem Buch arbeiten können. Sollten Sie lieber gleich loslegen wollen, überspringen Sie sie einfach.

Wie sind die Lektionen aufgebaut?

Alle Lektionen sind auf dieselbe Art und Weise aufgebaut, sodass Sie sich im Buch leicht zurechtfinden werden. Blättern Sie am besten einmal ein paar Seiten durch, damit Sie sich selbst einen Eindruck verschaffen können.

Auf der ersten Seite finden Sie neben der Lektionsnummer einen Kasten, der Ihnen verrät, was Sie in der Lektion erwartet. Danach geht es richtig los: Jede Lektion beginnt mit einem **Lesetext**, der aus der arabischen Alltagswelt kommt und ein Beispiel für eine der vielen Textsorten des geschriebenen Arabisch darstellt. Für das leichtere Verständnis haben wir eine Übersetzung hinzugefügt.

In der Rubrik **Was gibt es Neues?** ما الجديد؟ wird Ihnen der Grammatikschwerpunkt der jeweiligen Lektion erklärt. Mithilfe der Erklärungen und der Beispiele aus dem ersten Text wird Ihnen schnell deutlich werden, was es hier zu lernen gilt.

Anschließend kommt schon der Haupttext der Lektion, ein **Dialog**, der Sie vor allem mit dem gesprochenen Arabisch vertraut macht. Im Anhang finden Sie eine Übersetzung des Dialogs und auf den CDs können Sie den

Dialog auf Hocharabisch sowie im syrischen und ägyptischen Dialekt hören, sodass Sie Aussprache, Rhythmus und Melodie des gesprochenen Arabisch erleben und vergleichen können. Alle Texte werden selbstverständlich von Muttersprachlern gesprochen.

In der Rubrik **Vokabeln المفردات** sind alle neuen Wörter aus den beiden Texten der Reihenfolge nach aufgeführt und übersetzt. Um Ihnen bei der Aussprache zu helfen, haben wir in den ersten fünf Lektionen auch jeweils die Umschrift hinzugefügt. Manchmal finden Sie hinter einem Wort eine kleine Anmerkung, die Ihnen einen Hinweis darauf gibt, was der Begriff wörtlich bedeutet, in welchem Zusammenhang er benutzt wird oder welcher Wortart er angehört. Die Wortlisten sind zum Teil recht lang. Sie müssen aber nicht alle Wörter gleichermaßen intensiv lernen. Die normal gedruckten Wörter benötigen Sie zwar für das Verständnis des Textes, Sie müssen sie jedoch an dieser Stelle nicht aktiv beherrschen. Die fett gedruckten Wörter dagegen sollten Sie sehr gut lernen. Sie werden in den nächsten Lektionen vorausgesetzt.

Der anschließende Teil **Grammatik القواعد** macht Sie Schritt für Schritt mit den neuen Strukturen des Arabischen vertraut. Sie müssen sich aber nicht erst durch die ganze Grammatik einer Lektion durcharbeiten, bevor Sie die Übungen machen können. Der gelbe Pfeil hinter den Zwischenüberschriften verrät Ihnen, welche Übungen welchen Grammatikthemen zugeordnet sind. Wenn Sie einen grammatikalischen Begriff nicht verstehen, können Sie ihn in der Liste der **grammatischen Fachausdrücke** ab Seite 11 nachschlagen.

Unter der Überschrift **Sprachgebrauch استعمال اللغة** zeigen wir Ihnen, wie Sie die Sprache verwenden, um alltägliche Situationen auf Hocharabisch zu meistern. Lernen Sie die Redewendungen gut, und beeindrucken Sie Ihre Gesprächspartner auf Ihrer nächsten Reise!

Unter **Weitere nützliche Ausdrücke عبارات مفيدة أخرى** finden Sie Wörter und Wendungen, die zu den Themen der Lektion gehören und die Sie sich gut einprägen sollten.

Anschließend finden Sie Erklärungen zu Strukturen und Wörtern, die **Im Dialekt في العامية** vom Hocharabischen abweichen und oft vereinfacht sind. Als Beispiele haben wir Syrisch und Ägyptisch ausgewählt, da diese beiden Dialekte aufgrund ihrer Verbreitung in den Medien in der ganzen arabischen Welt verstanden werden. Sie müssen diese Varianten nicht auswendig lernen. Die Erklärungen sollen Ihnen vielmehr beim Verstehen der syrischen und ägyptischen Variante des Dialogs helfen, die Sie auf den CDs hören können.

Sie können übrigens alle hocharabischen Wörter, die im Buch vorkommen, auch im **Glossar** am Ende des Buchs nachschlagen. Dort finden Sie neben der Übersetzung und der Angabe der Lektion, in welcher das Wort erstmalig vorkommt, auch die Umschrift für alle Wörter. Diese Umschrift, die Umschrift der Deutschen Morgenländischen Gesellschaft (DMG), wird von vielen deutschsprachigen

Orientalisten benutzt und gibt nicht nur die Lautung wieder, sondern hält sich in ihrer Systematik eng an die arabische Schreibung.
Interessante **Informationen** über Land und Leute finden Sie überall dort, wo das Symbol **i** erscheint.

Am Ende jeder Lektion heißt es Üben, Üben und nochmals Üben. Dazu dienen Ihnen die vielen **Übungen التمارين**. Durch zahlreiche Übungstypen erhalten Sie die Gelegenheit, den Wortschatz und die neu erlernten grammatischen Strukturen vielfältig und abwechslungsreich zu üben. Die Übungen sollten Sie schriftlich lösen. Sie können das Buch dabei als Arbeitsmaterial benutzen und Ihre Antworten oder Notizen direkt hineinschreiben. Die Lösungen aller Übungen sind im Anhang abgedruckt.

Auf den beiden Übungs-CDs bieten wir Ihnen ein abwechslungsreiches **Hör- und Sprechtraining**, das Sie in die verschiedensten Alltagssituationen hineinversetzt. Es ist den Lektionen im Buch direkt zugeordnet.

Nach jeweils fünf Lektionen können Sie Ihre Lernfortschritte anhand eines **Tests** überprüfen. Erst wenn Sie sich beim Lösen der Tests wirklich sicher fühlen, sollten Sie sich den nächsten Lektionen zuwenden.
Die Auswertung und die Lösungen zu den Tests finden Sie ebenfalls im Anhang.

Wie sollten Sie mit dem Buch arbeiten?

Grundsätzlich gilt hier wie beim Sprachenlernen überhaupt: Nehmen Sie sich nicht zu viele Seiten auf einmal vor. Üben Sie stattdessen lieber täglich – 30 Minuten reichen schon.
Bevor Sie mit der ersten Lektion beginnen, sollten Sie sich mit der Aussprache und Schreibung des Arabischen in der **Vorlektion** beschäftigen und die Buchstaben und Beispielwörter mehrmals abschreiben und auf der ersten Übungs-CD anhören.

Nun können Sie mit der ersten Lektion beginnen. Lesen Sie den ersten Text und erschrecken Sie nicht vor den vielen unbekannten Wörtern. Bei diesem Text ist es nämlich gar nicht wichtig, dass Sie ihn Wort für Wort verstehen. Es genügt, wenn Sie erkennen, worum es geht.

Ganz anders sollten Sie mit dem Dialog, dem eigentlichen Haupttext jeder Lektion verfahren. Bei diesem Text ist es wichtig, ihn zu hören, also hautnah mit Melodie und Rhythmus zu erleben. Hören Sie sich den Dialog zunächst ein- oder zweimal ohne Buch an und notieren Sie sich alles, was Sie verstanden haben. Das können einzelne Wörter, ganze Satzteile oder auch nur ein paar Assoziationen sein. Damit Ihnen das Zuhören und Verstehen leichter fällt, haben wir die Dialoge auch in einem verlangsamten Sprechtempo aufgenommen. Vielleicht hilft es Ihnen auch, den Text in mehrere kleine Hör-Etappen zu unterteilen. Hören Sie anschließend den ganzen Dialog noch einmal an. Erst jetzt sollten Sie dabei das Buch vor sich liegen haben. Wenn Sie

mithilfe der Wortliste und eventuell auch der Übersetzung das Gefühl haben, den Text gut zu verstehen, sollten Sie ihn laut vorlesen. Setzen Sie dabei ruhig Ihr schauspielerisches Können ein und imitieren Sie unsere Sprecher!
Um die neuen Wörter auch langfristig im Gedächtnis zu behalten, ist es sinnvoll, sie abzuschreiben. Sehr bewährt hat sich dabei eine Lernkartei (Zettelkasten).

Die schriftlichen Übungen im Buch dienen dazu, Grammatik, Wortschatz, die Grundlagen der Aussprache und die anfangs fremde Schrift zu üben. Mit Hilfe des Lösungsschlüssels im hinteren Buchteil können Sie jederzeit überprüfen, ob Sie alles richtig gemacht haben.
Um das Hören und Sprechen zu erlernen, sollten Sie von Anfang an regelmäßig mit den beiden Übungs-CDs arbeiten. Bei manchen dieser Hörübungen werden Sie das Begleitheft brauchen, z.B. um etwas anzukreuzen. Alle anderen sollten Sie aber möglichst ohne Begleitheft lösen, denn schließlich geht es bei diesen Übungen ja darum, Hörverständnis und Sprechfertigkeit zu trainieren! Zur Sicherheit finden Sie jedoch im Lösungsteil des Begleithefts eine Verschriftlichung des Hörtextes – auf die Sie aber nur im Notfall zurückgreifen sollten.

Viel Spaß und viel Erfolg!

Abkürzungen

adv.	Adverb
äg.	ägyptisch
arab.	arabisch
bzw.	beziehungsweise
d.h.	das heißt
engl.	englisch
etw.	etwas
f	feminin
frz.	französisch
geb.	geboren
geogr.	geografisch
ggf.	gegebenenfalls
Imp.	Imperativ
islam.	islamisch
jdm.	jemandem
jdn.	jemanden
jmd.	jemand
koll.	Kollektivum
m	maskulin
n. Chr.	nach Christus
örtl.	örtlich
Pl.	Plural
syr.	syrisch
umg.	umgangssprachlich
usw.	und so weiter
vgl.	vergleiche
VL	Vorlektion
wörtl.	wörtlich
z.B.	zum Beispiel
zeitl.	zeitlich

Inhaltsverzeichnis

Wegweiser	3
Abkürzungen	6
Lektionsübersicht	8
Grammatische Fachausdrücke	11
Vorlektion	14
Lektion 1	33
Lektion 2	45
Lektion 3	57
Lektion 4	69
Lektion 5	81
Test 1	93
Lektion 6	95
Lektion 7	107
Lektion 8	119
Lektion 9	131
Lektion 10	143
Test 2	155
Lektion 11	157
Lektion 12	169
Lektion 13	181
Lektion 14	193
Lektion 15	205
Test 3	217
Übersetzung der Dialoge	219
Grammatikübersicht	227
Lösungen zum Lektionsteil	230
Lösungen zu den Tests	241
Glossar	243

Lektionsübersicht

	Texte		Themen / Sprechabsichten	Grammatik
VL	**Lesetext** Landkarte:	العالم العربي	Die arabischen Länder **Info:** Wörter aus dem Koran	Schrift und Aussprache Der Artikel Sonnen- und Mondbuchstaben Zahlen bis 10
1	**Lesetext** Pässe: **Dialog**	مصري وسورية أهلاً وسهلاً!	Sich begrüßen Nach dem Befinden fragen Sich und andere vorstellen Namen und Herkunft erfragen Sich verabschieden **Info:** Sich grüßen	Feminina Nisba-Adjektive Personalpronomen Demonstrativpronomen Nominalsätze
2	**Lesetext** Hotelprospekt: **Dialog**	مرحباً بكم في فندق الباشا! بكم الغرفة؟	Rund ums Wohnen Ein Hotelzimmer buchen Nach dem Preis fragen Übersetzung von *bitte*	Personalsuffixe Übersetzung von *haben* Dual und Plural Wurzeln und Strukturen
3	**Lesetext** Stadtplan: **Dialog**	خريطة المدينة جديد في المدينة	In der Stadt Nach dem Weg fragen Wege und Orte beschreiben	Adjektive Zahlen bis 100 Zahlen in Verbindung mit Substantiven
4	**Lesetext** Verkehrsschilder: **Dialog**	إشارات المرور إلى مركز المدينة	Verkehrsmittel Ortsbezeichnungen Smalltalk unterwegs Zeitangaben **Info:** Taxifahren	Genitivverbindungen Verneinung von Nominalsätzen Sätze mit كان
5	**Lesetext** Brief: **Dialog**	رسالة من القاهرة على التليفون	Nach der Uhrzeit fragen Uhrzeiten angeben Wochentage Sich verabreden **Info:** Wochenende	Vergangenheit Das Fragewort *was* in Verbalsätzen Akkusativ

Texte	Themen / Sprechabsichten	Grammatik	
Lesetext Filmankündigung: فيلم مصري **Dialog** في مقهى أبو سعيد	Familienstand Berufe Altersangaben Redewendungen mit الله **Info:** Bedeutung der Familie	Gegenwart und Zukunft Adverbien	6
Lesetext Werbung: محل للشرقيات **Dialog** في السوق	Einkaufen und Verhandeln Preisangaben Farben Sich entschuldigen **Info:** Währungen	Verben mit Präpositionen Personalsuffixe an Präpositionen Imperativ Zahlen bis 1000	7
Lesetext Rezept: سلطة تبولة **Dialog** في المطعم	Im Restaurant Lebensmittel Abneigungen und Vorlieben **Info:** Rechnungen in Restaurants	Verbstämme Grundstamm und VIII. Stamm Personalsuffixe an Verben Verneinung von Verbalsätzen Kollektiva	8
Lesetext Grußkarte: عيد مبارك! **Dialog** رمضان كريم!	Familienmitglieder vorstellen Gratulieren **Info:** Islamische Festtage	IV. Stamm Schwache Verben Indirekte Rede	9
Lesetext Internetseite: معلومات عن الأردن **Dialog** أريد أن أسافر	Himmelsrichtungen Über Reisepläne sprechen Vorschläge machen	II., III. und X. Stamm Modalverben Nebensätze mit *dass* Ordnungszahlen	10
Lesetext Koransure: من القرآن الكريم **Dialog** عن الإسلام	Informationen über den Islam Nach der Bedeutung fragen Übersetzung von *jede(r,s), ganze(r,s)* und *alle* **Info:** Der Koran	Relativsätze Rückweisende Personalsuffixe Wiederholungszahlen Aufzählungen	11

	Texte		Themen / Sprechabsichten	Grammatik
12	**Lesetext** Witz: **Dialog**	 نكتة غبية! كيف كان السفر؟	Körperteile Über Krankheiten sprechen	V., VI. und VII. Stamm Vergangenheit mit كان + Gegenwart Nebensätze der Zeit
13	**Lesetext** Formular: **Dialog**	 إستمارة أحتاج إلى مساعدة	Formulare ausfüllen Monatsnamen Datumsangaben Um Hilfe bitten **Info:** Islamische Zeitrechnung	Verbalsubstantive Verbalsubstantive als Ersatz für Verben Umschreibung des Passiv Zahlen ab 1000
14	**Lesetext** Schlagzeilen: **Dialog**	 من الجريدة أخبار التلفزيون	Zeitungsmeldungen und Fernsehnachrichten verstehen Zustimmen und Widersprechen Feststehende Redewendungen **Info:** Arabisch im Fernsehen	Steigerung der Adjektive Partizipien Partizipien als Ersatz für Verben
15	**Lesetext** Lied: **Dialog**	 أغنية من لبنان من الربيع حتى الخريف	Einladen Sich bedanken Jahreszeiten Wetter Fragewörter **Info:** Die Sängerin Fairuz	Schwache Verben Doppelt schwache Verben

Grammatische Fachausdrücke

Fachausdrücke	deutsche Bezeichnung und Erklärung	Beispiele
Adjektiv	Eigenschaftswort	*die **große** Stadt*
Adverb	Umstandswort der Zeit oder der Art und Weise	*morgens* *Er spricht **schnell**.*
Akkusativ	4. Fall (wen oder was?)	*Ich sehe **den Mann**.*
Aktivpartizip	Mittelwort der Gegenwart, Partizip Präsens	*die **liebende** Mutter*
Artikel	Geschlechtswort	*der, die, das, ein, eine*
Attribut	nähere Bestimmung	***eine anstrengende** Reise*
bestimmt	mit Artikel oder Possessivpronomen	***das** neue Auto, **mein** neues Auto*
Dativ	3. Fall (wem oder was?)	*Ich spreche mit **dem Mann**.*
Demonstrativpronomen	hinweisendes Fürwort	*dieser, diese*
Diphthong	Doppellaut, Doppelvokal	***ei** in mein, **au** in Auto*
Dual	Zweizahl	*die beiden Brüder*
Einsprengsel	Zwischensilbe	*nachgefragt*
feminin	weiblich	*die Frau, die Suppe*
Genitiv	2. Fall (wessen?)	*das Auto des Mannes*
Geschlecht	männlich, weiblich, sächlich	*der Mann, die Frau, das Kind*
Imperativ	Befehlsform	*Frag mich!*
Infinitiv	Grundform des Verbs	*schreiben, gehen, kaufen*
Kollektivum	Pluralwort	*Obst, Gemüse*
Komparativ	1. Steigerungsform des Adjektivs	*größer, besser*
Konjugation	Beugung des Verbs in den einzelnen Zeitformen	*ich sagte, er geht*
Konjunktion	Bindewort	*da, weil, aber, und*
Konsonant	Mitlaut	*b, c, d, s, t...*
maskulin	männlich	*der Mann, der Tisch*
Modalverb	Verb, das Möglichkeit, Fähigkeit, usw. ausdrückt	*können, müssen*

Fachausdrücke	deutsche Bezeichnung und Erklärung	Beispiele
Nebensatz	untergeordneter Teil eines Satzgefüges, der durch Konjunktion oder Relativpronomen eingeleitet wird	*Wir kommen,* ***wenn wir fertig sind.***
neutrum	sächlich	*das Kind, das Auto*
Nisba-Endung	Endung zur Bildung von Adjektiven und Substantiven	أَلْمانِي [almānī] *deutsch, Deutscher*
Nominalsatz	Satz ohne Verb	*Wohin so spät?*
Nominativ	1. Fall (wer oder was?)	***Der Mann*** *sieht fern.*
Objekt	Ausdruck im 3. oder 4. Fall (wem, wen oder was?)	*mich, mir, den Mann, dem Mann*
Partikel	Kurzwort	*nicht, wo, wer*
Passiv	Leideform	*ich werde abgeholt*
Passivpartizip	Mittelwort der Vergangenheit, Partizip Perfekt	*die* ***geliebte*** *Mutter*
Personalpronomen	persönliches Fürwort	*ich, du, er*
Personalsuffix	Pronomen als Nachsilbe an Substantiven, Präpositionen und Verben	كِتابي [kitābī] *mein Buch,* كِتابَكِ [kitāb**ak**] *dein (m) Buch*
Plural	Mehrzahl	*Tage, Berufe*
Possessivpronomen	besitzanzeigendes Fürwort	*mein, dein, sein*
Prädikat	Satzaussage zum Subjekt	*Sie* ***ist schön.***
Präposition	Verhältniswort	*an, zu, über*
Pronomen	Fürwort	*ich, mein, mir, mich*
Relativpronomen	bezügliches Fürwort	*das Buch,* ***das*** *ich lese*
Relativsatz	Nebensatz, der durch ein Relativpronomen eingeleitet wird	*Der Mann,* ***der dort wohnt,*** *ist ein Freund von uns.*
Singular	Einzahl	*Haus, Stadt*
Struktur	Wortbildungsmuster, bei dem die Konsonanten ف – ع – ل [f–ʿ–l] als Platzhalter stehen	مَفْعَل [mafʿal] *Struktur für Ortsbezeichnungen:* مَكْتَب [maktab] *Büro*

Fachausdrücke	deutsche Bezeichnung und Erklärung	Beispiele
Subjekt	Ausdruck im 1. Fall (wer oder was?)	*ich, der Mann*
Substantiv	Hauptwort, Nomen	*Buch, Film*
Superlativ	höchste Steigerungsform	*der* ***schönste*** *Film*
unbestimmt	ohne Artikel oder Possessivpronomen	*neues Auto*
unvokalisiert	ohne Hilfszeichen für kurze Vokale	كتب [kutub] *Bücher*
Verb	Zeitwort	*machen, gehen, kaufen*
Verbalsatz	Satz mit Verb	*Er geht zum Arzt.*
Verbalsubstantiv	vom Verb abgeleitetes Substantiv	*Essen, Bedienung*
Verbstamm	Bildungsmuster für Verben, bei dem die Konsonanten ف – ع – ل [f–ʿ–l] als Platzhalter stehen	فَعَل [faʿal] *Verb im Grundstamm:* كَتَب [katab] *schreiben*
Vokal	Selbstlaut	*a, e, i, o, u*
vokalisiert	mit Hilfszeichen für kurze Vokale	كُتُب [kutub] *Bücher*
Wurzel	Konsonantenfolge, die die Grundbedeutung eines Wortes ausdrückt	ف – ع – ل [f–ʿ–l]: *machen,* ك – ت – ب [k–t–b]: *schreiben*

Vorlektion

Diese Lektion beschäftigt sich mit:

- **Schrift** und **Aussprache**
- **Ländernamen**
- **Zahlen**
- **Sonnen**- und **Mondbuchstaben**
- dem **Artikel**

Die arabische Welt العالم العربي

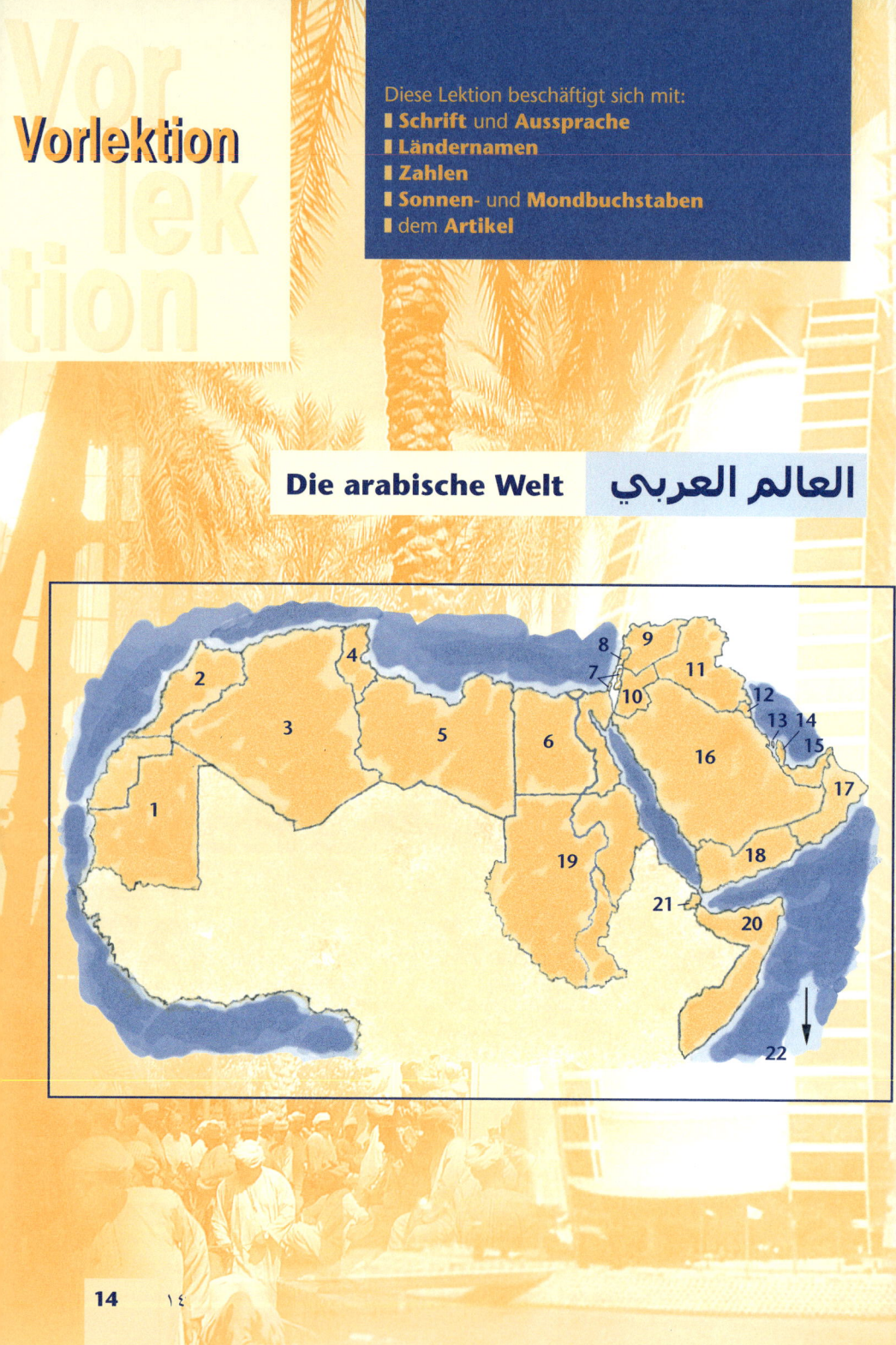

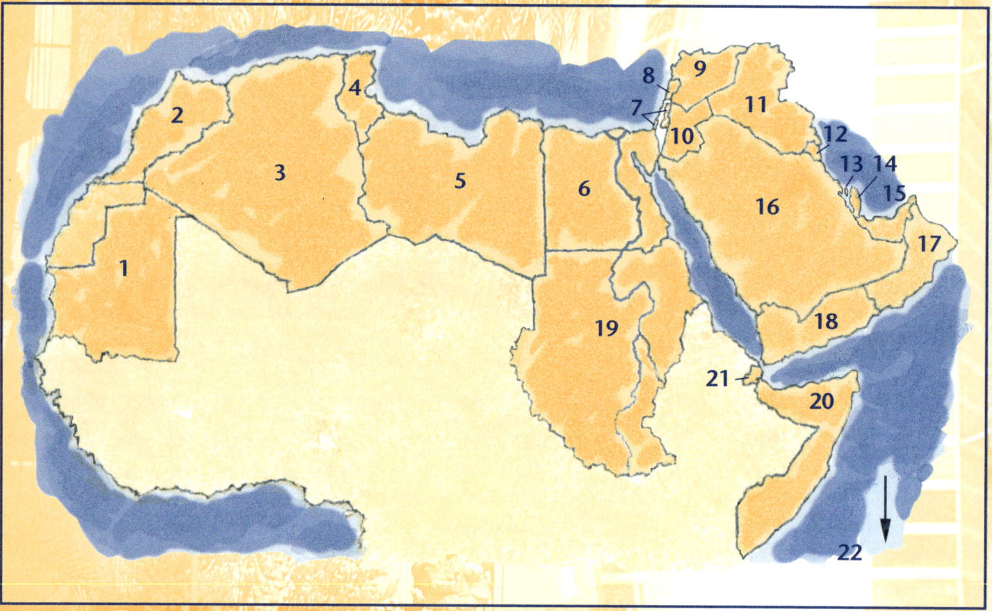

Vorlektion

المفردات

Die arabische Welt teilt sich in drei große Regionen: Der Westen المَغْرِب [al-maġrib], der Osten المَشْرِق [al-mašriq] und die Arabische Halbinsel الجَزيرة [al-ǧazīra], zu der auch die Golfregion الخَليج [al-ḫalīǧ] zählt. Folgende Staaten sind Mitglied der Arabischen Liga, in ihnen gilt Arabisch als Amtssprache: ت 1

1 *Mauretanien*	[mūrītānyā]	مُوريتانْيا	**12** *Kuwait*	[al-kūwait]	الكُوَيْت
2 *Marokko*	[al-maġrib]	المَغْرِب	**13** *Bahrain*	[al-baḥrain]	البَحْرَيْن
3 *Algerien*	[al-ǧazāʾir]	الجَزائِر	**14** *Katar*	[qaṭar]	قَطَر
4 *Tunesien*	[tūnis]	تونِس	**15** *Emirate (VAE)*	[al-imārāt]	الإمارات
5 *Libyen*	[lībiyā]	ليبِيا	**16** *Saudi-Arabien*	[as-saʿūdīya]	السَّعوديّة
6 *Ägypten*	[miṣr]	مِصْر	**17** *Oman*	[ʿumān]	عُمان
7 *Palästina*	[filasṭīn]	فِلَسْطين	**18** *Jemen*	[al-yaman]	اليَمَن
8 *Libanon*	[lubnān]	لُبْنان	**19** *Sudan*	[as-sūdān]	السّودان
9 *Syrien*	[sūriyā]	سورِيا	**20** *Somalia*	[aṣ-ṣūmāl]	الصّومال
10 *Jordanien*	[al-urdunn]	الأُرْدُنّ	**21** *Djibuti*	[ǧībūtī]	جيبوتي
11 *Irak*	[al-ʿirāq]	العِراق	**22** *Komoren*	[ǧuzur al-qumur]	جُزُر القُمُر

Vorlektion

ما الجديد؟

Die arabische Schrift

Die arabische Schrift ist eine Buchstabenschrift, die von rechts nach links geschrieben wird. Druckschrift und Schreibschrift unterscheiden sich kaum, da die Buchstaben, bis auf sechs, mit den folgenden verbunden werden. Es gibt weder Groß- und Kleinschreibung noch Silbentrennung. Zwischen den Wörtern wird, wie in der lateinischen Schrift, ein Abstand gelassen.

القواعد

Die Buchstaben ت 5, 6

Das arabische Alphabet hat 29 Buchstaben für Konsonanten und die langen Vokale ā, ī und ū. Kurze Vokale werden in der Schrift nicht wiedergegeben, für sie gibt es Hilfszeichen. Die meisten arabischen Texte sind jedoch unvokalisiert, also ohne Hilfszeichen.

Sie finden hier die arabischen Buchstaben mit einer Erklärung zur Aussprache und Schrift sowie einem Beispielwort. Da die Buchstaben miteinander verbunden werden, hat jeder Buchstabe mehrere Formen. Von rechts nach links sind sie isoliert, in Anfangs-, Mittel- und Endstellung abgebildet. Bei den sechs Buchstaben, die nicht mit dem folgenden Buchstaben verbunden werden, fallen die isolierte Form mit der Anfangsstellung und die Mittel- mit der Endstellung zusammen. Sie werden im Folgenden mit (*) gekennzeichnet. Eine Übersicht aller Buchstaben finden Sie am Ende dieser Lektion.

Legen Sie sich ein Schreibheft an und schreiben Sie die Buchstaben und Beispielwörter mehrfach ab, damit Ihnen die Schrift geläufig wird. Beginnen Sie dabei immer von rechts und schreiben Sie bis zum Wortende bzw. bis zu einem Buchstaben, der nicht mit dem folgenden verbunden wird, bevor Sie, ebenfalls von rechts beginnend, die Punkte setzen.

1. Alif (*)

[ā] dient zur Kennzeichnung eines langen **a** wie in St**aa**t oder **ä** wie in z**äh**len. Schreiben Sie einen Strich, den Sie von oben nach unten ziehen und der die gesamte Höhe der Zeile einnimmt. Wird Alif mit einem vorhergehenden, von rechts kommenden Buchstaben verbunden, schreiben Sie es von unten nach oben. Dort endet der Buchstabe und wird nicht mit dem folgenden Buchstaben verbunden.

Ende / Mitte	Anfang / Isoliert
ـا	ا

2. Bā'

[b] wird wie **b** in **B**oot ausgesprochen.
Schreiben Sie von rechts nach links einen Bogen auf der Grundlinie, der halb so hoch ist wie Alif und setzen Sie einen Punkt unter dem Bogen. Am Anfang und in der Mitte eines Wortes bleibt nur ein kurzer Haken mit einem Punkt darunter, denn dann folgt der nächste Buchstabe.

Ende	Mitte	Anfang	Isoliert
ـب	ـبـ	بـ	ب

Tür [bāb] باب

3. Hamza

['] steht für den Stimmabsatz vor kurzen Vokalen wie bei **u**n**a**bhängig.
Schreiben Sie ein sehr kleines „c" mit einem kurzen Abstrich nach links unten. Hamza braucht meist einen Trägerbuchstaben. Am Wortanfang sitzt es auf Alif, wenn danach ein kurzes **a** oder **u** und unter Alif, wenn ein **i** folgt. Wörter, die mit Hamza beginnen, finden Sie deshalb im Wörterbuch unter Alif. Am Ende eines Wortes steht Hamza oft selbständig auf der Grundlinie.

Ende	Anfang	Isoliert
ء	إ أ	ء

Vater [ab] أب

Folgt nach einem Alif mit Hamza ein weiteres Alif, wird dies durch eine Tilde über Alif gekennzeichnet. Diese Tilde heißt **Madda**.

Väter (Pl.) [ābā'] آباء

4. Tā'

[t] wird wie in **T**ee ausgesprochen.
Schreiben Sie die gleiche Grundform wie bei Bā' und setzen Sie zwei Punkte über dem Buchstaben.

Ende	Mitte	Anfang	Isoliert
ـت	ـتـ	تـ	ت

übernachten (wörtl: er übernachtete) [bāt] بات

5. Ṯā'

[ṯ] ist ein stimmloser, gelispelter **t**-Laut wie in engl. **th**anks.
Schreiben Sie die gleiche Grundform wie bei Bā' und setzen drei Punkte über dem Buchstaben.

Ende	Mitte	Anfang	Isoliert
ـث	ـثـ	ثـ	ث

Möbel (Pl.) [aṯāṯ] أثاث

6. Ǧīm

[ǧ] klingt wie **dsch** in **Dsch**ungel.
Schreiben Sie, etwas höher als Bā', eine kleine Tilde von links nach rechts, gehen Sie dann mit einem Bauch unter die Grundlinie und setzen Sie den Punkt in den Bauch. In Anfangs- und Mittelstellung hat Ǧīm keinen Bauch, denn dann folgt der nächste Buchstabe.

Ende	Mitte	Anfang	Isoliert
ـج	ـجـ	جـ	ج

Antworten (Pl.) [iǧābāt] إجابات

7. Ḥā'

[ḥ] ist ein aus der Kehle gehauchter **h**-Laut, den Sie üben müssen. Hecheln Sie dabei wie ein Hund oder stellen Sie sich vor, Sie hätten gerade auf eine besonders scharfe Chilischote gebissen. Der Laut darf nicht reiben wie das [ḫ].
Schreiben Sie die gleiche Grundform wie bei Ǧīm, aber setzen Sie keinen Punkt.

Ende	Mitte	Anfang	Isoliert
ـح	ـحـ	حـ	ح

Forscher [bāḥiṯ] باحث

8. Ḫā'

[ḫ] ist ein reibender **h**-Laut wie in Bu**ch**.
Schreiben Sie die gleiche Grundform wie bei Ǧīm und setzen Sie einen Punkt über dem Buchstaben.

Ende	Mitte	Anfang	Isoliert
ـخ	ـخـ	خـ	خ

Bruder [aḫ] أخ

Kurze Vokale und andere Hilfszeichen

ت7

Fatḥa [a] signalisiert ein kurzes **a** wie in Ball. Es ist ein kleiner Schrägstrich über dem Buchstaben. Doppelte Schrägstriche über einem Alif stehen für die Endung **[- an]**.

unter	[taḥt]	تَحْت
sehr	[ğiddan]	جِدًّا

Kasra [i] ist das Hilfszeichen für ein kurzes **i** wie in B**i**tte. Es ist ein kleiner Schrägstrich unter dem Buchstaben.

Kopftuch	[ḥiğāb]	حِجاب

Ḍamma [u] kennzeichnet ein kurzes **u** wie in B**u**tter. Es ist eine kleine „9" über dem Buchstaben.

Liebe	[ḥubb]	حُبّ

Sukūn zeigt an, dass dem Konsonanten kein Vokal folgt wie bei O**bst**. Es ist ein kleiner Kreis über dem Buchstaben.

Schwester	[uḫt]	أُخْت

Šadda verdoppelt Buchstaben, sie werden also nicht doppelt geschrieben, aber **hörbar** doppelt gesprochen. Es ist ein kleines „w" über dem Buchstaben. Fatḥa und Ḍamma werden über dieses „w" und Kasra darunter gesetzt.

ich liebe, mag	[uḥibb]	أُحِبّ
sie liebte, mochte	[aḥabbat]	أَحَبَّت

9. Dāl (*)

[d] wird wie **d** in **D**orf ausgesprochen.
Schreiben Sie, etwas höher als Bā', einen Anstrich von links oben nach rechts unten, beenden Sie den Buchstaben mit einer Krümmung auf der Grundlinie. Von einem anderen Buchstaben kommend, gehen Sie mit dem Stift erst nach oben, dann wieder zurück und schließen mit der Krümmung. Der Buchstabe wird nicht mit dem folgenden Buchstaben verbunden.

Ende / Mitte	Anfang / Isoliert
ـد	د

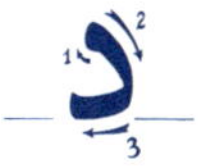

Huhn	[dağāğ]	دَجاج

(*) *Buchstabe wird nicht mit dem folgenden verbunden.*

10. Ḏāl (*)

[ḏ] ist ein gelispelter **d**-Laut wie stimmhaftes **th** in engl. mo**th**er.
Schreiben Sie die gleiche Form wie bei Dāl und setzen Sie einen Punkt über dem Buchstaben, der ebenfalls nicht mit dem folgenden Buchstaben verbunden wird.

Ende / Mitte	Anfang / Isoliert
ـذ	ذ

Nimm! (m) [ḫuḏ] خُذ!

11. Rāʾ (*)

[r] ist ein mit der Zungenspitze gerollter **r**-Laut, wie er in Süddeutschland gesprochen wird.
Schreiben Sie einen Haken, in etwa so hoch wie Bāʾ, der dann unter die Grundlinie geht. Die Krümmung ist weniger stark als bei Dāl. Rāʾ wird nicht mit dem folgenden Buchstaben verbunden.

Ende / Mitte	Anfang / Isoliert
ـر	ر

Nachrichten (Pl.) [aḫbār] أَخْبار

12. Zāy (*)

[z] ist ein stimmhafter **s**-Laut wie in Be**s**uch.
Schreiben Sie die gleiche Form wie bei Rāʾ und setzen Sie einen Punkt über dem Buchstaben. Zāy wird nicht mit dem folgenden Buchstaben verbunden.

Ende / Mitte	Anfang / Isoliert
ـز	ز

Brot [ḫubz] خُبْز

13. Sīn

[s] ist ein stimmloser **s**-Laut wie in Wa**ss**er.
Schreiben Sie zwei Bögen wie ein „w“, etwas kleiner als Bāʾ, und schließen Sie einen größeren Bogen an, der unter die Grundlinie geht. In Anfangs- und Mittelstellung fehlt dieser letzte Bogen, denn dann folgt der nächste Buchstabe.

Ende	Mitte	Anfang	Isoliert
ـس	ـسـ	سـ	س

Lektion, Unterricht [dars] دَرْس

14. Šīn

[š] wird wie **sch** in **Sch**ule ausgesprochen.
Schreiben Sie die gleiche Form wie bei Sīn und setzen Sie drei Punkte über dem Buchstaben.

Ende	Mitte	Anfang	Isoliert
ـش	ـشـ	شـ	ش

trinken (wörtl.: er trank) [šarib] شَرِب

15. Ṣād

[ṣ] ist ein dumpfer, stimmloser **s**-Laut, der mit mehr Nachdruck gesprochen wird als [s]. Nachfolgende Laute werden dadurch dunkler gefärbt.
Schreiben Sie eine Schlaufe auf der Grundlinie, etwas höher als Bāʾ, und schließen Sie einen Bogen an, der unter die Grundlinie geht. Am Anfang und in der Mitte bleibt von diesem Bogen nur ein kurzer Haken und der nächste Buchstabe folgt.

Ende	Mitte	Anfang	Isoliert
ـص	ـصـ	صـ	ص

Morgen [ṣabāḥ] صَباح

16. Ḍād

[ḍ] ist ein dumpfer, stimmhafter **d**-Laut, der mit mehr Nachdruck gesprochen wird als [d]. Nachfolgende Laute werden dadurch dunkler gefärbt.
Schreiben Sie die gleiche Form wie bei Ṣād und setzen Sie einen Punkt über dem Buchstaben.

Ende	Mitte	Anfang	Isoliert
ـض	ـضـ	ضـ	ض

grün [aḫḍar] أَخْضَر

i Das Ḍād gilt als Besonderheit der arabischen Sprache. Deshalb wird Arabisch auch als die Sprache des Ḍād لُغة الضَّاد [luġat aḍ-ḍād] bezeichnet. In der Schule und bei der Rezitation des Korans wird besonderer Wert auf die korrekte Aussprache des Ḍād gelegt. Im alltäglichen Sprachgebrauch kann man Ḍād jedoch kaum von Ẓaʾ oder Ḏāl unterscheiden.

17. Ṭā'

[ṭ] ist ein dumpfer, stimmloser **t**-Laut, der mit mehr Nachdruck gesprochen wird als [t]. Nachfolgende Laute werden dadurch dunkler gefärbt.
Schreiben eine Schlaufe wie bei Ṣād und setzen Sie darauf von oben nach unten einen Strich.

Ende	Mitte	Anfang	Isoliert
ـط	ـطـ	طـ	ط

Kartoffeln (Pl.) [baṭāṭā] بَطاطا

18. Ẓā'

[ẓ] ist ein dumpfer, gelispelter, stimmhafter **s**-Laut, der mit mehr Nachdruck gesprochen wird als [ḏ]. Nachfolgende Laute werden dadurch dunkler gefärbt.
Schreiben Sie die gleiche Grundform wie bei Ṭaʾ und setzen Sie einen Punkt über dem Buchstaben.

Ende	Mitte	Anfang	Isoliert
ـظ	ـظـ	ظـ	ظ

Glück [ḥaẓẓ] حَظّ

19. ʿAin

[ʿ] ist ein Schluck- bzw. Würgelaut. Wie bei allen Kehllauten bedarf die richtige Aussprache etwas Übung. Sprechen Sie ein **a**, **i** oder **u** und versuchen Sie, es hinunterzuschlucken. Berühren Sie dabei Ihre Kehle und drücken Sie vorsichtig. ʿAin [ʿ] ist deutlich von Hamza [ʾ] zu unterscheiden.
Schreiben Sie ein kleines „c" auf der Grundlinie, etwas größer als Bāʾ, und ziehen Sie einen Bauch unter die Grundlinie. In Anfangstellung fehlt der Bauch und der nächste Buchstabe wird angeschlossen. In Mittelstellung sieht ʿAin aus wie ein kleines Dreieck.

Ende	Mitte	Anfang	Isoliert
ـع	ـعـ	عـ	ع

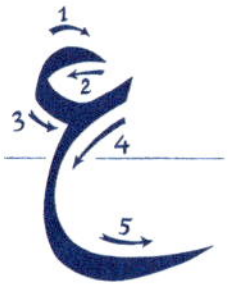

Araber (Pl.) [ʿarab] عَرَب

20. Ġain

[ġ] ist ein im Rachen gebildeter **r**-Laut, wie er in Norddeutschland gesprochen wird. Schreiben Sie die gleiche Grundform wie bei ʿAin und setzen Sie einen Punkt über dem Buchstaben.

Ende	Mitte	Anfang	Isoliert
ـغ	ـغـ	غـ	غ

Westen, Okzident [ġarb] غَرْب

21. Fāʾ

[f] wird wie **f** in **f**liegen ausgesprochen.
Schreiben Sie einen Kreis und einen Bogen wie bei Bāʾ und setzen Sie einen Punkt über dem Buchstaben. Am Anfang und in der Mitte bleibt nur der kleine Kreis.

Ende	Mitte	Anfang	Isoliert
ـف	ـفـ	فـ	ف

Äpfel (Pl.) [tuffāḥ] تُفّاح

22. Qāf

[q] ist ein in der Kehle gebildeter Verschlusslaut. Sprechen Sie ein Wort, das mit ***k*** aufhört, z.B. *Quar**k***. Sprechen Sie das ***k*** nicht aus, sondern lassen Sie die Zunge stehen. Wenn Sie die Zunge jetzt weiter nach hinten schieben, können Sie Qāf aussprechen. Schreiben Sie die gleiche Grundform wie bei Fāʾ und setzen Sie zwei Punkte über dem Buchstaben. In isolierter Form und in Endstellung geht Qāf unter die Grundlinie.

Ende	Mitte	Anfang	Isoliert
ـق	ـقـ	قـ	ق

Osten, Orient [šarq] شَرْق

23. Kāf

[k] wird wie **k** in **K**artoffel ausgesprochen.
Schreiben Sie einen Strich so hoch wie Alif und schließen Sie eine Krümmung wie bei Dāl an, in der Mitte des Buchstaben sitzt ein kleines Hamza. Am Wortanfang und in der Wortmitte schreiben Sie die gleiche Grundform wie bei Dāl und setzen dann den oberen Strich. Am Wortende sieht der Buchstabe wieder aus wie in isolierter Stellung.

Ende	Mitte	Anfang	Isoliert
ـك	ـكـ	كـ	ك

danke [šukran] شُكْراً

24. Lām

[l] wird wie **l** in **L**iebe ausgesprochen.
Schreiben Sie einen Strich so hoch wie Alif und ziehen Sie einen Bogen unter die Grundlinie. Am Wortanfang und in der Mitte bleibt Lām auf der Grundlinie, da dann der nächste Buchstabe folgt.

Ende	Mitte	Anfang	Isoliert
ـل	ـلـ	لـ	ل

Mann [rağul] رَجُل

Folgt auf Lām ein Alif, bilden die beiden Buchstaben eine sogenannte Ligatur. Dabei legt sich Alif in den Bogen des Lam. Nachfolgende Buchstaben werden nicht mit Alif verbunden.

ـلا	لا

nein [lā] لا

i In الله [allāh] *Gott* wird Lām wie in engl. ba**ll** ausgesprochen. Das kleine Alif über dem Šadda bedeutet, dass nach dem Lām ein langes [ā] zu sprechen ist. Dieses kleine Alif wird auch in anderen Wörtern aus dem Koran القُرْآن [al-qur'ān] benutzt. So z.B. in الرَّحْمٰن [ar-raḥmān] *der Barmherzige*, einem der 99 Namen Gottes.

25. Mīm

[m] wird wie **m** in **M**useu**m** gesprochen.
Schreiben Sie einen kleinen Kreis und schließen Sie einen senkrechten Strich an, der unter die Grundlinie geht. Am Wortanfang und in der Mitte schreiben Sie nur einen kleinen Kreis, an den sich der nächste Buchstabe anschließt. Um Mīm von Fā᾽ zu unterscheiden, empfiehlt es sich, den Kreis des Mīm unten und den des Fā᾽ oben zu ziehen.

Ende	Mitte	Anfang	Isoliert
ـم	ـمـ	مـ	م

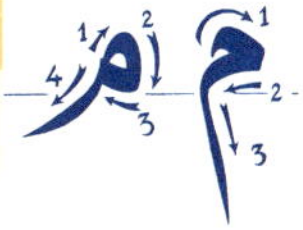

Frieden [salām] سَلام

26. Nūn

[n] wird wie **n** in **n**ebe**n** ausgesprochen.
Schreiben Sie einen nach oben offenen Kreis, etwas höher als Bā᾽, und setzen Sie einen Punkt über dem Buchstaben. Am Wortanfang und in der Mitte schreiben Sie die gleiche Grundform wie bei Bā᾽. Am Wortende geht der Kreis unter die Grundlinie.

Ende	Mitte	Anfang	Isoliert
ـن	ـنـ	نـ	ن

wir [naḥnu] نَحْنُ

27. Hā᾽

[h] ist behauchter **h**-Laut wie in **H**aus (auch in der Wortmitte oder am Ende eines Wortes).
Schreiben Sie einen kleinen Tropfen, etwa so hoch wie Bā᾽. Am Wortanfang schreiben Sie einen Anstrich wie bei Dāl und einen Kringel, der diesen Anstrich berührt. In der Wortmitte ziehen Sie eine Schlaufe oberhalb und unterhalb der Grundlinie. Am Ende eines Wortes schreiben Sie wieder einen Tropfen.

Ende	Mitte	Anfang	Isoliert
ـه	ـهـ	هـ	ه

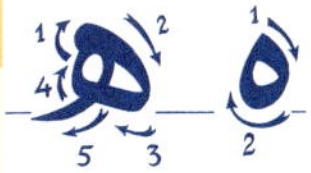

hallo [ahlan] أَهْلاً

Die Femininendung Tāʾ Marbūṭa

Tāʾ Marbūṭa [a] ist die Endung femininer Wörter und wird wie **a** in Algebr**a**, oft auch wie **e** in Ros**e** ausgesprochen. Es hat die gleiche Grundform wie Hāʾ und zwei Punkte über dem Buchstaben.

Sprache	[luġa]	لُغَة	ـة	ة

28. Wāw (*)

Wāw kann für zwei Laute stehen. **[w]** ist ein mit den Lippen gebildetes **w** wie in engl. water und **[ū]** ein langes **u** wie in g**u**t. Mit vorhergehendem Fatḥa wird der Diphthong **[au]** wie in **Au**to gebildet.
Schreiben Sie eine „9“, der Kringel ist auf der Grundlinie, der Rest darunter. Hier endet der Buchstabe und wird nicht mit dem folgenden Buchstaben verbunden.

Ende / Mitte	Anfang / Isoliert
ـو	و

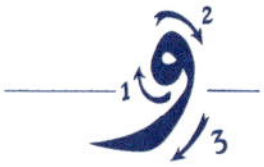

Kaffee	[qahwa]	قَهْوة
Licht	[nūr]	نُور
Rundreise	[ǧaula]	جَوْلة

Hamza **[ʾ]** setzt sich in einigen Fällen auch auf Wāw, das dann als Trägerbuchstabe dient und keinen eigenen Lautwert hat.

Frage	[suʾāl]	سُؤَال

29. Yāʾ

Yāʾ steht ebenfalls für zwei Laute. **[y]** wird wie in **J**äger und **[ī]** wie langes **i** in n**ie** ausgesprochen. Mit vorhergehendem Fatḥa wird der Diphthong **[ai]** gebildet, der oft wie langes **e** in S**ee** ausgesprochen wird.
Schreiben Sie ein etwas nach rechts geneigtes „S“ mit einem größeren unteren Teil und setzen Sie zwei Punkte unter dem Buchstaben. Am Wortanfang und in der Wortmitte schreiben Sie die gleiche Grundform wie bei Bāʾ und am Wortende wieder das „S“, das unter die Grundlinie geht.

Ende	Mitte	Anfang	Isoliert
ـي	ـيـ	يـ	ي

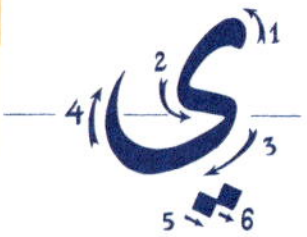

Deutschland	[almānyā]	أَلْمانْيا

in	[fī]	فِي
Haus, Wohnung	[bait]	بَيْت

Hamza **[ʾ]** setzt sich in einigen Fällen auch auf Yāʾ, das dann seine Punkte verliert und keinen eigenen Lautwert hat.

Fragen (Pl.)	[asʾila]	أَسْئِلة

Ein ohne Punkte geschriebenes Yāʾ am Wortende heißt **Alif Maqṣūra** und wird als langes **[ā]** ausgesprochen.

bis, zu, nach	[ilā]	إِلَى

Der Artikel ت 4,3

Im Arabischen gibt es nur einen Artikel, nämlich الـ [al-]. Er wird immer mit dem Wort zusammen geschrieben. Einen unbestimmten Artikel wie im Deutschen (ein, eine) gibt es nicht.

ein Haus, eine Wohnung	[bait]	بَيْت
das Haus, die Wohnung	[al-bait]	البَيْت

Das Alif des Artikels wird in der Aussprache meist mit vorhergehenden Vokalen verbunden.

im Haus, in der Wohnung	[fi l-bait]	فِي البَيْت

Sonnen- und Mondbuchstaben ت 4,3

Vor den sogenannten Sonnenbuchstaben wird das Lām des Artikels nicht mitgesprochen und stattdessen der Sonnenbuchstabe verdoppelt. Hier eine Übersicht der Sonnenbuchstaben:

t-Laute	ت	ث	ط		
d-Laute	د	ذ	ض		
s-Laute	ز	س	ش	ص	ظ
andere	ر	ل	ن		

die Sonne	[aš-šams]	الشَّمْس	*der Mann*	[ar-rağul]	الرَّجُل
der Frieden	[as-salām]	السَّلام	*das Licht*	[an-nūr]	النُّور

Vorlektion

Bei allen übrigen Buchstaben wird das Lām des Artikels ausgesprochen. Diese Buchstaben heißen Mondbuchstaben.

ا ب ج ح خ ع غ ف ق ك م ه و ي

der Mond	[al-qamar]	القَمَر	*der Westen, der Okzident*	[al-ġarb]	الغَرْب
die Nachrichten	[al-aḫbār]	الأَخْبار	*die Araber*	[al-ʿarab]	العَرَب

Rechtschreibung

Satzzeichen werden auch im Arabischen verwendet, es gibt jedoch keine verbindlichen Regeln. Beachten Sie die vom Deutschen abweichende Schreibweise des Kommas (،) und des Fragezeichens (؟).

Wörter, die nur aus einem einzelnen Buchstaben bestehen, wie die Konjunktion و [wa] *und*, stehen nie allein. Sie werden immer mit dem folgenden Wort verbunden.

der Osten und der Westen; der Orient und der Okzident [aš-šarq wa-l-ġarb] الشَّرْق والغَرْب

Neben der Ligatur Lām-Alif (vgl. 24) können andere Buchstaben ebenfalls Verbindungen eingehen, die einen besseren Schreibfluss gewährleisten. So z.B. in folgenden Schreibweisen:

		Ligatur	Grundform
die Liebe	[al-ḥubb]	الحبّ	الــحبّ
Deutschland	[almānyā]	ألمانيا	ألــمانيا
wir	[naḥnu]	نحن	نــحن
Mohammed	[muḥammad]	محمّد	مــحمّد
schön	[ǧamīl]	جميل	جــميل
gut	[tamām]	تمام	تــمام

عبارات مفيدة أخرى ت2

In Deutschland benutzen wir arabische Zahlen, wohingegen in der arabischen Welt, vor allem im Nahen Osten und auf der arabischen Halbinsel, indische Zahlzeichen benutzt werden. Bei mehrstelligen Zahlen ist die Leserichtung wie im Deutschen von links nach rechts.

٠	*null*	[ṣifr]	صِفْر
١	*eins*	[wāḥid]	واحِد
٢	*zwei*	[iṯnain]	إثْنَيْن
٣	*drei*	[ṯalāṯa]	ثَلاثة
٤	*vier*	[arbaʿa]	أَرْبَعة
٥	*fünf*	[ḫamsa]	خَمْسة
٦	*sechs*	[sitta]	سِتّة
٧	*sieben*	[sabʿa]	سَبْعة
٨	*acht*	[ṯamānya]	ثَمانْية
٩	*neun*	[tisʿa]	تِسْعة
١٠	*zehn*	[ʿašara]	عَشَرة

في العامية

Arabisch ist nicht gleich Arabisch. Obwohl die Schriftsprache in allen arabischen Ländern gleich ist, gibt es zwischen den Dialekten einzelner Länder erhebliche Unterschiede. Hier einige Beispiele für Aussprachevarianten:

- Der Buchstabe Ṯāʾ wird in vielen Dialekten [t] gesprochen.

zwei [itnain] إتْنَيْن

- Der Buchstabe Ǧīm wird in Syrien [ǧ], in Ägypten [g] und in den Golfländern [y] gesprochen.

schön [ǧamīl], [gamīl], [yamīl] جَميل

- Der Buchstabe Qāf wird in einigen Regionen [q], in Kairo und Damaskus wie Hamza, und in Jordanien und den Golfländern [g] gesprochen.

Kaffee [qahwa], [ahwa], [gahwa] قَهْوة

- Kurze Vokale (a,i,u) können variieren.

Palästina [filasṭīn], [falasṭīn] فِلَسْطين ، فَلَسْطين

Vorlektion

Die Buchstaben auf einen Blick

Name		Ende	Mitte	Anfang	Isoliert
Alif (*)	ألِف	ـا	ـا	ا	ا
Bāʾ	باء	ـب	ـبـ	بـ	ب
Tāʾ	تاء	ـت	ـتـ	تـ	ت
Ṯāʾ	ثاء	ـث	ـثـ	ثـ	ث
Ǧīm	جيم	ـج	ـجـ	جـ	ج
Ḥāʾ	حاء	ـح	ـحـ	حـ	ح
Ḫāʾ	خاء	ـخ	ـخـ	خـ	خ
Dāl (*)	دال	ـد	ـد	د	د
Ḏāl (*)	ذال	ـذ	ـذ	ذ	ذ
Rāʾ (*)	راء	ـر	ـر	ر	ر
Zāy (*)	زاي	ـز	ـز	ز	ز
Sīn	سين	ـس	ـسـ	سـ	س
Šīn	شين	ـش	ـشـ	شـ	ش
Ṣād	صاد	ـص	ـصـ	صـ	ص
Ḍād	ضاد	ـض	ـضـ	ضـ	ض
Ṭāʾ	طاء	ـط	ـطـ	طـ	ط
Ẓāʾ	ظاء	ـظ	ـظـ	ظـ	ظ
ʿAin	عَيْن	ـع	ـعـ	عـ	ع

Name		Ende	Mitte	Anfang	Isoliert
Ġain	غَيْن	ـغ	ـغـ	غـ	غ
Fāʾ	فاء	ـف	ـفـ	فـ	ف
Qāf	قاف	ـق	ـقـ	قـ	ق
Kāf	كاف	ـك	ـكـ	كـ	ك
Lām	لام	ـل	ـلـ	لـ	ل
Mīm	ميم	ـم	ـمـ	مـ	م
Nūn	نون	ـن	ـنـ	نـ	ن
Haʾ	هاء	ـه	ـهـ	هـ	ه
Wāw (*)	واو	ـو	ـو	و	و
Yāʾ	ياء	ـي	ـيـ	يـ	ي

(*) Buchstabe wird nicht mit dem folgenden verbunden.

التمارين

1 Ordnen Sie die Ländernamen der Umschrift zu und suchen Sie sie auf der Karte auf der Einstiegsseite dieser Lektion.

a. [miṣr]
b. [al-ʿirāq]
c. [al-maġrib]
d. [al-urdunn]
e. [sūriyā]
f. [ʿumān]

1. الأردنّ
2. المغرب
3. عمان
4. سوريا
5. العراق
6. مصر

2 Schreiben Sie die Jahreszahlen in arabischen Ziffern.

1. ٢٠٠٧ *2007*
2. ١٩٩٩ ....
3. ١٩٦٣ ....
4. ١٩٨٥ ....
5. ١٩٥١ ....
6. ١٦٤٣ ....

3 Wo wird das Lām des Artikels nicht mitgesprochen? Kreuzen Sie an.

1. السعودية ☒
2. الجزائر ☐
3. السودان ☐
4. النور ☐
5. البحرين ☐
6. الشمس ☐

4 Schreiben Sie die Wörter mit Artikel.

1. درس
2. بيت
3. خبز
4. أخبار
5. صباح
6. سلام

5 Verbinden Sie die Buchstaben zu Wörtern.

1. ب + ا + ب ..باب......
2. س + ل + ا + م ....
3. و + ا + ح + د ....
4. ص + ب + ا + ح ....
5. أ + ل + م + ا + ن + ي + ا ....
6. ا + ل + إ + م + ا + ر + ا + ت ....

6 Welche sechs Buchstaben werden nicht mit dem folgenden Buchstaben verbunden?

1. .... 2. .... 3. .... 4. .... 5. .... 6. ....

7 Setzen Sie die Hilfszeichen.

1. شُكْراً [šukran]
2. إلـى [ilā]
3. جـولـة [ǧaula]
4. أهـلا [ahlan]
5. لـغـة [luġa]
6. أحـب [uḥibb]

In dieser Lektion geht es um:
- Angaben zur **Person**
- **Begrüßen** und **Verabschieden**
- **Nisba-Adjektive**
- **Personalpronomen**
- **Nominalsätze**
- **Demonstrativpronomen**

الدرس الأول

1

Ein Ägypter und eine Syrerin

مصري وسورية

الاسم: كريم عبد الرحمٰن محمّد
الجنسية: مصري
تاريخ الميلاد: ١٣ / ١٠ / ١٩٦٥
مكان الميلاد: القاهرة

Name: Karīm ʿAbd Ar-Raḥmān Muḥammad
Nationalität: Ägypter
Geburtsdatum: 13.10.1965
Geburtsort: Kairo

الاسم: فاطمة حلّاق
الجنسية: سورية
تاريخ الميلاد: ١٤ / ١٢ / ١٩٧٨
مكان الميلاد: دمشق

Name: Faṭima Ḥallāq
Nationalität: Syrerin
Geburtsdatum: 14.12.1978
Geburtsort: Damaskus

i Wie die meisten arabischen Texte sind die Dialoge und Texte bis auf Fälle, in denen Verwechslungen auftreten können, unvokalisiert. In den Vokabellisten und Beispielen finden Sie die Wörter jedoch mit Hilfszeichen, dabei wurden Fatḥa, Kasra und Ḍamma nicht gesetzt, wenn ein langer Vokal durch Alif, Yāʾ oder Wāw gekennzeichnet ist. Versuchen Sie auch, bei Ihren eigenen Notizen weitestgehend auf die Hilfszeichen zu verzichten und sich Schriftbild und Aussprache der Wörter gut einzuprägen.

ما الجديد؟

Was ist neu? In der → Vorlektion haben Sie bereits das Tāʾ Marbūṭa (ة) kennengelernt, auf das fast alle femininen Substantive und Adjektive enden. Es gibt einige wenige Ausnahmen (z.B. أُمّ [umm] *Mutter*); sie werden im Wörterverzeichnis mit *(f)* markiert. Alle anderen Wörter sind maskulin. Ein Neutrum wie im Deutschen (z.B. das Kind) gibt es im Arabischen nicht.

Die Nisba-Endung ت3

Zur Bezeichnung der Nationalität wird aus den Ländernamen ein Adjektiv gebildet. Etwaige Artikel und Endungen der Ländernamen entfallen und die Nisba-Endung ـــي [-ī] bzw. ـــيَّة [-īya] wird angehängt.

maskulin			**feminin**		
ägyptisch; Ägypter	[miṣrī]	مِصْري	*ägyptische; Ägypterin*	[miṣrīya]	مِصْريَّة
syrisch; Syrer	[sūrī]	سوري	*syrische; Syrerin*	[sūrīya]	سوريَّة
jordanisch; Jordanier	[urdunnī]	أُرْدُنّي	*jordanische; Jordanierin*	[urdunnīya]	أُرْدُنّيَّة

Hier finden Sie die Ländernamen zu den Adjektiven in der Tabelle. Eine Übersicht aller arabischen Länder finden Sie auf den ersten Seiten der → Vorlektion.

[miṣr] مِصْر	[sūriyā] سورِيا	[al-urdunn] الأُرْدُنّ

أهلاً وسهلاً !

Thomas lernt seit einiger Zeit Arabisch. Auf der Straße trifft er zufällig seinen Bekannten Ahmad, der mit seinen Freunden Mahmud und Samira unterwegs ist.

توماس: أهلاً يا أحمد!

أحمد: أهلاً بك! كيف الحال؟

توماس: أنا بخير. كيف حالك؟

أحمد: الحمد لله ، كلّ شيء تمام. هؤلاء أصدقائي. هذا محمود وهذه سميرة.

توماس: تشرّفنا. أهلاً وسهلاً!

محمود: أهلاً بك! ما اسمك؟

توماس: اسمي توماس.
من أين أنتم؟

محمود: نحن من الأردنّ
وسميرة فلسطينية.
هل أنت إنكليزي؟

توماس: لا ، أنا ألماني.

سميرة: وتتكلّم عربي؟

توماس: نعم. أدرس عربي في ألمانيا
وأحبّ هذه اللغة.

سميرة: تتكلّم عربي جيّداً!

توماس: شكراً جزيلاً.

محمود: فرصة سعيدة يا توماس.

توماس: فرصة سعيدة.
ومع السلامة!

أحمد: إلى اللقاء إن شاء الله!

المفردات

Hier finden Sie die Vokabeln der Dialoge und Texte mit Hilfszeichen, Übersetzung und Umschrift (Lektionen 1 bis 5). Schreiben Sie die Wörter ab, damit Sie sich an die arabische Schrift gewöhnen und vergleichen Sie mit dem Original. Die normal gedruckten Wörter müssen Sie lediglich passiv verstehen. Die fett gedruckten Wörter sollten Sie besonders gut lernen, da Sie diese aktiv anwenden werden.

مصري وسورية

Name	[ism]	**اِسْم**
Nationalität	[ǧinsīya]	جِنْسِيَّة
ägyptisch (m); Ägypter	[miṣrī]	**مِصْري**
Geburtsdatum (wörtl.: Datum der Geburt)	[tārīḫ al-mīlād]	تاريخ الميلاد
Geburtsort (wörtl.: Ort der Geburt)	[makān al-mīlād]	مَكان الميلاد
Kairo	[al-qāhira]	**القاهِرة**
syrische (f); Syrerin	[sūrīya]	**سورِيَّة**
Damaskus	[dimašq]	**دِمَشْق**

أهلاً وسهلاً!

hallo (wörtl.: sei ein Angehöriger)	[ahlan]	**أَهْلاً**
(Partikel vor dem Namen in der Anrede)	[yā]	**يا**
(Erwiderung auf [ahlan]*; wörtl.: sei du ein Angehöriger)*	[ahlan bik]	**أَهْلاً بِك**
wie	[kaif]	**كَيْف**
Wie geht's? (wörtl.: Wie ist der Zustand?)	[kaif al-ḥāl]	**كَيْف الحال؟**
ich	[anā]	**أَنا**
gut (wörtl.: mit Güte)	[bi-ḫair]	**بِخَيْر**
Wie geht es dir (m)? (wörtl.: Wie ist dein Zustand?)	[kaif ḥālak]	**كَيْف حالَك؟**
Gott sei Dank (wörtl.: gepriesen sei Gott)	[al-ḥamdu li-llāh]	**الحَمْدُ لِله**

alles	[kull šai᾿]	كُلّ شَيْء
gut	[tamām]	تَمام
das sind; diese (Pl. bei Personen)	[ha᾿ulā᾿]	هَؤُلاء
meine Freunde	[aṣdiqā᾿ī]	أَصْدِقائي
das ist; dieser (m)	[hāḏā]	هَذا
und	[wa]	وَ
das ist; diese (f)	[hāḏihi]	هَذِه
sehr erfreut (wörtl.: wir sind geehrt)	[tašarrafnā]	تَشَرَّفْنا
hallo; herzlich willkommen (wörtl.: sei ein Angehöriger und hab es leicht)	[ahlan wa-sahlan]	أَهْلاً وَسَهْلاً!
was	[mā]	ما
Wie heißt du (m)? (wörtl.: Was ist dein Name?)	[mā ismak]	ما اِسْمَك؟
ich heiße (wörtl.: Mein Name ist)	[ismī]	اِسْمي
woher (wörtl.: von wo)	[min aina]	مِن أَيْنَ
ihr	[antum]	أَنْتُم
wir	[naḥnu]	نَحْنُ
aus, von	[min]	مِن
Jordanien	[al-urdunn]	الأُرْدُنّ
palästinensische (f); Palästinenserin	[filasṭīnīya]	فِلَسْطينِيَّة
(Partikel vor Fragen ohne Fragewort)	[hal]	هَل
du (m)	[anta]	أَنْتَ
englisch (m); Engländer	[inklīzī]	إِنْكْليزي
nein	[lā]	لا
deutsch (m); Deutscher	[almānī]	أَلْماني
du sprichst	[tatakallam]	تَتَكَلَّم

arabisch (m); Araber	[ʿarabī]	عَرَبي
ja	[naʿam]	نَعَم
ich lerne, studiere	[adrus]	أَدْرُس
in	[fī]	في
Deutschland	[almānyā]	أَلْمانْيا
ich liebe, ich mag	[uḥibb]	أُحِبّ
Sprache	[luġa]	لُغة
gut (adv.)	[ǧayyidan]	جَيِّداً
vielen Dank	[šukran ǧazīlan]	شُكْراً جَزيلاً
hat mich sehr gefreut (wörtl.: glückliche Gelegenheit)	[furṣa saʿīda]	فُرْصة سَعيدة
auf Wiedersehen, tschüs (wörtl.: mit Unversehrtheit)	[maʿ a s-salāma]	مَع السَّلامة
bis bald (wörtl.: bis zum Treffen)	[ilā l-liqaʾ]	إِلَى اللِّقاء
so Gott will; hoffentlich	[in šāʾ allāh]	إن شاء الله

القواعد

1. Personalpronomen ت4

Einige Personalpronomen haben Sie im Dialog bereits kennengelernt. Hier nun eine Übersicht der Personalpronomen, die in der gesprochenen Sprache verwendet werden.

	Singular			Plural		
1. Person	*ich*	[anā]	أَنا	*wir*	[naḥnu]	نَحْنُ
2. Person	*du (m)*	[anta]	أَنْتَ	*ihr*	[antum]	أَنْتُم
	du (f)	[anti]	أَنْتِ			
3. Person	*er*	[huwa]	هُوَ	*sie*	[hum]	هُم
	sie	[hiya]	هِيَ			

Im Arabischen gibt es keine Entsprechung für das deutsche *Sie*. In der Regel duzt man sich, nennt sich beim Vornamen oder sagt *Herr Mahmud* und *Frau Samira*.
Nur bei sehr förmlichen Anlässen wird die 2. Person Plural أَنْتُم [antum] für die höfliche Anrede benutzt.

2. Nominalsätze ت6

Nominalsätze sind die einfachsten arabischen Sätze und werden ohne Verb gebildet. Sie entsprechen deutschen Sätzen mit *sein*.

Ich (bin) aus Deutschland.	[anā min almānyā]	أنا مِن أَلْمانْيا.
Samira (ist) Palästinenserin.	[samīra filasṭīnīya]	سَميرة فِلَسْطينيّة.
Woher (seid) ihr?	[min aina antum]	مِن أَيْنَ أَنْتُم؟

Fragen, die nicht mit einem Fragewort beginnen, werden mit هَل [hal] eingeleitet, das in der gesprochenen Sprache jedoch meist entfällt.

(Bist) du (m) Jordanier?	[hal anta urdunnī]	هَل أَنْتَ أُرْدُنّي؟
(Bist) du (f) Jordanierin?	[hal anti urdunnīya]	هَل أَنْتِ أُرْدُنّيّة؟

3. Demonstrativpronomen ت7

maskulin		**feminin**		**Plural** (bei Personen)	
[hāḏā]	هَذا	[hāḏihi]	هَذِه	[hāʾulāʾ]	هَؤُلاء

In Nominalsätzen entsprechen die Demonstrativpronomen dem deutschen *Das ist/sind …*

Das (ist) Mahmud.	[hāḏā maḥmūd]	هَذا مَحْمود.
Das (ist) Samira.	[hāḏihi samīra]	هَذِه سَميرة.
Das (sind) meine Freunde.	[hāʾulāʾ aṣdiqāʾī]	هَؤُلاء أَصْدِقائي.

Vor Wörtern mit Artikel haben sie auch die Bedeutung *diese(r,s)*.

dieser Name	[hāḏā l-ism]	هَذا الاِسْم
diese Sprache	[hāḏihi l-luġa]	هَذِهِ اللُّغة

Um eindeutig zu kennzeichnen, dass es sich um einen Nominalsatz handelt, kann das passende Personalpronomen eingefügt werden.

Das ist (er) der Name.	[hāḏā huwa l-ism]	هَذا هُوَ الاِسْم

استعمال اللغة

Begrüßen und Verabschieden

ت2

- Arabische Gruß- und Abschiedsformeln sind sehr vielfältig und blumig. Auf die Begrüßung أَهْلاً [ahlan] oder أَهْلاً وَسَهْلاً [ahlan wa-sahlan] reagieren Sie mit أَهْلاً بِك [ahlan bik].

- Auch die Frage nach dem Befinden gehört zur Begrüßung, sie wird meist sogar mehrfach gestellt und immer positiv beantwortet. Auf die Frage كَيْف الحال؟ [kaif al-ḥāl] können Sie mit شُكْراً بِخَيْر [šukran bi-ḫair] oder كُلّ شَيْء تَمام [kull šaiʾ tamām] antworten und, wenn Sie wollen, mit einem الحَمْدُ لِله [al-ḥamdu li-llāh] Gott dafür danken.

- Wenn man einander vorgestellt wird, ist تَشَرَّفْنا [tašarrafnā] angebracht. Am Ende der Unterhaltung können Sie mit فُرْصة سَعيدة [furṣa saʿīda] Ihre Freude über die neue Bekanntschaft ausdrücken.

- Zur Verabschiedung passt مَع السَّلامة [maʿ as-salāma] oder إِلَى اللِّقاء [ilā l-liqāʾ]. إن شاء الله [in šāʾ allāh] passt immer, wenn Sie über Zukünftiges sprechen, also auch, wenn Sie auf ein Wiedersehen hoffen.

i Beim Grüßen tauscht man einen eher flüchtigen Händedruck aus. Danach kann man die rechte Hand zum Herzen führen. Als Mann sollten Sie abwarten, ob eine Frau Ihnen die Hand reichen möchte. Ist das nicht der Fall, grüßen Sie mit einem freundlichen Kopfnicken. Küsse auf die Wangen und Umarmungen sind unter Geschlechtsgenossen und Verwandten durchaus üblich. In den Golfstaaten begrüßen sich einige Männer auch durch Aneinanderstoßen der Nase.

عبارات مفيدة أخرى

Unter dieser Überschrift finden Sie weitere nützliche Wörter und Wendungen zum Thema der Lektion. Sie sollten sie auf jeden Fall lernen.

guten Tag (wörtl.: Friede sei mit euch)	[as-salām ʿalaikum]	السَّلام عَلَيْكُم
(Erwiderung; wörtl.: und mit euch der Friede)	[wa-ʿalaikum as-salām]	وَعَلَيْكُم السَّلام
hallo (wörtl.: sei willkommen)	[marḥaban]	مَرْحَباً
(Erwiderung; wörtl.: sei du willkommen)	[marḥaban bik]	مَرْحَباً بك
guten Morgen (wörtl.: Morgen der Güte)	[ṣabāḥ al-ḫair]	صَباح الخَيْر
(Erwiderung; wörtl: Morgen des Lichts)	[ṣabāḥ an-nūr]	صَباح النُّور
guten Abend (wörtl.: Abend der Güte)	[masāʾ al-ḫair]	مَساء الخَيْر
(Erwiderung; wörtl: Abend des Lichts)	[masāʾ an-nūr]	مَساء النُّور
gute Nacht (wörtl: glückliche Nacht)	[laila saʿīda]	لَيْلة سَعيدة
(Erwiderung)	[laila saʿīda]	لَيْلة سَعيدة
schlaf gut (etwa: erwache im Guten)	[tuṣbiḥ ʿalā ḫair]	تُصْبِح عَلَى خَيْر
(Erwiderung; etwa: du auch)	[wa-anta min ahlihi] oder [wa-anta ʿalā ḫair]	وأَنْتَ مِن أَهْلِه وأَنْتَ عَلَى خَيْر

في العامية

Die Umgangssprache ist in jedem arabischen Land anders. Sie weist Unterschiede in der Aussprache (→Vorlektion) und oft von der Hochsprache deutlich abweichendes Vokabular auf. Die meisten Dialekte sind nicht verschriftet.
Dank der Verbreitung syrischer und ägyptischer Filme und TV-Serien in allen arabischen Ländern werden diese beiden Dialekte in der ganzen arabischen Welt verstanden.
Auf der CD können Sie den Dialog auf Syrisch und auf Ägyptisch hören, Mahmud und Samira stammen dann jeweils aus Syrien bzw. Ägypten.

Dialektvokabeln

	Syrisch	Ägyptisch
Antwort auf [ahlān wa-sahlān]	[ahlēn fīk]	[ahlan bik]
Wie geht's dir? (wörtl.: Wie bist du?)	[kīfak]?	[ezzayyak]?
Gut.	[mnīḥ]	[kwayyis]
Wie geht's dir? (wörtl.: Was sind deine Neuigkeiten?)	[šū aḫbārak]?	[aḫbārak ēh]?
Das sind meine Freunde.	[hādōl rif'ātī]	[dōl aṣḥābī]
Das ist Mahmud.	[hāda maḥmūd]	[dah maḥmūd]
Das ist Samira.	[hai samīra]	[dī samīra]
Wie heißt du? (m)	[šū ismak]?	[ismak ēh]?
Woher kommt ihr?	[min wēn intū]?	[intū min fēn]?
wir	[naḥnā]	[iḥnā]
ja	[ēh]	[aiwa]
diese Sprache	[ha l-luġa]	[al-luġa dī]

التمارين

1 Lesen Sie noch einmal die Pässe von Karim und Fatima und kreuzen Sie die richtigen Antworten an: ☒

1. كريم عربي. ☐
2. كريم مصري. ☐
3. كريم من الأردنّ. ☐
4. فاطمة من سوريا. ☐
5. فاطمة من دمشق. ☐
6. فاطمة مصرية. ☐

2 Was ist die passende Antwort? Ordnen Sie zu.

1.	أهلاً وسهلاً!	a.	فرصة سعيدة!
2.	السلام عليكم!	b.	وأنت على خير!
3.	صباح الخير!	c.	إلى اللقاء!
4.	فرصة سعيدة!	d.	أهلاً بك!
5.	إلى اللقاء!	e.	صباح النور!
6.	تصبح على خير!	f.	وعليكم السلام!

3 Ergänzen Sie die Nationalität wie im Beispiel.

1.	مصر	هو .. مصري	هي .. مصرية ....
2.	سوريا	هو	هي ....
3.	ألمانيا	هو	هي ....
4.	الأردنّ	هو	هي ....
5.	فلسطين	هو	هي ....

4 Setzen Sie die Personalpronomen ein.

1. اسمي ناديا. .. أنا .... ألمانية.
2. هؤلاء أصدقائي. .... من الأردنّ.
3. هذا كريم. .... مصري.
4. هذه فاطمة. .... سورية.
5. و ....؟ ما اسمك؟

5 Füllen Sie das Formular mit Ihren eigenen Angaben.

الاسم: .... تاريخ الميلاد: ....

الجنسية: .... مكان الميلاد: ....

6 Antworten Sie auf die Fragen.

1. كيف الحال؟ ... أنا بخير........ 3. من أين أنت؟ ....
2. ما اسمك؟ .... 4. أنت إنكليزي؟ ....

7 Sie treffen Ahmad zufällig auf der Straße. Begrüßen Sie ihn, fragen Sie, wie es ihm geht und stellen Sie ihm Ihre Freunde Mahmud, Karim und Nadja vor.

1. أنت: ... أهلاً يا أحمد! .... ← أحمد: أهلاً بك!
2. أنت: .... ← أحمد: أنا بخير ، الحمد لله
3. أنت: .... أصدقائي.
4. .... محمود.
5. .... كريم.
6. و .... نادية. ← أحمد: تشرّفنا.

In dieser Lektion lernen Sie:
- ein **Hotelzimmer** zu **buchen**
- den Gebrauch von ***bitte***
- wie man ***haben*** ausdrückt
- **Personalsuffixe**
- **Dual** und **Plural**
- **Wurzeln** und **Strukturen**
- Vokabeln rund ums **Wohnen**

الدرس الثاني

2

مرحباً بكم في فندق الباشا!

Willkommen im Hotel Al-Pascha!

Unser Hotel liegt im Herzen der Stadt Dahab. Alle unsere Zimmer haben Blick aufs Meer.

Sie und Ihre Kinder sind auch herzlich willkommen in unserem Garten und unserem Restaurant!

Einen angenehmen Aufenthalt!

فندقنا في قلب مدينة دهب.
كلّ غرفنا على البحر.
أهلاً وسهلاً بكم وبأطفالكم
أيضاً في حديقتنا ومطعمنا!
إقامة سعيدة!

Personalsuffixe ت4

In dieser Lektion begegnen Ihnen Personalsuffixe. Sie werden an Substantive angehängt, um eine Zugehörigkeit auszudrücken. Hier eine Übersicht.

	Singular			Plural		
1. Person	*mein*	[-ī]	ـــي	*unser*	[-nā]	ـــنا
2. Person	*dein (m)*	[-ak]	ـــَك	*euer*	[-kum]	ـــكُم
	dein (f)	[-ik]	ـــِك			
3. Person	*sein*	[-hu]	ـــهُ	*ihr*	[-hum]	ـــهُم
	ihr	[-hā]	ـــها			

Durch Anfügen des Personalsuffixes rückt die Wortbetonung, die hier fett gedruckt dargestellt ist, oft eine Silbe weiter nach hinten.

Hotel	[**fun**duq]	فُنْدُق	→	*unser Hotel*	[fun**duq**nā]	فُنْدُقنا
Zimmer (Pl.)	[**ġu**raf]	غُرَف	→	*unsere Zimmer*	[ġu**raf**nā]	غُرَفنا
Kinder	[aṭ**fāl**]	أَطْفال	→	*eure (Ihre) Kinder*	[aṭ**fāl**kum]	أَطْفالكُم
Restaurant	[**maṭ**ʿam]	مَطْعَم	→	*unser Restaurant*	[maṭʿ**am**nā]	مَطْعَمنا

Die Femininendung Tāʾ Marbūṭa (ة) am Ende eines Wortes wird beim Anhängen des Personalsuffixes zu Tāʾ (ت).

Garten	[ḥa**dī**qa]	حَديقة	→	*unser Garten*	[ḥadī**qat**nā]	حَديقَتنا

Personalsuffixe können auch an Präpositionen angehängt werden und stehen dann für die deutschen Pronomen *dir / dich, euch* usw. Mit مَرْحَباً بك [marḥaban bik] und أَهْلاً بك [ahlan bik] ist immer nur eine Person gemeint. Werden mehrere Personen angesprochen, heißt es مَرْحَباً بِكُم [marḥaban bikum] und أَهْلاً بِكُم [ahlan bikum]. Auch bei السَّلام عَلَيْكُم [as-salām ʿalaikum] steht am Ende ein Personalsuffix.

بكم الغرفة؟

توماس: السلام عليكم!

الموظّف: وعليكم السلام!

توماس: عندكم غرفة بسرير واحد؟

الموظّف: لحظة ، من فضلك ... نعم ، عندنا غرفة.

توماس: الغرف بحمام و...؟ ما اسمه بالعربي؟ ... مكيّف؟

الموظّف: طبعاً!

توماس: بكم الغرفة؟

الموظّف: الليلة بسبعة دولارات.

توماس: طيّب .آخذ هذه الغرفة.

الموظّف: كم ليلة؟

توماس: أسبوعين.

الموظّف: أعطني جوازك من فضلك.

توماس: عفواً؟ ... آه ، فهمت.
تفضّل ، هذا جوازي.

الموظّف: السيّد توماس من ألمانيا ...
أهلاً وسهلاً في فندقنا!
تفضّل ، هذا مفتاحك.

توماس: شكراً.

الموظّف: لا شكر على الواجب.

المفردات

Ab dieser Lektion finden Sie in der Wörterliste neben den fett gedruckten, aktiv zu lernenden Singularformen auch die Plurale, die durch einen Schrägstrich vom Singular getrennt sind. Bei regelmäßigen Pluralen ist nur die Endung angegeben. Sie sollten die Plurale immer gleich mit dem Singular auswendig lernen.

مرحباً بكم في فندق الباشا!

Hotel	[funduq / fanādiq]	**فُنْدُق / فَنادِق**
Herz	[qalb]	قَلْب
Stadt	[madīna / mudun]	**مَدينَة / مُدُن**
Dahab (Badeort im Sinai)	[dahab]	دَهَب
alle	[kull]	كُلّ
Zimmer	[ġurfa / ġuraf]	**غُرْفَة / غُرَف**
auf; an	[ʿalā]	**عَلَى**
Meer	[baḥr]	بَحْر
Kind	[ṭifl / aṭfāl]	**طِفْل / أَطْفال**
auch	[aiḍan]	أَيْضاً
Garten	[ḥadīqa / ḥadāʾiq]	حَديقة / حَدائِق
Restaurant	[maṭʿam / maṭāʿim]	**مَطْعَم / مَطاعِم**
Einen angenehmen Aufenthalt! (wörtl.: glücklichen Aufenthalt)	[iqāma saʿīda]	إقامة سَعيدة!

بكم الغرفة؟

Angestellter; Beamter	[muwaẓẓaf / -īn]	**مُوَظَّف / ــين**
bei; mit; haben	[ʿind]	**عِنْد**
mit; in	[bi]	**بِ**
Bett	[sarīr / asirra]	**سَرير / أَسِرَّة**
eins	[wāhid]	**واحِد**

Augenblick	[laḥẓa / -āt]	لَحْظة / ـــات
bitte (bei Bitten)	[min faḍlak]	مِن فَضْلَك
Bad; Toilette	[ḥammām / -āt]	حَمّام / ـــات
Wie heißt das auf Arabisch? (wörtl.: Was ist sein Name auf Arabisch?)	[mā ismhu bi-l-ʿarabī]	ما اِسْمهُ بِالعَرَبي؟
Klimaanlage	[mukayyif]	مُكَيِّف
natürlich	[ṭabʿan]	طَبْعاً
wie viel (kostet) (wörtl.: für wieviel)	[bi-kam]	بِكَم
sieben	[sabʿa]	سَبْعة
Dollar	[dūlār / -āt]	دولار / ـــات
gut	[ṭayyib]	طَيِّب
ich nehme	[āḫuḏ]	آخُذ
wie viel(e)	[kam]	كَم
Nacht	[laila / layālī]	لَيْلة / لَيالي
Wie viele Nächte? (wörtl.: Wie viele Nacht?)	[kam laila]	كَم لَيْلة؟
Woche	[usbūʿ / asābīʿ]	أُسْبوع / أَسابيع
Gib (m) mir!	[aʿṭinī]	أَعْطِني
Pass	[ǧawāz / -āt]	جَواز / ـــات
Wie bitte?; bitte (Erwiderung auf danke)	[ʿafwan]	عَفْواً
ich habe verstanden	[fahimt]	فَهِمْت
bitte (beim Geben)	[tafaḍḍal]	تَفَضَّل
Herr	[sayyid / sāda]	سَيِّد / سَادَة
Schlüssel	[miftāḥ / mafātīḥ]	مِفْتاح / مَفاتيح
Nichts zu danken. (wörtl.: Kein Dank für die Pflicht.)	[lā šukr ʿalā l-wāǧib]	لا شُكْر عَلَى الواجِب.

القواعد

1. haben ت9

Um das deutsche *haben* auszudrücken, benutzt man die Präposition عِنْد [ʿind] *bei* und hängt ein Personalsuffix an. Wörtlich heißt es eigentlich: *bei mir / bei dir / bei ihm ist.*

	Singular			Plural		
1. Person	*ich habe*	[ʿindī]	عِنْدي	*wir haben*	[ʿindnā]	عِنْدنا
2. Person	*du (m) hast*	[ʿindak]	عِنْدَك	*ihr habt*	[ʿindkum]	عِنْدكُم
	du (f) hast	[ʿindik]	عِنْدِك			
3. Person	*er hat*	[ʿindhu]	عِنْدهُ	*sie haben*	[ʿindhum]	عِنْدهُم
	sie hat	[ʿindhā]	عِنْدها			

2. Dual ت5, 9

Neben Singular und Plural gibt es im Arabischen eine Form für die Zweizahl. Die Endung für den Dual lautet ـــان [ān] bzw. ـَـيْن [ain]. Im Alltag wird jedoch nur letztere gebraucht. Die Femininendung Tāʾ Marbūṭa (ة) wird beim Anhängen der Dualendung zu Tāʾ (ت).

zwei Wochen	[usbūʿain]	أُسْبوعَيْن
zwei Nächte	[lailatain]	لَيْلَتَيْن

3. Regelmäßiger Plural ت7, 8

Viele Personenbezeichnungen bilden den Plural regelmäßig. Die Maskulinendung lautet ـــون [ūn] bzw. ـــين [īn]. In der Alltagskommunikation, wie sie in den Dialogen vorkommt, wird ausschließlich die Endung ـــين [īn] gebraucht. Der feminine Plural hat die Endung ـــات [āt], das Tāʾ Marbūṭa (ة) entfällt.

	maskuliner Plural		femininer Plural	
Ägypter / Ägypterinnen	[miṣrīyīn]	مِصْريّين	[miṣrīyāt]	مِصْريّات
Angestellte	[muwaẓẓafīn]	مُوَظَّفين	[muwaẓẓafāt]	مُوَظَّفات

Auch Wörter, die nicht auf Tā' Marbūṭa (ة) enden, können einen femininen Plural haben, darunter viele Fremdwörter.

Pässe	[ğawāzāt]	جَوازات
Computer (Pl.)	[kumbyūtarāt]	كُمْبيوتَرات

In Verbindung mit Personalsuffixen entfällt das Nūn (ن) der Plural- und der Dualendung.

eure Angestellten	[muwaẓẓafīkum]	مُوَظَّفيكُم

4. Unregelmäßiger Plural

ت 7, 8

Die Mehrheit der arabischen Wörter bildet den unregelmäßigen Plural. Lernen Sie deshalb immer die Singular- und die Pluralform zusammen.
Obwohl die meisten Nationalitätenbezeichnungen den regelmäßigen Plural bilden, gibt es auch hier Ausnahmen. Nur wenn es sich ausschließlich um Frauen handelt, ist alles wieder regelmäßig.

	maskuliner Plural		femininer Plural	
Araber / Araberinnen	[ʿarab]	عَرَب	[ʿarabīyāt]	عَرَبيّات
Deutsche (m/f)	[almān]	أَلْمَان	[almānīyāt]	أَلْمانيّات
Engländer / Engländerinnen	[inklīz]	اِنْكْليز	[inklīzīyāt]	اِنْكْليزيّات

5. Wurzeln und Strukturen

ت 6

Die meisten arabischen Wörter lassen sich auf eine Wurzel zurückführen, die aus drei, manchmal auch vier Konsonanten besteht. So hat z.B. die Wurzel (ط – ب – خ) [ṭ–b–ḫ] die Bedeutung *kochen* und (ط – ع – م) [ṭ–ʿ–m] steht für *speisen*. Durch kurze und lange Vokale zwischen den Konsonanten sowie Vorsilben, Einsprengsel und Nachsilben entstehen Strukturen, die die Grundbedeutung verändern.

Küche (Ort, wo gekocht wird)	[maṭbaḫ / maṭābiḫ]	مَطْبَخ / مَطابِخ
Restaurant (Ort, wo gespeist wird)	[maṭʿam / maṭāʿim]	مَطْعَم / مَطاعِم

Zur Darstellung der Strukturen wird die Wurzel (ل – ع – ف) [f–ʿ–l] mit der Grundbedeutung *machen* benutzt. Die Konsonanten [f–ʿ–l] stehen dabei als Platzhalter für andere Wurzeln. مَفْعَل [mafʿal] ist z.B. eine Struktur für Ortsbezeichnungen und hat immer den Plural مَفاعِل [mafāʿil].

Unregelmäßige Plurale folgen einer Vielzahl von Strukturen. Die Struktur der folgenden Plurale lautet أَفْعال [afʿāl].

Kinder	[aṭfāl]	أَطْفال
Türen	[abwāb]	أَبْواب

استعمال اللغة

Bitte, bitte, bitte

ت2

Im Arabischen gibt es drei verschiedene Ausdrücke für das deutsche *bitte*.

- Sie benutzen مِن فَضْلَك [min faḍlak], wenn Sie um etwas bitten. Zu Frauen sagen Sie مِن فَضْلِك [min faḍlik] und zu mehreren Personen مِن فَضْلِكُم [min faḍlikum].

Einen Augenblick, bitte.	[laḥẓa min faḍlak]	لَحْظة ، مِن فَضْلَك.
Den Schlüssel, bitte.	[al-miftāḥ min faḍlak]	المِفْتاح ، مِن فَضْلَك.

- تَفَضَّل [tafaḍḍal] stammt von der gleichen Wurzel (ل – ض – ف). Sie verwenden es, wenn Sie etwas geben. Die Femininform lautet تَفَضَّلي [tafaḍḍalī] und wenn Sie mehr als eine Person ansprechen, benutzen Sie تَفَضَّلوا [tafaḍḍalū].

Bitte, das ist der Schlüssel.	[tafaḍḍal hāḏā l-miftāḥ]	تَفَضَّل ، هذا المِفْتاح.

- Als Antwort auf شُكْراً [šukran], sagt man عَفْواً [ʿafwan] oder لا شُكْر عَلَى الواجِب [lā šukr ʿalā l-wāǧib]. Wenn Sie عَفْواً [ʿafwan] wie eine Frage aussprechen, heißt es *Wie bitte?*. Den gleichen Effekt erreichen Sie mit نَعَم؟ [naʿam].

Ein Hotelzimmer buchen ت3

Haben Sie ein Zweibettzimmer?	[ʿindkum ġurfa bi-sarīrain]?	عِنْدكُم غُرْفَة بِسَريرَيْن؟
Wie viel kostet das Zimmer?	[bi-kam al-ġurfa]?	بِكَم الغُرْفة؟
Gut, ich nehme das Zimmer.	[ṭayyib, āḫuḏ al-ġurfa]	طَيِّب ، آخُذ الغُرْفَة.

عبارات مفيدة أخرى

Hier finden Sie weitere Wörter zum Thema Wohnen:

Im Haus	[fi l-bait]	في البَيْت
Haus, Wohnung	[bait / buyūt]	بَيْت / بُيُوت
Tür	[bāb / abwāb]	باب / أبْواب
Küche	[maṭbaḫ / maṭābiḫ]	مَطْبَخ / مَطابِخ
Lampe	[miṣbāḥ / maṣābīḥ]	مِصْباح / مَصابِيح
Stuhl	[kursī / karāsī]	كُرْسي / كَراسي
Schrank	[ḫizāna / ḫazāʾin]	خِزانَة / خَزائِن
Schlafzimmer	[ġurfat an-naum]	غُرْفة النَّوْم
Gästezimmer	[ġurfat aḍ-ḍuyūf]	غُرْفَة الضُّيُوف
Wohnzimmer	[ṣālūn / -āt]	صالون / ـــات
Tisch	[ṭāwila / -āt]	طاوِلة / ـــات
Sofa, Kanapee	[kanaba / -āt]	كَنَبة / ـــات
Fenster	[šubbāk / šabābīk]	شُبَّاك / شَبابيك
Teppich	[saǧǧāda / saǧāǧīd]	سَجّادة / سَجاجيد

في العامية

Wenn Sie den Dialog im syrischen und ägyptischen Dialekt auf der CD hören, wird Ihnen auffallen, dass er sich nicht sehr von der hocharabischen Variante unterscheidet. Oft variiert nur die Betonung. Es können auch Kurzvokale eingefügt werden oder entfallen.

Was? 11,10ت

Das Fragewort *was*, hocharabisch **ما** [mā], heißt auf Syrisch **شو** [šū]. Auf Ägyptisch heißt es **إيه** [ēh] und steht immer am Ende des Satzes. Fragen nach dem Namen werden mit dem Fragewort *was*, dem Wort **اِسْم** [ism] *Name* und dem entsprechenden Personalsuffix gebildet. Wörtlich heißt es: *Was ist dein / sein / ihr Name?*

	Syrisch	Ägyptisch
Wie heißt du (m)?	[šū ismak]?	[ismak ēh]?
Wie heißt du (f)?	[šū ismik]?	[ismik ēh]?
Wie heißt er?	[šū ismhu]?	[ismhu ēh]?
Wie heißt sie?	[šū ismhā]?	[ismhā ēh]?

التمارين

1 Lesen Sie noch einmal die Werbung des Hotels auf der Einstiegsseite dieser Lektion und beantworten Sie die Fragen mit **نَعَم** [naʿam] *ja* oder **لا** [lā] *nein*.

	نعم	لا
1. هل الفندق في القاهرة؟	☐	☐
2. هل في الفندق حديقة؟	☐	☐
3. هل في الفندق مطعم؟	☐	☐

2 Was sagen Sie? Ordnen Sie zu.

1. *Sie möchten Ihren Zimmerschlüssel.* — a. عفواً.
2. *Sie haben nicht verstanden.* — b. مفتاحي ، من فضلك.
3. *Sie geben der Rezeptionistin Ihren Pass.* — c. نعم؟
4. *Sie bedankt sich, worauf Sie antworten: …* — d. تفضّلي ، هذا جوازي.

3 Sie sind an der Rezeption des Hotels Al-Pascha. Begrüßen Sie den Rezeptionisten und fragen Sie ihn, ob er ein Einzelzimmer hat. Sie wollen das Zimmer für zwei Nächte, fragen Sie auch nach dem Preis.

1. أنت: .. مساء الخير! .... ← الموظّف: مساء النور!
2. أنت: .... ← الموظّف: كم ليلة؟
3. أنت: .... ← الموظّف: نعم ، عندنا غرفة.
4. أنت: .... ← الموظّف: الليلة بسبعة دولارات.

4 Meine Stadt, dein Pass ... Ergänzen Sie die Personalsuffixe im Singular und im Plural.

	Singular جواز	Plural	Singular مدينة	Plural
1. Person	....	....	.... مدينتي ..	....
2. Person	....	....	....	....
	...... جوازِك ..		....	
3. Person	....	....	....	....
	....		....	

5 Bilden Sie den Dual.

1. مدينة .. مدينتين.....
2. طفل ....
3. موظّف ....
4. غرفة ....
5. سرير ....
6. أسبوع ....

6 Welche Wörter haben die gleiche Wurzel? Ordnen Sie zu.

1.	من فضلك	a.	صباح
2.	أسبوع	b.	سبعة
3.	مصباح	c.	تفضّل

7 Ergänzen Sie den Singular.

1. مدن .مدينة..
2. جوازات ....
3. ليالي ....
4. أسابيع ....
5. ألمان ....
6. مفاتيح ....

8 Ergänzen Sie den Plural.

1. أردنّي .أردنّيين..
2. بيت ....
3. طاولة ....
4. غرفة ....
5. طفل ....
6. سورية ....

9 Übersetzen Sie ins Arabische.

1. *Ich habe zwei Kinder.* ....
2. *Er hat zwei Pässe.* ....
3. *Wir haben ein Hotel.* ....
4. *Haben Sie ein Zweibettzimmer?* ....
5. *Hast du den Schlüssel?* ....
6. *Sie hat einen Garten.* ....

10 Sie wollen von Ihrem syrischen Bekannten wissen, wie die Dinge, die Sie sehen, auf Arabisch heißen. Übersetzen Sie: „Wie heißt das auf Arabisch?“

....

11 Ihr ägyptischer Freund zeigt Ihnen ein Foto von seiner Tochter. Fragen Sie: „Wie heißt sie?“

....

Diese Lektion behandelt:
- **Wegbeschreibungen**
- **Adjektive**
- **Zahlen** bis **100**
- **Zahlen** in Verbindung mit **Substantiven**
- **Ortsangaben**

الدرس الثالث
3

Stadtplan خريطة المدينة

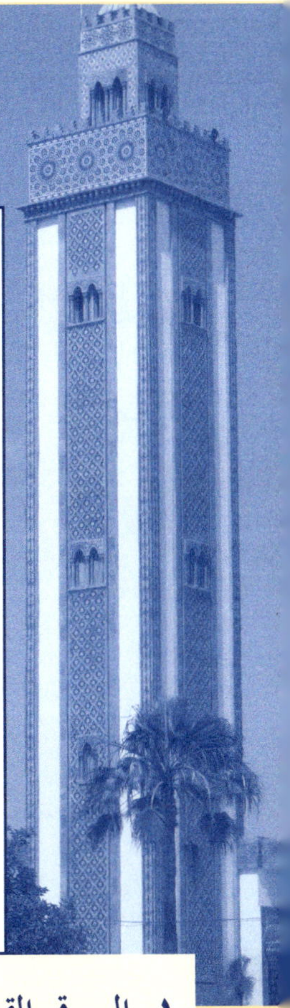

Nationalmuseum	٤ المتحف الوطني	Alter Markt	١ السوق القديمة
Bahnhof	٥ المحطّة	Große Moschee	٢ الجامع الكبير
Neuer Platz	٦ الساحة الجديدة	Palästina-Straße	٣ شارع فلسطين

ما الجديد؟

Adjektive

Wie die Adjektive zur Bezeichnung der Nationalität, die Sie in → Lektion 1 kennengelernt haben, haben auch alle anderen Adjektive eine maskuline und eine feminine Form. Die Femininform wird in den meisten Fällen durch Anhängen der Endung Tā' Marbūṭa (ة) gebildet. Ausnahmen sind im Wörterverzeichnis mit *(f)* gekennzeichnet.

Singular	maskulin		feminin	
alt	[qadīm]	قَديم	[qadīma]	قَديمة
neu	[ǧadīd]	جَديد	[ǧadīda]	جَديدة
national	[waṭanī]	وَطَني	[waṭanīya]	وَطَنيّة

Auch der Plural von Adjektiven kann regelmäßig oder unregelmäßig sein. Für den femininen Plural wird aus Tā' Marbūṭa (ة) die Endung ـــات [āt].

Plural	maskulin		feminin	
alte	[qudamā']	قُدَماء	[qadīmāt]	قَديمات
neue	[ǧudud]	جُدُد	[ǧadīdāt]	جَديدات
nationale	[waṭanīyīn]	وَطَنيّين	[waṭanīyāt]	وَطَنيّات

جديد في المدينة

توماس: عفواً يا سيّدتي. أين المتحف الوطني؟
هل هو بعيد؟

السيّدة: لا ، هو قريب! من هنا إلى شارع فلسطين.
وبعد ذلك على طول إلى الساحة الجديدة ،
ومن هناك إلى اليسار وبعد حوالي خمسين
متر بناية قديمة على اليمين.
المتحف جنب هذه البناية.

توماس: شكراً جزيلاً. مع السلامة!

السيّدة: الله يسلّمك!

بعد قليل ...

توماس: لو سمحت ، هل تعرف الطريق
إلى المتحف الوطني؟

السيّد: مائة بالمائة! تعال معي!

توماس: ألف شكر! أنا جديد في المدينة.
أنا هنا منذ ثلاثة أيّام.

السيّد: ما رأيك بجولة صغيرة في المدينة القديمة؟

توماس: بكلّ سرور!

المفردات

Die Vokabeln sind in der Wortliste immer mit Vokalzeichen versehen, die in den Texten nicht angegeben sind. Um die Wörter mit der richtigen Vokalfolge zu lernen, sollten Sie immer wieder die Dialoge auf der CD anhören und die Texte im Buch mitlesen.

خريطة المدينة

Plan, Karte	[ḫarīṭa]	خَريطة
Markt	[sūq / aswāq]	سوق *(f)* / أَسْواق
alt	[qadīm / qudamāʾ]	قَديم / قُدَماء
Moschee	[ǧāmiʿ / ǧawāmiʿ]	جَامِع / جَوامِع
groß	[kabīr / kibār]	كَبير / كِبار
Straße	[šāriʿ / šawāriʿ]	شارِع / شَوارِع
Museum	[matḥaf, mutḥaf / matāḥif]	مَتْحَف / مَتاحِف
national	[waṭanī / -īn]	وَطَني / ـــين
Bahnhof; Haltestelle	[maḥaṭṭa / -āt]	مَحَطَّة / ـــات

Platz	[sāḥa / -āt]	ساحة / ـــات
neu	[ğadīd / ğudud]	جَديد / جُدُد

جديد في المدينة

Entschuldigung; bitte	[ʿafwan]	عَفْواً
Frau; Dame	[sayyida / -āt]	سَيِّدة / ـــات
wo	[aina]	أَيْنَ
weit	[baʿīd]	بَعيد
nah	[qarīb]	قَريب
hier	[hunā]	هُنا
von hier aus; hier entlang	[min hunā]	مِن هُنا
nach; zu; bis	[ilā]	إِلَى
nach (zeitl.)	[baʿd]	بَعْد
danach	[baʿd ḏālik]	بَعْد ذَلِك
geradeaus	[ʿalā ṭūl]	عَلَى طول
dort	[hunāk]	هُناك
links	[al-yasār]	اليَسار
ungefähr	[ḥawālī]	حَوالي
fünfzig	[ḫamsīn]	خَمْسين
Meter	[mitr / amtār]	مِتْر / أَمْتار
Gebäude	[bināya / -āt]	بِناية / ـــات
auf der rechten (Seite)	[ʿalā l-yamīn]	عَلَى اليَمين
neben	[ğanb]	جَنْب
(Erwiderung auf [maʿ as-salāma]*; wörtl.: Gott schütze dich (m))*	[allāh yusallimak]	الله يُسَلِّمَك!
nach kurzer Zeit (wörtl.: nach wenig)	[baʿd qalīl]	بَعْد قَليل

entschuldigen Sie; gestatten Sie (m)	[lau samaḥt]	لَوْ سَمَحْت
du (m) kennst / weißt	[taʿrif]	تَعْرِف
Weg	[ṭarīq / ṭuruq]	طَريق / طُرُق
hundertprozentig (wörtl.: hundert in hundert)	[miʾa bi-l-miʾa]	مائة بِالمائة
Komm! (m)	[taʿāl]	تَعال
mit mir	[maʿī]	مَعي
tausend Dank	[alf šukr]	أَلْف شُكْر
seit	[mundu]	مُنْذُ
drei	[ṯalāṯa]	ثَلاثة
Tag	[yaum / ayyām]	يَوْم / أَيّام
Was hältst du (m) (von) (wörtl.: was ist deine Meinung von)	[mā raʾyak (bi)]	ما رَأْيك (بِ)
Rundgang; Rundreise	[ǧaula / -āt]	جَوْلة / ــات
klein	[ṣaġīr / ṣiġār]	صَغير / صِغار
mit Vergnügen (wörtl.: mit jeder Freude)	[bi-kull surūr]	بِكُلّ سُرور

القواعد

1. Adjektive als Attribut ت 8,7,6

Um ein Substantiv näher zu beschreiben, wird das Adjektiv dem Substantiv nachgestellt und hat dasselbe Geschlecht.

eine große Straße	[šāriʿ kabīr]	شارِع كَبير
ein kleines Gebäude	[bināya ṣaġīra]	بِناية صَغيرة

Der Plural des Adjektivs wird nur benutzt, wenn es sich bei dem Substantiv, auf das es sich bezieht, um Personen handelt. Handelt es sich nicht um Personen, sondern um Gegenstände, Orte usw., wird das feminine Adjektiv im Singular verwendet.

kleine Kinder	[aṭfāl ṣiġār]	أَطْفال صِغار
alte Märkte	[aswāq qadīma]	أَسْواق قَديمة

Ist das Substantiv durch einen Artikel oder ein Personalsuffix bestimmt, erhält auch das Adjektiv einen Artikel.

der neue Bahnhof	[al- maḥaṭṭa al-ǧadīda]	المَحَطَّة الجَديدة
unsere kleinen Kinder	[aṭfālnā aṣ-ṣiġār]	أَطْفالْنا الصِّغار

2. Adjektive als Prädikat ت9,5

Wenn Adjektive in einem Nominalsatz als Prädikat verwendet werden, haben sie keinen Artikel. Sie haben aber dasselbe Geschlecht wie das Substantiv, auf das sie sich beziehen. Steht dieses Substantiv im Plural und bezeichnet Personen, wird die Pluralform des Adjektivs verwendet. Bezeichnet es keine Personen, wird die Femininform des Adjektivs benutzt.

Das Museum ist nah.	[al-matḥaf qarīb]	المَتْحَف قَريب.
Die Märkte sind alt.	[al-aswāq qadīma]	الأَسْواق قَديمة.
Unsere Kinder sind groß.	[aṭfālnā kibār]	أَطْفالْنا كِبار.

Die Substantive können durch Personalpronomen ersetzt werden. Substantive, die keine Personen bezeichnen, werden durch هي [hiya] ersetzt und wie feminine Singulare behandelt.

[huwa qarīb]	هُوَ قَريب.	←	[al-matḥaf qarīb]	المَتْحَف قَريب.
[hiya qadīma]	هِيَ قَديمة.	←	[al-aswāq qadīma]	الأَسْواق قَديمة.
[hum ṣiġār]	هُم صِغار.	←	[aṭfālnā ṣiġār]	أَطْفالْنا صِغار.

3. Zahlen bis 100 ت4

Bis zehn zu zählen, haben Sie bereits in der Vorlektion gelernt. Die nachfolgenden Zahlen werden wie im Deutschen gebildet. *Vierzehn* heißt أَرْبَعَة عَشْر [arbaʿat-ʿašr], eine Kombination aus أَرْبَعة [arbaʿa] und عَشَرة [ʿašara]. Das Tāʾ Marbūṭa (ة) der ersten Zahl wird [at] ausgesprochen und mit dem verkürzten عَشْر [ʿašr] verbunden. Bei den Zahlen *elf* und *zwölf* sind die ersten Ziffern etwas verändert. Vergleichen Sie in der Übersicht:

Die Zahlen von 11 bis 20					
١١	[iḥdā-ʿašr]	إِحْدَى عَشْر	١٦	[sittat-ʿašr]	سِتَّة عَشْر
١٢	[iṯnā-ʿašr]	اِثْنا عَشْر	١٧	[sabʿat-ʿašr]	سَبْعَة عَشْر
١٣	[ṯalāṯat-ʿašr]	ثَلاثَة عَشْر	١٨	[ṯamānyat-ʿašr]	ثَمانْيَة عَشْر
١٤	[arbaʿat-ʿašr]	أَرْبَعَة عَشْر	١٩	[tisʿat-ʿašr]	تِسْعَة عَشْر
١٥	[ḫamsat-ʿašr]	خَمْسَة عَشْر	٢٠	[ʿišrīn]	عِشْرين

Weiter geht es genau wie im Deutschen: *einundzwanzig* heißt واحِد وعِشْرين [wāḥid wa- ʿišrīn], also zuerst der Einer, dann der Zehner und وَ [wa] dazwischen.

Die Zahlen von 21 bis 30					
٢١	[wāḥid wa-ʿišrīn]	واحِد وعِشْرين	٢٦	[sitta wa-ʿišrīn]	سِتَّة وعِشْرين
٢٢	[iṯnain wa-ʿišrīn]	إِثْنَيْن وعِشْرين	٢٧	[sabʿa wa-ʿišrīn]	سَبْعة وعِشْرين
٢٣	[ṯalāṯa wa-ʿišrīn]	ثَلاثة وعِشْرين	٢٨	[ṯamānya wa-ʿišrīn]	ثَمانْية وعِشْرين
٢٤	[arbaʿa wa-ʿišrīn]	أَرْبَعة وعِشْرين	٢٩	[tisʿa wa-ʿišrīn]	تِسْعة وعِشْرين
٢٥	[ḫamsa wa-ʿišrīn]	خَمْسة وعِشْرين	٣٠	[ṯalāṯīn]	ثَلاثين

Die Zehner werden mit der Grundzahl ohne Tāʾ Marbūṭa (ة) und der Endung ـــين [-īn] gebildet.

Die Zahlen von 40 bis 110					
٤٠	[arbaʿīn]	أَرْبَعين	٨٠	[ṯamānīn]	ثَمانين
٥٠	[ḫamsīn]	خَمْسين	٩٠	[tisʿīn]	تِسْعين
٦٠	[sittīn]	سِتّين	١٠٠	[miʾa]	مائة
٧٠	[sabʿīn]	سَبْعين	١١٠	[miʾa wa-ʿašara]	مائة وعَشَرة

Zwischen 100 und der folgenden Zahl wird immer وَ [wa] eingefügt.
Beachten Sie, dass مائة [miʾa] hocharabisch auch [māʾa] ausgesprochen wird. Es gibt auch die Schreibweise مِئة.

einhundertfünfundsechzig [miʾa wa-ḫamsa wa-sittīn] مائة وَخَمْسة وسِتّين

4. Zahlen in Verbindung mit Substantiven 4ت

Für die Verbindung mit Substantiven gelten für die Zahlen komplizierte Regeln, an denen selbst Muttersprachler verzweifeln. Deshalb hier die vier wichtigsten Regeln:

- Die *eins* wird dem Substantiv wie ein Adjektiv nachgestellt und hat immer dasselbe Geschlecht wie das Substantiv. Ist das Substantiv maskulin, ist die Zahl ebenfalls maskulin. Ist es feminin, muss auch die Zahl eine Femininendung haben.

eine Nacht	[laila wāḥida]	لَيْلة واحِدة
ein Tag	[yaum wāḥid]	يَوْم واحِد

- Kommt etwas doppelt vor, wird der Dual gebildet. Die Femininendung Tā' Marbūṭa (ة) wird dabei zu Tā' (ت). Es wird kein Zahlwort *zwei* verwendet.

zwei Nächte	[lailatain]	لَيْلَتَيْن
zwei Tage	[yaumain]	يَوْمَيْن

- Von *drei* bis *zehn* wird das gezählte Substantiv im Plural und das Zahlwort im entgegengesetzten Geschlecht benutzt. Ist das Substantiv feminin, muss die Zahl maskulin sein. Ist es maskulin, muss die Zahl die Femininendung Tā' Marbūṭa (ة) haben, die dann [at] ausgesprochen wird.

drei Nächte	[ṯalāṯ layālī]	ثلاث لَيالي
drei Tage	[ṯalāṯat ayyām]	ثلاثة أيّام

- Ab *elf* werden Substantive immer im Singular genannt.

elf Nächte	[iḥdā-ʿašr laila]	إحْدَى عَشْر لَيْلة
dreiundzwanzig Tage	[ṯalāṯa wa- ʿišrīn yaum]	ثَلاثة وعِشْرين يَوْم

استعمال اللغة

Wegbeschreibungen 2,1ت

So können Sie nach dem Weg fragen:

Wo ist der Bahnhof?	[aina l-maḥaṭṭa]	أَيْنَ المَحَطَّة؟
Kennst du (m) den Weg zum Bahnhof?	[hal taʿrif aṭ-ṭarīq ilā l-maḥaṭṭa]	هَل تَعْرِف الطَّريق إلى المَحَطَّة؟

Mit folgenden Wörtern wird der Weg beschrieben:

von hier / dort	[min hunā / hunāk]	مِن هُنا / هُناك
geradeaus	[ʿalā ṭūl]	عَلَى طول
nach rechts	[ilā l-yamīn]	إلَى اليَمين
nach links	[ilā l-yasār]	إلَى اليَسار
auf der rechten (Seite)	[ʿalā l-yamīn]	عَلَى اليَمين
auf der linken (Seite)	[ʿalā l-yasār]	عَلَى اليَسار
nach ungefähr 20 Metern	[baʿd ḥawālī ʿišrīn mitr]	بَعْد حَوالي عِشْرين مِتْر

عبارات مفيدة أخرى

Ortsangaben 10,3ت

nach; zu	[ilā]	إلَى
aus; von	[min]	مِن
in	[fī], [bi]	في ، بِ
auf; an	[ʿalā]	عَلَى
neben	[ǧanb]	جَنْب
gegenüber	[muqābil]	مُقابِل
vor; vorn	[amām]	أَمام
hinter; hinten	[ḫalf]	خَلْف
unter	[taḥt]	تَحْت
über	[fauq]	فَوْق

في العامية

Wo?

Das Fragewort *wo*, hocharabisch أَيْنَ [aina], heißt auf Syrisch وين [wēn] und auf Ägyptisch فين [fēn]. *Wo ist das Nationalmuseum?* heißt also

auf Syrisch:	[wēn il-mathaf / muthaf il-waṭanī]?
und auf Ägyptisch:	[fēn il-maṭḥaf / mutḥaf il-waṭanī]?

Achten Sie beim Hören des Dialogs im syrischen und ägyptischen Dialekt besonders auf die Antwort der Passantin. Hier finden Sie die Vokabeln, die vom Hocharabischen abweichen:

	Syrisch	Ägyptisch
nah	[arīb]	[urayyib]
von hier nach / zu …	[min hōn la]	[min hinā liḥad]
danach	[baʿdēn]	[baʿad kidā]
von dort nach links	[min hunēk la š-šmāl]	[min hināk šimāl]
da ist ein altes Gebäude auf der rechten Seite	[fīh bināya adīma ʿal-yamīn]	[fīh mabnā adīm ʿal-yimīn]
neben diesem Gebäude	[iddām hai l-bināya]	[gamb il-mabnā dah]

Zahlen im Dialekt

Auch die Zahlen werden in den Dialekten etwas anders ausgesprochen. Sie hören die Zahlen von *eins* bis *zwanzig* erst auf Syrisch und dann auf Ägyptisch.

التمارين

1 Sie stehen vor dem Nationalmuseum. Fragen Sie nach dem Weg …

a) *zur Altstadt* ....

b) *zum neuen Platz* ....

c) *zur großen Moschee* ....

2 Sehen Sie sich den Stadtplan auf der Einstiegsseite an. Wohin führt Sie die folgende Beschreibung?

من المتحف الوطني على طول إلى الساحة الجديدة. من هناك إلى اليسار. وبعد حوالي ثلاثين متر على اليمين.

Lösung: ....

3 Wie heißt das Gegenteil? Verbinden Sie.

1.	هنا	a.	قريب
2.	كبير	b.	صغير
3.	بعيد	c.	قديم
4.	أمام	d.	هناك
5.	جديد	e.	خلف

4 Benutzen Sie bei den folgenden Zahlen den Singular oder Plural des gezählten Substantivs? Kreuzen Sie die richtige Variante an.

1.	٤	يوم ☐	أيّام ☒		
2.	١٥	بناية ☐	بنايات ☐		
3.	٨٠	ليلة ☐	ليالي ☐		
4.	٧	متر ☐	أمتار ☐		
5.	٩	جامع ☐	جوامع ☐		
6.	١٦٠	طريق ☐	طرق ☐		

5 Welche Übersetzung stimmt? Kreuzen Sie an.

1. الجامع الكبير
   - ☒ *die große Moschee*
   - ☐ *eine große Moschee*
2. يوم جديد
   - ☐ *der neue Tag*
   - ☐ *ein neuer Tag*
3. الأسواق قديمة
   - ☐ *die alten Märkte*
   - ☐ *Die Märkte sind alt.*
4. بيتي قريب
   - ☐ *mein nahes Haus*
   - ☐ *Mein Haus ist nah.*

6 Ergänzen Sie das Adjektiv wie im Beispiel.

1. غرفة (صغير) .. غرفة صغيرة....
2. جواز (سوري) ....
3. محطّة (كبير) ....
4. مطعم (عربي) ....

7 Bilden Sie den Singular wie im Beispiel.

1. الشوارع الكبيرة .. الشارع الكبير ..... 3. البنايات الجديدة ....
2. البيوت العربية .... 4. الأطفال الصغار ....

8 Bilden Sie den Plural wie im Beispiel.

1. مدينة جديدة .. مدن جديدة...... 3. الساحة القديمة ....
2. الحديقة الصغيرة .... 4. طاولة كبيرة ....

9 Ersetzen Sie das Substantiv durch das passende Personalpronomen.

1. المتحف بعيد. ..هو بعيد.......... 3. الأسواق قديمة. ....
2. المدينة كبيرة. .... 4. أصدقائي عرب. ....

10 Auf dem Bild sehen Sie ein Hotelzimmer. Setzen Sie die passende Präposition aus dem Kasten in die Beschreibung des Zimmers ein.

جنب	أمام	فوق	في ✓	على

1. في .. الغرفة سرير وطاولة وكرسي وخزانة.
2. السرير .... الخزانة.
3. الكرسي .... الطاولة.
4. .... الطاولة مصباح و .... الطاولة مفتاح.

Diese Lektion beschäftigt sich mit:
- **Verkehrsschildern**
- **Smalltalk**
- der **Genitivverbindung**
- der **Verneinung** von **Nominalsätzen**
- der **Vergangenheit** mit كان
- **Zeitangaben**
- **Ortsbezeichnungen**

Verkehrsschilder إشارات المرور

zum Stadtzentrum	إلى مركز المدينة
zur Autobahn	إلى الأتوستراد
zum Busbahnhof	إلى محطّة الباصات
zum Bahnhof	إلى محطّة القطار
zum Flughafen	إلى المطار

منطقة عسكرية
ممنوع التصوير

Militärgebiet
Fotografieren verboten

خفف السرعة

Geschwindigkeit verringern

ما الجديد؟

Im Deutschen bilden wir zusammengesetzte Substantive, um Wörter genauer zu bestimmen. Im Arabischen werden die Wörter in Genitivverbindungen aneinandergereiht. Das erste Wort ist dabei immer das Leitwort, das durch ein Bestimmungswort erläutert wird. Ist das Leitwort feminin, wird Tā᾿ Marbūṭa (ة) [at] ausgesprochen.

das Stadtzentrum (wörtl.: Zentrum der Stadt)	[markaz al-madīna]	مرْكز المدينة
der Busbahnhof (wörtl.: Bahnhof der Busse)	[maḥaṭṭat al-bāṣāt]	محطّة الباصات

Auch ein Adjektiv oder ein Partizip kann Leitwort einer solchen Genitivverbindung sein.

Fotografieren verboten (wörtl.: verboten des Fotografierens)	[mamnūʿ at-taṣwīr]	ممْنوع التّصْوير

إلى مركز المدينة

Thomas steht am Straßenrand und winkt nach einem Taxi. Das Taxi hält und Thomas steigt ein …

توماس: صباح الخير!

سائق التاكسي: صباح النور يا سيّدي!

توماس: إلى مركز المدينة ، من فضلك.

سائق التاكسي: على عيني يا سيّدي … حضرتك لست من هنا. من أين أنت؟

توماس: أنا من ألمانيا… لو سمحت ، هل في هذه السيّارة حزام أمان؟

سائق التاكسي: يا سيّدي ، لسنا في ألمانيا!

توماس: وهل عندك عدّاد؟

سائق التاكسي: طبعاً ، العدّاد هنا … لغتك العربية ممتازة!

توماس: ولكن العربية ليست سهلة.

سائق التاكسي: هل كنت في بلد عربي من قبل؟

توماس: نعم ، كنت في المغرب قبل سنتين وفي الإمارات قبل ثلاث سنوات.

سائق التاكسي:	وما رأيك بعاصمة بلدنا الجميل؟
توماس:	هي جميلة جدّاً والناس طيّبين ولطفاء!
سائق التاكسي:	تفضّل يا سيّدي ، هذا مركز المدينة.
توماس:	ممتاز ، قف على اليمين ، من فضلك. كم الأجرة؟
سائق التاكسي:	كما تريد.

المفردات

Damit Sie sich schrittweise an unvokalisierte Schrift gewöhnen, verzichten wir ab dieser Lektion auf das Vokalzeichen Fatḥa, das für das kurze [a] steht. Alle anderen Hilfszeichen (→ Vorlektion) setzen wir weiterhin.
Wenn Sie also kein Vokalzeichen zwischen zwei Konsonanten sehen, ist ein kurzes [a] zu sprechen. Sie werden feststellen, dass die arabische Schrift ohne Hilfszeichen viel übersichtlicher ist.

إشارات المرور

Schild; Zeichen	[išāra]	إشارة
Verkehr	[murūr]	مُرور
Zentrum	[markaz / marākiz]	مرْكز / مراكِز
Autobahn	[utūstrād]	أُتوسْتْراد
Bus	[bāṣ / -āt]	باص / ــات

Zug	[qiṭār / -āt]	قِطار / ــــات
Flughafen	[maṭār / -āt]	مطار / ــــات
Stopp!; Halt an!	[qif]	قِف
Verringere! (wörtl.: mach leichter)	[ḫaffif]	خفِّف
Geschwindigkeit	[surʿa]	سُرْعة
Gebiet	[minṭaqa]	مِنْطقة
militärisch	[ʿaskarī]	عسْكري
verboten	[mamnūʿ]	ممْنوع
(das) Fotografieren	[taṣwīr]	تصْوير

إلى مركز المدينة

Fahrer	[sāʾiq / -īn]	سائِق / ــــين
Taxi	[tāksi / takāsī]	تاكْسي / تكاسي
geht klar; gerne (wörtl.: auf mein Auge)	[ʿalā ʿainī]	علَى عَيْني
Sie (m) (Höflichkeitsform)	[ḥaḍratak]	حضْرتك
du (m) bist nicht	[lasta]	لسْتَ
entschuldigen Sie, gestatten Sie (m)	[lau samaḥt]	لوْ سمحْت
Auto	[sayyāra / -āt]	سيّارة / ــــات
Gurt; Gürtel	[ḥizām / aḥzima]	حِزام / أحْزِمة
Sicherheit	[amān]	أمان
wir sind nicht	[lasnā]	لسْنا
Zähler; Taxameter	[ʿaddād]	عدّاد
natürlich	[ṭabʿan]	طبْعاً
super, prima, toll, ausgezeichnet	[mumtāz]	مُمْتاز
aber	[lākin]	لكِن
Arabisch; die arabische (Sprache)	[al-ʿarabīya]	العربيّة
sie ist nicht	[laisat]	لَيْست
einfach, leicht	[sahl]	سهْل
du (m) warst; ich war	[kunt]	كُنْت
Land	[balad / buldān]	بلد / بُلْدان

vorher; schon mal	[min qabl]	مِن قَبْل
Marokko	[al-maġrib]	المغْرِب
vor	[qabl]	قَبْل
Jahr	[sana / sanawāt]	سنة / سنوات
Emirate (VAE)	[al-imārāt]	الإمارات
Was hältst du (von) (wörtl.: Was ist deine Meinung)	[mā ra'yak (bi)]	ما رأيْك (بِ)
Hauptstadt	[ʿāṣima / ʿawāṣim]	عاصِمة / عواصِم
schön	[ǧamīl / -īn]	جميل / ـــين
sehr	[ǧiddan]	جِدّاً
Leute	[nās]	ناس
gut; gutherzig	[ṭayyib / -īn]	طيِّب / ـــين
freundlich; nett	[laṭīf / luṭafā']	لطيف / لُطفاء
Miete; Tarif	[uǧra]	أُجْرة
wie du willst	[kamā turīd]	كما تُريد

القواعد

1. Genitivverbindungen ت2, 3

Das Leitwort einer Genitivverbindung darf nie einen Artikel haben. Es ist bereits bestimmt, wenn das Bestimmungswort einen Artikel bzw. ein Personalsuffix trägt.

der Taxifahrer (wörtl.: Fahrer des Taxis)	[sā'iq at-tāksī]	سائِق التّاكْسي
die Hauptstadt unseres Landes (wörtl.: Hauptstadt unseres Landes)	[ʿāṣimat baladnā]	عاصِمة بلدْنا

Hat das Bestimmungswort keinen Artikel, ist die Genitivverbindung unbestimmt.

ein Taxifahrer (wörtl.: Fahrer eines Taxis)	[sā'iq tāksī]	سائِق تاكْسي

Der Plural von Genitivverbindungen wird gebildet, indem das Leitwort im Plural steht. Beim regelmäßigen maskulinen Plural entfällt das ن (Nūn) der Pluralendung ـــين [-īn].

die Taxifahrer (Pl.)	[sāʾiqī at-tāksī]	سائِقي التّاكْسي

2. Genitivverbindungen mit Attribut ت4

Attributive Adjektive werden der Genitivverbindung immer nachgestellt, unabhängig davon, ob sie sich auf das Leitwort oder das Bestimmungswort beziehen.

die schöne Hauptstadt des Landes	[ʿāṣimat al-balad al-ǧamīla]	عاصِمة البلد الجميلة
die Hauptstadt unseres schönen Landes	[ʿāṣimat baladnā al-ǧamīl]	عاصِمة بلدنا الجميل

Ist das Bestimmungswort durch einen Artikel bzw. ein Personalsuffix bestimmt, hat das Adjektiv einen Artikel. Wenn die Genitivverbindung unbestimmt ist, trägt das Adjektiv keinen Artikel.

der freundliche Taxifahrer	[sāʾiq at-tāksī al-laṭīf]	سائِق التّاكْسي اللّطيف
ein freundlicher Taxifahrer	[sāʾiq tāksī laṭīf]	سائِق تاكْسي لطيف

Haben Leitwort und Bestimmungswort dasselbe Geschlecht, kann sich das Adjektiv auf beide Wörter beziehen. In diesem Fall muss der Sinnzusammenhang entscheiden, wie die Konstruktion zu übersetzen ist.

der Bahnhof der großen Stadt oder *der große Bahnhof der Stadt*	[maḥaṭṭat al-madīna al-kabīra]	محطّة المدينة الكبيرة

3. Verneinung von Nominalsätzen ت6

Nominalsätze werden mit dem Verb لَيْسَ [laisa] *nicht sein* verneint. Die konjugierte Form des Verbs steht entweder am Anfang des Satzes oder nach dem Subjekt. Die Personalpronomen stecken schon im konjugierten Verb und müssen nicht extra erwähnt werden.

Ich bin nicht von hier.	[lastu min hunā]	لَسْتُ مِن هُنا.
Arabisch ist nicht leicht.	[al-ʿarabīya laisat sahla]	العربيّة لَيْست سهْلة.

In der Übersicht sehen Sie, wie لَيْسَ konjugiert wird. Beachten Sie, dass das Alif in der Endung der 3. Person Plural nicht mitgesprochen wird.

	Singular			**Plural**		
1. Person	*ich bin nicht*	[lastu]	لَسْتُ	*wir sind nicht*	[lasnā]	لَسْنا
2. Person	*du (m) bist nicht*	[lasta]	لَسْتَ	*ihr seid nicht*	[lastum]	لَسْتُم
	du (f) bist nicht	[lasti]	لَسْتِ			
3. Person	*er ist nicht*	[laisa]	لَيْسَ	*sie sind nicht*	[laisū]	لَيْسوا
	sie ist nicht	[laisat]	لَيْسَت			

Plurale, die keine Personen bezeichnen, werden immer wie feminine Singulare behandelt. Die 3. Person Plural des Verbs (لَيْسوا) wird also nur bei Personen gebraucht. Gleiches gilt auch für das Demonstrativpronomen هؤُلاء [hāʾulāʾ].

Diese Häuser sind nicht alt.	[hāḏihi al-buyūt laisat qadīma]	هٰذِهِ البُيوت لَيْست قديمة.
Diese Leute sind keine Ägypter.	[hāʾulāʾ an-nās laisū miṣrīyīn]	هؤُلاء الناس لَيْسوا مِصريين.

4. Vergangenheit mit كان ت9,7

Für die Vergangenheit benutzt man das Verb كان [kān] *war / gewesen*. Es wird ähnlich wie لَيْسَ konjugiert. Das Alif der Endung der 3. Person Plural wird nicht mitgesprochen. Beachten Sie außerdem, dass die Verbformen der 1. Person Singular und der 2. Person Singular *(m)* identisch sind. Man kann also nur aus dem Sinnzusammenhang heraus erkennen, welche Person gemeint ist.

	Singular			Plural		
1. Person	*ich war*	[kunt]	كُنْتُ	*wir waren*	[kunnā]	كُنّا
2. Person	*du (m) warst*	[kunt]	كُنْتَ	*ihr wart*	[kuntum]	كُنْتُم
	du (f) warst	[kunti]	كُنْتِ			
3. Person	*er war*	[kān]	كان	*sie waren*	[kānū]	كانوا
	sie war	[kānat]	كانَت			

Auch hier stecken die Personalpronomen schon im konjugierten Verb. كان steht wie لَيْسَ am Anfang des Satzes oder nach dem Subjekt. In Fragesätzen steht es, wie im Deutschen, nach dem Fragewort. Die 3. Person Plural (كانوا) wird nur bei Personen gebraucht.

Wo wart ihr?	[aina kuntum]	أيْنَ كُنْتُم؟
Wir waren im Stadtzentrum.	[kunnā fī markaz al-madīna]	كُنّا في مرْكز المدينة.
Die Märkte waren schön.	[al-aswāq kānat ǧamīla]	الأسْواق كانت جميلة.
Die Leute waren sehr nett.	[an-nās kānū luṭafāʾ ǧiddan]	النّاس كانوا لُطفاء جِدّاً.

استعمال اللغة

Zeitangaben ت8

Mit den Präpositionen مُنْذُ [munḏu] *seit*, قبْل [qabl] *vor* oder مِن قبْل [min qabl] *vorher, schon mal* können Sie Aussagen über die Zeit machen. Diese Zeitangaben stehen meist am Ende des Satzes.

Ich bin seit drei Tagen in der Stadt.	[ana fi l-madīna munḏu ṯalāṯat ayyām]	أنا في المدينة مُنْذُ ثلاثة أيّام.

Ich war vor zwei Jahren in Ägypten.	[kunt fī miṣr qabl sanatain]	كُنْت في مِصر قَبْل سنتَيْن.
Wir waren schon mal hier.	[kunnā hunā min qabl]	كُنّا هُنا مِن قَبْل.

عبارات مفيدة أخرى

Wurzeln und Strukturen — Ortsbezeichnungen ت 1, 5

In → Lektion 2 haben Sie die Struktur مفاعِل [mafāʿil] für den unregelmäßigen Plural von Ortsbezeichnungen kennengelernt. Viele Ortsbezeichnungen bilden auch den regelmäßigen femininen Plural mit der Endung ـــات [-āt].

In der Stadt	[fi l-madīna]	في المدينة
Café	[maqhā / maqāhī]	مقْهى / مقاهي
Theater	[masraḥ / masāriḥ]	مسْرح / مسارِح
Bank	[maṣraf / maṣārif]	مصْرف / مصارِف
Hafen	[mīnāʾ / mawāniʾ]	ميناء / مَوانِئ
Schule	[madrasa / madāris]	مدْرسة / مدارِس
Bibliothek; Buchhandlung	[maktaba / -āt]	مكْتبة / ـــات
Universität	[ǧāmiʿa / -āt]	جامِعة / ـــات
Kino	[sīnimā / sīnimāt]	سينما / سينمات
Krankenhaus	[mustašfā / mustašfayāt]	مُسْتشْفى / مُسْتشْفيات

i Taxis sind in arabischen Städten sehr preiswert und den öffentlichen Bussen vorzuziehen. Die meisten Taxis sind mit Taxametern ausgerüstet. Im Berufsverkehr, nachts oder auf ungewöhnlichen Strecken kann es sinnvoll sein, einen Festpreis im Voraus auszuhandeln. Die Aufforderung, so viel zu bezahlen wie man will, ist eine reine Höflichkeitsfloskel. Sie sollten einen angemessenen Preis anbieten und ggf. verhandeln.

◎ في العامية

Verneinung im Dialekt
ت10

Das hocharabische لَيْسَ [laisa] wird im Dialekt nicht benutzt. Nominalsätze werden auf Syrisch mit مو [mū] und auf Ägyptisch mit مُش [muš] verneint.

	Syrisch	Ägyptisch
Sie (m) sind nicht von hier.	[ḥaḍratak mū min hōn].	[ḥaḍratak muš min hinnā].
Wir sind nicht in Deutschland.	[naḥnā mū bi-almānya].	[iḥnā muš fī almānyā].
Arabisch ist nicht leicht.	[il-ʿarabī mū sahl].	[il-ʿarabī muš sahl].

التمارين

1 Sortieren Sie die Wörter aus den Kästen nach den Themen „im Haus" oder „in der Stadt".

ساحة	غرفة	باب	شارع	سيّارة	طاولة	باص	مطبخ

في المدينة		في البيت	
....	....	....	....
....	....	....	....

2 Ordnen Sie die Genitivverbindungen der deutschen Übersetzung zu.

a. *der Bankangestellte*
b. *die Haustür*
c. *das Kinderzimmer*
d. *der Busbahnhof*
e. *das Schulgebäude*
f. *der Küchenschrank*

1. باب البيت
2. محطّة الباصات
3. غرفة الأطفال
4. موظّف المصرف
5. خزانة المطبخ
6. بناية المدرسة

3 Bilden Sie aus den Wörtern im Kasten sinnvolle Genitivverbindungen.

باب	مفتاح	سائق	مكتبة	سيّارة	جامعة	باص	أطفال

....

....

....

4 Übersetzen Sie ins Arabische.

1. *das kleine Schlafzimmer* .. غرفة النوم الصغيرة ....
2. *das alte Stadtzentrum* ....
3. *ein großes Schulgebäude* ....
4. *nette Taxifahrer (Pl.)* ....

5 Welche der Wörter aus den Kästen bilden den Plural nach der Struktur مفاعل und welche den regelmäßigen femininen Plural? Tragen Sie die Plurale in die Tabelle ein.

مركز	مطار	مدرسة	مكتبة	سينما	مطعم	محطّة	متحف

Plural nach der Struktur مفاعل		regelmäßiger femininer Plural	
.. مراكز	....	.. مطارات	....
....	....	....	....

6 Verneinen Sie die Sätze mit einer Form von ليس.

1. أنا إنكليزي. .. لست إنكليزي. ....
2. نحن من ألمانيا. ....
3. الجامعة قريبة. ....
4. السوق كبيرة. ....

7 Übertragen Sie die Sätze mit einer Form von كان in die Vergangenheit.

1. المدينة كبيرة. .. المدينة كانت كبيرة. ....

2. العاصمة جميلة. ....

3. نحن في بلد عربي. ....

4. الناس طيّبين ولطفاء. ....

8 Setzen Sie die Präpositionen قبل , منذ oder من قبل dort ein, wo sie passen.

1. أنا في المغرب .... يومين.
3. كنّا في مصر .... خمس سنوات.

2. كنتم في العاصمة ....؟
4. كنت في دمشق .... أسبوع.

9 Lesen Sie noch einmal den Dialog und beantworten Sie die folgenden Fragen mit vollständigen Sätzen.

1. هل كان توماس في بلد عربي من قبل؟ ....

2. أين كان؟ ....

10 Wie würden diese Sätze im syrischen und ägyptischen Dialekt verneint werden?

	Ägyptisch	Syrisch
1. المدرسة بعيدة.	a.	b. ....
2. هو من مصر.	a.	b. ....

Die Lernziele dieser Lektion sind:
- über **Vergangenes** berichten
- die **Uhrzeit** angeben
- die **Wochentage**
- **sich verabreden**
- das Fragewort ماذا
- der **Akkusativ**

الدرس الخامس

5

رسالة من القاهرة

Ein Brief aus Kairo

Liebe Fatima,
zunächst liebe Grüße.

Wie geht es dir? Ich hoffe, gut.
Wir sind seit fünf Tagen in Kairo und ich liebe diese Stadt seit der ersten Minute. Wir haben viel gemacht: Wir waren bei den Pyramiden und im Ägyptischen Museum. Wir haben Kaffee und Tee in den Cafés getrunken und sind zum Markt gegangen. Dort haben wir einen schönen orientalischen Teppich gekauft.
Bis bald!

Deine Freundin Samira
und dein Freund Mahmud

عزيزتي فاطمة
تحيّة طيّبة وبعد ...

كيف حالك؟ إن شاء الله بخير.
نحن في القاهرة منذ خمسة أيّام وأحبّ هذه المدينة منذ الدقيقة الأولى. فعلنا أشياء كثيرة: كنّا عند الأهرام وفي المتحف المصري. شربنا قهوة وشاي في المقاهي وذهبنا إلى السوق. هناك اشترينا سجّادة شرقية جميلة.
إلى اللقاء القريب!

صديقتك سميرة
وصديقك محمود

5

ما الجديد؟

Wurzeln und Strukturen — Verben in der Vergangenheit ت1

Das Arabische kennt nur eine Form der Vergangenheit. ذهبْنا [ḏahabnā] kann deshalb sowohl mit *wir gingen* als auch mit *wir sind gegangen* übersetzt werden. Die Personalpronomen stecken bereits in der konjugierten Form des Verbs und müssen nicht extra erwähnt werden.

Wir sind zum Markt gegangen.	[ḏahabnā ilā s-sūq]	ذهبْنا إلَى السّوق.

Um den Infinitiv auszudrücken, wird die 3. Person Singular (*m*) der Vergangenheit benutzt. ذهب [ḏahab] heißt also *er ging* bzw. *er ist gegangen*, wird aber auch für den Infinitiv *gehen* verwendet.

Die Verbkonjugation wird allgemein mithilfe des Musterverbs فعل [faʿal] *machen* dargestellt, wobei die Konsonanten (ف – ع – ل) [f–ʿ–l] als Platzhalter für andere Wurzelkonsonanten stehen.

Beachten Sie, dass die Verbformen der 1. Person Singular und der 2. Person Singular (*m*) identisch sind, es muss also aus dem Sinnzusammenhang heraus entschieden werden, welche Person gemeint ist.

	Singular			Plural		
1. Person	*ich habe gemacht*	[faʿal**t**]	فَعَلْتُ	*wir haben gemacht*	[faʿal**nā**]	فَعَلْنا
2. Person	*du (m) hast gemacht*	[faʿal**t**]	فَعَلْتَ	*ihr habt gemacht*	[faʿal**tum**]	فَعَلْتُم
	du (f) hast gemacht	[faʿal**ti**]	فَعَلْتِ			
3. Person	*er hat gemacht*	[faʿal]	فَعَل	*sie haben gemacht*	[faʿal**ū**]	فَعَلوا
	sie hat gemacht	[faʿal**at**]	فَعَلَت			

Werden die Konsonanten (ذ – ه – ب) [ḏ–h–b] eingesetzt, erhält man die Konjugation des Verbs **ذهب** [ḏahab] *gehen*. Die Endungen sind bei allen Verben gleich.

	Singular			Plural		
1. Person	*ich bin gegangen*	[ḏahab**t**]	ذَهَبْـــت	*wir sind gegangen*	[ḏahab**nā**]	ذَهَبْــنا
2. Person	*du (m) bist gegangen*	[ḏahab**t**]	ذَهَبْــت	*ihr seid gegangen*	[ḏahab**tum**]	ذَهَبْــتُم
	du (f) bist gegangen	[ḏahab**ti**]	ذَهَبْــتِ			
3. Person	*er ist gegangen*	[ḏahab]	ذَهَب	*sie sind gegangen*	[ḏahab**ū**]	ذَهَبــوا
	sie ist gegangen	[ḏahab**at**]	ذَهَبَــت			

على التليفون

سميرة: آلو!

فاطمة: مرحباً يا سميرة! كيف حالك؟

سميرة: الحمد لله ، أنا بخير. من معي؟

فاطمة: أنا فاطمة.

سميرة: أهلاً يا فاطمة! كيف الحال؟

فاطمة: كلّ شيء تمام. اتّصلت بك أمس.
أين كنت؟ ماذا فعلت؟

سميرة: في الصباح كنت في المكتب وكتبت رسائل.
بعد الظهر اشتريت أشياء من السوق.
وفي المساء ذهبت مع أصدقائي إلى السينما.

فاطمة: عندك وقت اليوم؟

سميرة: كم الساعة الآن؟

فاطمة: الساعة واحدة.

سميرة:	أنا آسفة ، عندي موعد في الساعة اثنين ونصف. لكن عندي وقت غداً.
فاطمة:	عظيم! تعالي عندنا في المساء!
سميرة:	بكلّ سرور! في أيّ ساعة؟
فاطمة:	في الساعة ثمانية.
سميرة:	ممتاز. إلى يوم الغد ، إن شاء الله!

المفردات

رسالة من القاهرة

Brief	[risāla / rasā'il]	رِسالة / رسائِل
meine Liebe (f) (Anrede in privaten Briefen)	['azīzatī]	عزيزتي
Zunächst gute Grüße. (Floskel für den Anfang von Briefen)	[taḥīya ṭayyiba wa-ba'd]	تحيّة طيّبة وبعْد ...
ich liebe	[uḥibb]	أُحِبّ
Minute	[daqīqa / daqā'iq]	دقيقة / دقائِق
die erste Minute	[ad-daqīqa al-ūlā]	الدّقيقة الأُولَى
machen; tun	[fa'al]	فعل
Ding, Sache; etwas	[šai' / ašyā']	شَيْء / أشْياء
viel	[kaṯīr / -īn]	كثير / ـــين
Pyramide	[haram / ahrām]	هرم / أهْرام
trinken	[šarib]	شرِب
Kaffee	[qahwa]	قهْوة
Tee	[šāy]	شاي
gehen, laufen	[ḏahab]	ذهب
kaufen	[ištarā]	اِشْترَى
orientalisch	[šarqī / -īn]	شرْقي / ـــين
Freund	[ṣadīq / aṣdiqā']	صديق / أصْدِقاء

على التليفون

Telefon	[tilīfūn]	تِليفون
hallo! (am Telefon)	[ālū]	آلو
Wer ist da? (wörtl.: Wer ist mit mir?)	[man maʿī]	مَن معي؟
anrufen	[ittaṣal (bi)]	اِتّصل (بِ)
ich habe dich (f) angerufen	[ittaṣalt biki]	اِتّصلْت بِكِ
gestern	[ams]	أمْس
was (in Fragen mit Verb)	[māḏā]	ماذا
am Morgen	[fi ṣ-ṣabāḥ]	في الصّباح
Büro	[maktab / makātib]	مكْتب / مكاتِب
schreiben	[katab]	كتب
am Nachmittag	[baʿd aẓ-ẓuhr]	بعْد الظُّهْر
am Abend	[fi l-masāʾ]	في المساء
Zeit	[waqt / auqāt]	وقْت / أوْقات
heute	[al-yaum]	اليَوْم
Stunde; Uhr	[sāʿa / -āt]	ساعة / ــات
Wie spät ist es? (wörtl.: Wie viel ist die Stunde?)	[kam as-sāʿa]	كم السّاعة؟
jetzt	[al-ān]	الآن
Es tut mir (m/f) leid.	[ana āsif(a)]	أنا آسِف (ــة).
Termin	[mauʿid / mawāʿīd]	مَوْعِد / مَواعيد
Hälfte, halb	[niṣf]	نِصْف
morgen	[ġadan]	غداً
hervorragend, klasse	[ʿaẓīm]	عظيم
Komm! (f)	[taʿālī]	تعالي!
mit Vergnügen	[bi-kull surūr]	بِكُلّ سُرور
welche(r,s)	[ayy]	أيّ
Um wie viel Uhr? (wörtl.: Zu welcher Stunde?)	[fī ayy sāʿa]	في أيّ ساعة؟
morgen (wörtl.: der morgige Tag)	[yaum al-ġad]	يَوْم الغد

القواعد

1. Wurzeln und Strukturen — Die Verben شرب und اشترى ت2,1

Bei manchen Verben ist der Vokal nach dem zweiten Wurzelkonsonanten ein **i**, z.B. bei شرب [šarib] *trinken*. Andere Verben haben sogenannte schwache Wurzelkonsonanten, die sich in einen Diphthong [au, ai] oder Vokal verwandeln bzw. ganz entfallen können, z. B. اِشترَى [ištarā] *kaufen*, dessen letzter Wurzelkonsonant ein Yā' (ي) ist.

trinken		شرِب	*kaufen*		اِشترَى
ich habe getrunken; du (m) hast getrunken	[šarib**t**]	شَرِبْــت	*ich habe gekauft; du (m) hast gekauft*	[ištara**it**]	اِشْتَرَيْــت
sie hat getrunken	[šarib**at**]	شَرِبَــت	*sie hat gekauft*	[ištar**at**]	اِشْتَرَت
sie haben getrunken	[šarib**ū**]	شَرِبوا	*sie haben gekauft*	[ištar**aū**]	اِشْتَرَوْا

2. Das Fragewort ماذا ت2

Sie kennen bereits das Fragewort ما [mā] *was* für Fragen ohne Verb. Kommt in der Frage ein Verb vor, wird das Fragewort ماذا [māḏā] verwendet.

Was ist das?	[mā hāḏā]	ما هذا؟
Was habt ihr gemacht?	[māḏā fa'altum]	ماذا فعلْتُم؟

3. Akkusativ ت3

Im gesprochenen Hocharabisch, z.B. bei Nachrichten, Reden oder Lesungen, werden bei Substantiven und Adjektiven oft Endungen gesprochen, die für die Fälle Nominativ, Genitiv oder Akkusativ stehen. Dadurch werden die Wörter miteinander verbunden, sodass die Aussprache melodiöser klingt. Die Wörter selbst bleiben unverändert. Die einzige Endung, die auch in unvokalisierter Schrift geschrieben wird, ist die Akkusativendung ـاً [-an]. Sie erscheint bei maskulinen unbestimmten Wörtern, die nach Verben als direkte Ergänzung stehen.

Wir haben eine Lampe gekauft.	[ištarainā miṣbāḥ**an**]	اِشْتَرَيْنا مِصْباحاً.

In Alltagsgesprächen werden diese Endungen nicht mitgesprochen. Deshalb verzichten wir auf die Darstellung solcher Akkusativendungen in den Dialogen und Texten, geben sie jedoch in den Fällen wieder, in denen sie auch im Alltag gesprochen werden, z.B. oft bei Adverbien:

morgens	[ṣabāḥ**an**]	صباحاً	*abends*	[masā'**an**]	مساءً
mittags	[ẓuhr**an**]	ظُهْراً	*nachts*	[lail**an**]	لَيْلاً

4. Uhrzeiten 4,3ت

Im Hocharabischen (im Fernsehen, bei der Zeitansage etc.) wird die Uhrzeit mit den Ordnungszahlen angegeben, die Sie in → Lektion 10 lernen. Da es im mündlichen Sprachgebrauch jedoch üblicher ist, die Grundzahlen zu benutzen, ist hier die Angabe der Uhrzeit so dargestellt, wie sie im Alltag vorkommt.

Wie spät ist es? *(wörtl.: Wie viel ist die Stunde?)*	[kam as-sā'a]	كم السّاعة؟
Es ist sechs Uhr.	[as-sā'a sitta]	السّاعة سِتّة.

Benutzt werden die Zahlen von *eins* bis *zwölf*. Ob es sich um *6.00 Uhr* oder *18.00 Uhr* handelt, wird durch Angabe der Tageszeit mitgeteilt.

sechs Uhr morgens	[as-sā'a sitta ṣabāḥan]	السّاعة سِتّة صباحاً
ein Uhr mittags	[as-sā'a wāḥida ẓuhran]	السّاعة واحِدة ظُهْراً
drei Uhr nachmittags	[as-sā'a ṯalāṯa ba'd aẓ-ẓuhr]	السّاعة ثلاثة بعْد الظُهْر
sechs Uhr abends	[as-sā'a sitta masā'an]	السّاعة سِتّة مساءً
ein Uhr nachts	[as-sā'a wāḥida lailan]	السّاعة واحِدة لَيْلاً

Alle Zeiteinheiten nach der vollen Stunde werden mit و [wa] *und* angegeben. Neben der Zeiteinheit رُبْع [rub'] *Viertel* und نِصْف [niṣf] *halb* wird auch ثُلْث [ṯulṯ] *Drittel* benutzt. Für die Minutenangaben gelten die Regeln für die Verbindung von Zahlen und Substantiven aus → Lektion 3.

6.10 Uhr	[as-sā'a sitta wa-'ašr daqā'iq]	السّاعة سِتّة وعشر دقائِق
6.15 Uhr	[as-sā'a sitta wa-rub']	السّاعة سِتّة ورُبْع

6.20 Uhr	[as-sāʿa sitta wa-ṯulṯ]	السّاعة سِتّة وثُلْث
6.25 Uhr	[as-sāʿa sitta wa-ḫams wa-ʿišrīn daqīqa]	السّاعة سِتّة وخَمْس وعِشْرين دقيقة
6.30 Uhr	[as-sāʿa sitta wa-niṣf]	السّاعة سِتّة ونِصْف

Geht es auf die nächste volle Stunde zu, wird die Präposition إلاّ [illā] *außer* benutzt. Wörtlich heißt *6.45 Uhr* also *7.00 Uhr außer einem Viertel.*

6.45 Uhr	[as-sāʿa sabʿa illā rubʿ]	السّاعة سبْعة إلاّ رُبْع
6.55 Uhr	[as-sāʿa sabʿa illā ḫams daqāʾiq]	السّاعة سبْعة إلاّ خَمْس دقائِق

استعمال اللغة

Zeitbestimmungen ت5

jetzt	[al-ān]	الآن
gestern	[ams]	أمس
heute	[al-yaum]	اليَوْم
morgen	[ġadan]	غداً

am Morgen	[fi ṣ-ṣabāḥ]	في الصّباح
am Mittag	[fi ẓ-ẓuhr]	في الظُّهْر
am Nachmittag	[baʿd aẓ-ẓuhr]	بعد الظُّهْر
am Abend	[fi l-masāʾ]	في المساء

Sich verabreden ت5

Hast du Zeit?	[ʿindak(-ik) waqt]	عِنْدَك وقْت؟
Ja, ich habe Zeit.	[naʿam, ʿindī waqt]	نعم ، عِنْدي وقْت.
Tut mir leid, ich habe einen Termin.	[anā āsif(-a), ʿindī mauʿid]	أنا آسِف (ـــة). عِنْدي مَوْعِد.
Um wie viel Uhr?	[fī ayy sāʿa]	في أيّ ساعة؟
Um 8.00 Uhr.	[fi s-sāʿa ṯamānya]	في السّاعة ثمانْية.

عبارات مفيدة أخرى

Die Wochentage أيام الأسبوع ت5

Die Wochentage können entweder wie hier in der Tabelle oder mit dem Zusatz يَوْم [yaum] *Tag* angegeben werden. Also: الأحد [al-aḥad] oder يَوْم الأحد [yaum al-aḥad] *Sonntag*.

Sonntag	[al-aḥad]	الأحد	*Donnerstag*	[al-ḫamīs]	الخميس
Montag	[al-iṯnain]	الإثْنَيْن	*Freitag*	[al-ǧumʿa]	الجُمْعة
Dienstag	[aṯ-ṯulāṯāʾ]	الثُّلاثاء	*Samstag*	[as-sabt]	السَّبْت
Mittwoch	[al-arbiʿāʾ]	الأرْبِعاء			

i Der Freitag يَوْم الجُمْعة [yaum al-ǧumʿa] ist der islamische Feiertag, an dem sich gläubige Muslime zur Freitagspredigt in der Moschee الجامِع [al-ǧāmiʿ] treffen. (Wurzel: (ج – م – ع) [ǧ–m–ʿ] *sammeln, zusammenkommen*). Christliche Geschäfte oder Schulen schließen sonntags. In einigen Ländern sind staatliche Institutionen auch am Samstag oder Donnerstag geschlossen. Eine in allen arabischen Ländern einheitliche Regelung des Wochenendes gibt es nicht.

في العامية

Das Dialektverb راح ت6

Sowohl auf Syrisch als auch auf Ägyptisch werden manchmal Wörter benutzt, die nur im Dialekt existieren. Statt ذهب [ḏahab] wird das Verb راح [rāḥ] benutzt. Beachten Sie, dass die Endung der 2. Person Plural im Dialekt verkürzt wird.

	Singular			Plural		
1. Person	*ich bin gegangen*	[ruḥt]	رُحْت	*wir sind gegangen*	[ruḥnā]	رُحْنا
2. Person	*du (m) bist gegangen*	[ruḥt]	رُحْت	*ihr seid gegangen*	[ruḥtū]	رُحْتوا
	du (f) bist gegangen	[ruḥti]	رُحْتِ			
3. Person	*er ist gegangen*	[rāḥ]	راح	*sie sind gegangen*	[rāḥū]	راحوا
	sie ist gegangen	[rāḥit]	راحِت			

Dialektvokabeln ت7, 8

	Syrisch	Ägyptisch
gestern	[imbāriḥ]	[imbāriḥ]
Was hast du gemacht?	[šū sāwait(i)]?	[ʿamalt(i) ēh]?
Brief	[risāla/rasāʾil]	[gawāb/-āt]
(verschiedene) Dinge	[šaġlāt]	[ḥāgāt]
Zeit	[waʾit]	[waʾit]
heute	[il-yōm]	[innahār dah]
Wie spät ist es?	[addēš is-sāʿa]?	[is-sāʿa kām]?
jetzt	[hallā]	[dilwaʾtī]
morgen	[bukrā]	[bukrā]

التمارين

1 Lesen Sie noch einmal den Brief auf der Einstiegsseite der Lektion. Was hätte Samira geschrieben, wenn sie allein verreist wäre? Setzen Sie die Verben der 1. Person Singular aus dem Kasten in die Lücken ein.

اشتريت	فعلت	كنت	شربت	ذهبت

1. ..فعلت........... أشياء كثيرة.
2. .... عند الأهرام وفي المتحف المصري.
3. .... قهوة وشاي في المقاهي.
4. .... إلى السوق.
5. .... سجّادة شرقية جميلة.

2 Samira erzählt ihrer Freundin Fatima am Telefon, was sie gestern gemacht hat. Hören Sie noch einmal den Dialog und beantworten Sie die folgenden Fragen.

1. ماذا فعلَت في الصباح؟ .. كانت في المكتب وكتبت رسائل. ....
2. ماذا فعلَت بعد الظهر؟ ....
3. ماذا فعلَت في المساء؟ ....

3 Setzen Sie die Tageszeit ein.

بعد الظهر	مساءً	صباحاً	ظهراً	ليلاً

1. *12.00 Uhr* الساعة اثنا عشر .. ظهراً..........
2. *14.30 Uhr* الساعة اثنين ونصف ....
3. *21.15 Uhr* الساعة تسعة وربع ....
4. *1.20 Uhr* الساعة واحدة وثلث ....
5. *6.45 Uhr* الساعة سبعة إلاّ ربع ....

4 كم الساعة؟ Wie spät ist es? Schreiben Sie die Uhrzeiten wie im Beispiel ohne Angabe der Tageszeit.

1. *11.00 Uhr* .. الساعة احدى عشر ....
2. *15.10 Uhr* ....
3. *17.20 Uhr* ....
4. *18.30 Uhr* ....
5. *21.45 Uhr* ....

5 Haben Sie Zeit oder haben Sie einen Termin? Geben Sie wie im Beispiel beide Varianten als Antwort auf die Fragen.

عندك وقت الآن؟ 1. نعم ، عندي وقت. 2. أنا آسف (ـة) ،عندي موعد.

عندك وقت اليوم؟ 3. .... 4. ....

عندك وقت الخميس؟ 5. .... 6. ....

6 Wohin sind sie gegangen? Formen Sie wie im Beispiel die Sätze in der 3. Person Singular *(m)* in die 3. Person Plural um.

1. راح إلى السينما. .. راحوا إلى السينما. ....
2. راح إلى السوق. ....
3. راح إلى الجامعة. ....

7 Übersetzen Sie den folgenden Satz im syrischen Dialekt ins Hocharabische. Und wie würde er auf Ägyptisch heißen?

Syrisch: [šū sāwait imbāriḥ]? Hocharabisch: .... 1.

Ägyptisch: .... 2.

8 Übersetzen Sie dieses kurze ägyptische Gespräch ins Hocharabische.

Ägyptisch: ● [ʿindak waʾit innahār dah]? Hocharabisch: .... 1.

● [bukrā, in šāʾ allāh]. .... 2.

1 Lesen Sie Samiras Reisetagebuch und entscheiden Sie, ob die Aussagen 1-4 richtig (R) oder falsch (F) sind.

الأربعاء: ذهبنا إلى المتحف المصري. هو قريب من فندقنا.

الخميس: كنّا عند الأهرام. هي كبيرة جدّاً.

الجمعة: شربنا قهوة في مقهى صغير وكتبت رسائل إلى الأصدقاء.

السبت: اليوم ذهبنا إلى السوق واشترينا أشياء كثيرة.

		R	F
1.	Vom Hotel bis zum Ägyptischen Museum ist es weit.	☐	☐
2.	Samira und Mahmud waren am Mittwoch bei den Pyramiden.	☐	☐
3.	Freitags sind Restaurants und Cafés geschlossen.	☐	☐
4.	Im Souk haben Samira und Mahmud viel gekauft.	☐	☐

Punkte …../4

2 Wie heißt das Gegenteil?

1. هناك ……… 3. قريب ……… 5. بعد ………

2. جديد ……… 4. فوق ……… 6. صغير ………

Punkte …../6

3 Ein Wort passt nicht in die Reihe. Kreuzen Sie es an.

1.	باص ☐	سيّارة ☐	سيّد ☐	قطار ☐
2.	مطبخ ☐	بلد ☐	حمّام ☐	صالون ☐
3.	طاولة ☐	كرسي ☐	خزانة ☐	صديق ☐
4.	مفتاح ☐	ساحة ☐	مدينة ☐	شارع ☐
5.	يوم ☐	أسبوع ☐	قهوة ☐	سنة ☐
6.	جواز ☐	موظّف ☐	طفل ☐	سائق ☐

Punkte …../6

Test 1

4 Wie lauten die Plurale der folgenden Ortsbezeichnungen?

1. متحف ....
2. مطعم ....
3. مطبخ ....
4. مركز ....
5. مكتب ....
6. مدرسة ....

Punkte ...../6

5 Welche Form des Adjektivs passt zum jeweiligen Substantiv? Kreuzen Sie an.

1. فندق	قديم ☐	قديمة ☐	قدماء ☐	قديمات ☐
2. سيّارات	جديد ☐	جديدة ☐	جدد ☐	جديدات ☐
3. أطفال	صغير ☐	صغيرة ☐	صغار ☐	صغيرات ☐
4. أشياء	كثير ☐	كثيرة ☐	كثيرين ☐	كثيرات ☐
5. موظّفة	لطيف ☐	لطيفة ☐	لطفاء ☐	لطيفات ☐
6. سيّدات	جميل ☐	جميلة ☐	جميلين ☐	جميلات ☐

Punkte ...../6

6 Ordnen Sie den Fragen die richtige Antwort zu.

1. ما اسمك؟
2. من أين أنتم؟
3. أين المصرف؟
4. ماذا فعلت أمس؟
5. بكم الغرفة بسريرين؟
6. في أيّ ساعة الموعد؟

a. كنت في السينما.
b. في الساعة تسعة ونصف.
c. بخمسة عشر دولار.
d. نحن من الإمارات.
e. اسمي كريم.
f. هو مقابل الجامعة.

Punkte ...../6

Gesamt ...../34

Diese Lektion behandelt:
- Auskünfte über die **Familie**
- **Berufe**
- die Angabe des **Alters**
- Redewendungen mit الله
- die Zeitform der **Gegenwart**
- die **Zukunft**
- **Adverbien**

الدرس السادس

6

Ein ägyptischer Film

فيلم مصري

Du bist mein Leben

Regisseur: Khaled Youssef

Schauspieler: Hani Salama (Yussif)
Menna Shalabi (Yussifs Frau)
Hashem Selim (Arzt)
Nelly Karim (Schams)

أنت عمري

المخرج: خالد يوسف

الممثّلين: هاني سلامة (يوسف)
منّة شلبي (زوجة يوسف)
هاشم سليم (الطبيب)
نيللي كريم (شمس)

Yussif ist Ingenieur, verheiratet und hat einen Sohn. Die kleine Familie wohnt in der Stadt Hurghada. Aber es gibt ein Problem, Yussif ist krank. Er geht zum Arzt und trifft dort die Tänzerin Schams und verliebt sich. Dann erfährt seine Frau die Geschichte und die Probleme beginnen.

يوسف مهندس ، متزوّج وعنده ابن. تسكن العائلة الصغيرة في مدينة الغردقة. لكن هناك مشكلة ، يوسف مريض. يذهب إلى الطبيب ويقابل هناك الراقصة شمس ويقع في الحبّ. ثمّ تعرف زوجته القصّة وتبدأ المشاكل.

ما الجديد؟

Wurzeln und Strukturen — Verben in der Gegenwart ت5

Auch in der Gegenwart stecken die Personalpronomen bereits in der konjugierten Form.

Er geht zum Arzt.	يذهب إِلَى الطبيب.

Die Konjugation der Gegenwart wird durch Vorsilben und Endungen gekennzeichnet. Im Musterverb فعل *machen* dienen die Konsonanten ف – ع – ل als Platzhalter. Beachten Sie, dass hier die 2. Person Singular *(m)* und die 3. Person Singular *(f)* identisch sind. Aus dem Sinnzusammenhang lässt sich jedoch meist erschließen, welche Person gemeint ist.

	Singular			Plural		
1. Person	*ich mache*	[**af**ʿal]	أَفْعَل	*wir machen*	[**na**fʿal]	نَـفْعَل
2. Person	*du (m) machst*	[**ta**fʿal]	تَـفْعَل	*ihr macht*	[**ta**fʿal**ūn**]	تَـفْعَلـون
	du (f) machst	[**ta**fʿal**īn**]	تَـفْعَلـين			
3. Person	*er macht*	[**ya**fʿal]	يَـفْعَل	*sie machen*	[**ya**fʿal**ūn**]	يَـفْعَلـون
	sie macht	[**ta**fʿal]	تَـفْعَل			

Das Verb ذهب *gehen* hat dieselben Konjugationsmuster.

	Singular			Plural		
1. Person	*ich gehe*	[**a**ḏhab]	أَذْهَب	*wir gehen*	[**na**ḏhab]	نَـذْهَب
2. Person	*du (m) gehst*	[**ta**ḏhab]	تَـذْهَب	*ihr geht*	[**ta**ḏhab**ūn**]	تَـذْهَبـون
	du (f) gehst	[**ta**ḏhab**īn**]	تَـذْهَبـين			
3. Person	*er geht*	[**ya**ḏhab]	يَـذْهَب	*sie gehen*	[**ya**ḏhab**ūn**]	يَـذْهَبـون
	sie geht	[**ta**ḏhab]	تَـذْهَب			

في مقهى أبو سعيد

أحمد وتوماس يذهبون إلى المقهى ويجلسون ...

أحمد: هذا مقهى أبو سعيد. أبو سعيد لطيف جدّاً. سوف ترى.

أبو سعيد: مساء الخير يا شباب!

أحمد: مساء النور يا أبو سعيد! كيف الأحوال؟ كيف العائلة؟

أبو سعيد: والله ، كلّ شيء تمام. ماذا تشربون؟

أحمد: شاي ، من فضلك.

أبو سعيد: فوراً! ...من هذا؟

أحمد: هذا صديقي توماس من ألمانيا. يدرس اللغة العربية وسيشتغل هنا في المستشفى.

أبو سعيد: مرحبا بك! أنا أبو سعيد. تفهم عربي؟

توماس: أتكلّم عربي قليلاً.

أبو سعيد: أنت متزوّج؟

توماس: نعم ، زوجتي تشتغل كمهندسة في شركة عالمية.

أبو سعيد: وماذا تشتغل أنت؟

توماس: أنا طبيب.

أبو سعيد: عندك أطفال؟

توماس: نعم ، عندي ولد وبنت.

أبو سعيد: كم عمرهم؟

توماس: ابني ، عمره ستّ سنوات.
وبنتي ، عمرها أربع سنوات.

أبو سعيد: ما شاء الله!

المفردات

Ab dieser Lektion verzichten wir weitestgehend auf die Umschrift. Mithilfe der Hilfszeichen (→ Vorlektion) können Sie erkennen, wie die Wörter ausgesprochen werden. Kein Vokalzeichen zwischen zwei Konsonanten bedeutet, dass ein kurzes [a] zu sprechen ist. Um Wörter im unvokalisierten Text schnell wiederzuerkennen, sollten Sie die Vokabeln regelmäßig abschreiben und sich ihre Aussprache gut einprägen.

فيلم مصري

Film	فيلم / أفْلام
Leben; Alter	عُمْر
Regisseur	مُخْرِج / ـــين
Schauspieler	مُمثِّل / ـــين
Ehefrau	زَوْجة
Arzt	طبيب / أطِبّاء
Ingenieur	مُهنْدِس / ـــين
verheiratet	مُتزوِّج / ـــين
Sohn	اِبْن / أبْناء
wohnen	سكن – يسْكُن
Familie	عائِلة / ـــات
Hurghada (Stadt am Roten Meer)	الغرْدقة
Problem	مُشْكِلة / مشاكِل
krank	مريض
gehen	ذهب – يذْهب
treffen	قابل – يُقابِل
Tänzerin	راقِصة
fallen	وقع – يقع
Liebe	حُبّ
sich verlieben	وقع في الحُبّ
dann	ثُمّ
wissen; kennen; erfahren	عرف – يعْرِف
Geschichte	قِصّة
beginnen	بدأ – يبْدأ

في مقهى أبو سعيد

sitzen	جلس – يجْلِس
(Partikel zur Bildung der Zukunft)	سَوْفَ
sehen	رأى – يرَى
junger Mann, (Pl.:) Jugend	شاب / شباب
(formlose Anrede:) Leute!	يا شباب!
Zustand	حال / أحْوال
Wie geht's?	كَيْف الأحْوال؟
Wie geht's der Familie?	كَيْف العائِلة؟
Bei Gott!	والله!
trinken	شرِب – يشْرب
sofort	فَوْراً
wer	مَن

Wer ist das?	مَن هذا؟
studieren; lernen	درس – يدرُس
(Vorsilbe zur Bildung der Zukunft)	سَـ
arbeiten	اِشْتغل – يشْتغِل
verstehen	فهِم – يفْهم
sprechen	تكلّم – يتكلّم
wenig (adv.)	قليلاً
als	كَـ

Ingenieurin	مُهنْدِسة / ـــات
Firma	شرِكة / ـــات
international	عالمي / ـــين
Junge; Sohn, (Pl.:) Kinder	ولد / أوْلاد
Mädchen; Tochter	بِنْت *(f)* / بنات
Wie alt sind sie? (wörtl.: Wie viel ist ihr Alter?)	كم عُمْرهُم؟
(Ausruf der Bewunderung; wörtl.: Was Gott will!)	ما شاء الله!

القواعد

1. Wurzeln und Strukturen — Mittelvokal

ت5

In der Gegenwart haben Verben als mittleren Vokal entweder ein **a**, **u** oder **i**. Für diesen Mittelvokal gibt es keine bestimmten Regeln, am besten prägen Sie ihn sich ein, wenn Sie die Verben der 3. Person Singular *(m)* in der Vergangenheit und der Gegenwart auswendig lernen. Also: ذهب – يذْهب [ḏahab – yaḏhab], درس – يدْرُس [daras – yadrus] und عرف – يعْرِف [ʿaraf – yaʿrif].

studieren, lernen		**درس – يــدْرُس**
ich studiere	[**a**drus]	أدْرُس
du (m) studierst; sie studiert	[**ta**drus]	تَــدْرُس
sie studieren	[**ya**drus**ūn**]	يَــدْرُســون

wissen, kennen		**عرف – يــعْرِف**
ich weiß	[**a**ʿrif]	أعْرِف
du (m) weißt; sie weiß	[**ta**ʿrif]	تَــعْرِف
sie wissen	[**ya**ʿrif**ūn**]	يَــعْرِفــون

2. Satzstellung im Verbalsatz ت2, 3, 5

Das Subjekt des Satzes kann sowohl vor als auch hinter dem Verb stehen. Die Reihenfolge Subjekt-Verb tritt oft in der mündlichen Kommunikation auf, wohingegen im Schriftarabischen die Variante Verb-Subjekt häufiger ist.

Subjekt-Verb:	*Mein Mann arbeitet als Ingenieur.*	زَوْجي يشْتغِل كمُهنْدِس.
Verb-Subjekt:	*Die Familie wohnt in Hurghada.*	تسْكُن العائِلة فِي الغرْدقة.

Am Anfang des Satzes muss das Verb immer im Singular stehen, auch wenn das Subjekt im Plural steht. Handelt es sich nicht um Personen, wird die Verbform der 3. Person Singular *(f)* benutzt.

Die Freunde gehen ins Café.	يذْهب الأصْدِقاء الَى المقْهَى.
Ich hatte Probleme. (wörtl: Bei mir waren Probleme.)	كانَت عنْدي مشاكِل.

3. Wurzeln und Strukturen — Das Verb رأى ت5

Das Verb رأى – يرَى [raʾā – yarā] *sehen* hat ein Yāʾ (ي) als letzten Wurzelkonsonanten, der sich bei der Konjugation in einen Diphthong [au, ai] oder Vokal verwandeln kann. Bei der Konjugation in der Gegenwart entfällt zusätzlich das Hamza (ء).

Vergangenheit			Gegenwart		
ich habe gesehen; du (m) hast gesehen	[raʾait]	رَأَيْـــت	*ich sehe*	[arā]	أَرَى
sie hat gesehen	[raʾat]	رَأَت	*du (m) siehst; sie sieht*	[tarā]	تَـــرَى
sie haben gesehen	[raʾau]	رَأَوْا	*sie sehen*	[yaraun]	يَـــرَوْن

4. Die Zukunft ت6

Mit der Partikel سَوْفَ [saufa] oder deren Kurzform ســـ [sa-] als Vorsilbe vor dem Verb in der Gegenwart wird die Zukunft ausgedrückt.

Du (m) wirst sehen / Sie wird sehen.	سَوْفَ ترَى.
Er wird im Krankenhaus arbeiten.	سَـــيشْتغِل في المُسْتشْفى.

5. Wurzeln und Strukturen — Adverbien

Aus Adjektiven werden Adverbien, wenn sie sich auf ein Verb beziehen. Dann erhalten sie die Akkusativendung ـاً .

Wir haben viel gesehen.	كثير →	رَأَيْنا كثيراً.
Ich spreche wenig (ein bisschen) Arabisch.	قليل →	أتكلّم عربي قليلاً.

استعمال اللغة

In Gottes Namen

Den Namen Gottes im Munde zu führen, ist etwas Lobenswertes. أُذْكُر الله [uḏkur allāh] *Erwähne Gott* heißt es im إسْلام [islām] *Islam*. Deswegen gibt es viele arabische Redewendungen, in denen das Wort الله [allāh] *Gott* vorkommt. Sie sind im alltäglichen Sprachgebrauch weit verbreitet und oft eine reine Floskel oder Ausdruck einer Gefühlsregung.

In Gottes Namen (bevor man anfängt, etwas zu tun)	بِسْم الله
Gott sei Dank! (bei guten Nachrichten)	الحَمْدُ لله!
Bei Gott! (Beteuerung: Mal ehrlich!; Entsetzen: Oh Gott!)	والله!
So Gott will! (wenn man über Zukünftiges spricht: Hoffentlich!)	إن شاء الله!
Was Gott will! (Bewunderung: Oh, wie schön!)	ما شاء الله!

Über Familie und Beruf sprechen ت2, 7

Bist du (m/f) verheiratet?	أنْتَ مُتزوِّج (ـــة)؟
Ich bin verheiratet.	أنا مُتزَوِّج (ـــة).
Ich bin ledig.	أنا عازِب (ـــة).
Sie ist geschieden.	هي مُطلّقة.
Er ist verwitwet.	هُو أرْمل.

Hast du Kinder?	عِنْدَك أطْفال؟
Ich habe keine Kinder.	ما عِنْدي أطْفال.
Ich habe einen Sohn.	عِنْدي اِبْن.
Sie hat eine Tochter.	عِنْدها بِنْت.
Er hat zwei Söhne.	عِنْدهُ اِبْنَيْن.

Was bist du (m) von Beruf? (wörtl.: Was arbeitest du?)	ماذا تشْتغِل؟
(f)	ماذا تشْتغِلين؟

Ich bin Ingenieur(in).	أنا مُهندِس (ـــة).
Ich arbeite in einer Firma.	أشْتغِل في شرِكة.

عُمْر heißt sowohl *Leben* als auch *Alter*. Um anzugeben, wie alt jemand oder etwas ist, sagt man wörtlich *mein, dein, sein Alter ist …* .

Wie alt bist du (m/f)?	كم عُمْرَك؟
Ich bin 30 Jahre alt.	عُمْري ثلاثين سنة.

Wie alt ist sie?	كم عُمْرها؟
Sie ist 8 Jahre alt.	عُمْرها ثماني سنوات.

عبارات مفيدة أخرى

Wurzeln und Strukturen — Berufe ت3, 4

Bei den folgenden Berufsbezeichnungen ist nur die maskuline Form angegeben, für die Femininform wird einfach das Tāʾ Marbūṭa (ة) angehängt und der Plural endet auf ـــات .

Berufe mit Nisba-Endung	
Journalist	صحفي / ـــين
Polizist	شُرْطي / ـــين
Apotheker	صَيْدلي / صيادِلة
Mechaniker	ميكانيكي / ـــين

Berufe mit der Struktur فاعِل	
Wissenschaftler	عالِم / عُلماء
Student	طالِب / طُلّاب
Kaufmann; Händler	تاجِر / تُجّار
Arbeiter	عامِل / عُمّال

Berufe mit der Struktur فَعّال

Friseur	حلاّق / ــــين
Bäcker	خبّاز / ــــين
Koch	طبّاخ / ــــين
Künstler	فنّان / ــــين

Berufe mit der Vorsilbe مُـ

Dozent; Lehrer	مُدرِّس / ــــين
Fotograf	مُصوِّر / ــــين
Dolmetscher; Übersetzer	مُترْجِم / ــــين
Direktor	مُدير / ــــين

i Die Familie ist das Zentrum allen Lebens. Fragen danach, wie es der Familie geht, gehören zum umfangreichen Begrüßungsritual. Beim Kennenlernen sind eher die familiären Umstände als die berufliche Karriere interessant. Wenn Sie nicht verheiratet sind und keine Kinder haben, bleibt eigentlich nur eine Antwort: **!قريباً ، إن شاء الله** *Hoffentlich bald!*

في العامية

Das Dialektverb شاف

Statt رأى wird im Dialekt das Verb **شاف** benutzt. Bei der Konjugation in der Gegenwart wird Verben oft ein Bāʾ (ب) vorgeschaltet.

Vergangenheit			Gegenwart		
ich habe gesehen; du (m) hast gesehen	[šuft]	شُفْــت	*ich sehe*	[bšūf]	بْـشوف
sie hat gesehen	[šāfit]	شافِــت	*du (m) siehst; sie sieht*	[bitšuf]	بِتْـشوف
sie haben gesehen	[šāfū]	شافــوا	*sie sehen*	[biyšūfū]	بِيـشوفوا

Die Zukunft im Dialekt

Im Dialekt wird statt der hocharabischen Partikel سَوْفَ die Partikel ها vor die jeweilige Verbform der Gegenwart gesetzt, das vorgeschaltete Bā' (ب) entfällt.

Du (m) wirst sehen. (oder: Sie wird sehen.)	ها تْشوف.
Er wird im Krankenhaus arbeiten.	ها يِشْتغل في المُسْتشْفى.

Dialektvokabeln

	Syrisch	Ägyptisch
Café	[ahwa]	[ahwa]
sehr	[ktīr]	[giddan]
Wer ist das?	[mīn hād (hai)]?	[mīn dah (dī)]?
Das ist mein Freund.	[hādā rafī'ī]	[dah ṣāḥbī]
Ich spreche ein bisschen Arabisch.	[baḥkī ʿarabī šwayya]	[batkallim ʿarabī šwayya]
Bist du verheiratet?	[inta mitzauwiǧ]?	[inta mitgauwiz]?
meine Frau	[martī]	[mrātī]
Arzt, Doktor	[doktōr]	[doktōr]
Wie alt sind sie?	[addēš ʿomrhōn]?	[ʿomrhom add ēh]?

التمارين

1 Lesen Sie die Filmbeschreibung auf der Einstiegsseite und entscheiden Sie, ob die Aussagen richtig (R) oder falsch (F) sind.

	R	F
1. يوسف مهندس.	☒	☐
2. عند يوسف بنت.	☐	☐
3. تسكن العائلة في القاهرة.	☐	☐
4. زوجة يوسف طبيبة.	☐	☐
5. اسم الراقصة شمس.	☐	☐

2 Hören Sie noch einmal den Dialog und beantworten Sie die folgenden Fragen.

1. إلى أين ذهب أحمد وتوماس؟ .. ذهبوا إلى المقهى. ....
2. ماذا شربوا؟ ....
3. هل توماس متزوّج؟ ....
4. ماذا تشتغل زوجة توماس؟ ....
5. كم عمر ابن توماس؟ ....
6. كم عمر بنته؟ ....

3 Wer arbeitet wo? Ordnen Sie zu.

الطبّاخ	الطبيب	السائق	المدرّس	الراقصة	التاجر

1. من يشتغل في المستشفى؟ .. يشتغل الطبيب في المستشفى. ....
2. من يشتغل في السوق؟ ....
3. من تشتغل في المسرح؟ ....
4. من يشتغل في المدرسة؟ ....
5. من يشتغل في السيّارة؟ ....
6. من يشتغل في المطبخ؟ ....

4 Bilden Sie die femininen Berufsbezeichnungen.

1. موظّف ..موظّفة............	4. مهندس ....
2. مترجم	5. طالب ....
3. صيدلي	6. حلّاق ....

5 Formen Sie die Sätze in der Vergangenheit in die Gegenwart um.

1. ذهب إلى الجامعة. ..يذهب إلى الجامعة. ....
2. شربوا قهوة. ....
3. عرفتِ كثيراً. ....
4. رأيت الأهرام في مصر. ....
5. سكنَت العائلة في دمشق. ....
6. درسنا اللغة العربية. ....

6 Bilden Sie die Zukunft mit der Vorsilbe سـ wie im Beispiel.

1. يتكلّمون اللغة الألمانية. ..سيتكلّمون اللغة الألمانية. ....
2. يشتغل في شركة. ....
3. تفهم العربية. ....
4. أين نجلس؟ ....
5. ماذا يفعل؟ ....
6. تسكنون في الفندق. ....

7 Beantworten Sie die Fragen mit Ihren eigenen Angaben.

1. كم عمرك؟ ....
2. أنت متزوّج (ـــة)؟ ....
3. عندك أطفال؟ ....
4. ماذا تشتغل (ـــين)؟ ....

الدرس السابع

7

Die Lernziele dieser Lektion sind:
- **Entschuldigungen**
- **Einkäufe** und **Preisverhandlungen**
- die **Zahlen** bis **1000**
- **Farben**
- **Verben** mit **Präpositionen**
- **Personalsuffixe** an **Präpositionen**
- die Präposition لِ
- der **Imperativ**

محل للشرقيات

هل تحتاجون إلى هدية أو تبحثون عن تحف شرقية؟

نقدّم لكم مصنوعات يدوية من الذهب والفضّة والنحاس ، بالإضافة إلى ذلك مصنوعات الموزاييك وأقمشة شرقية بأشكال وألوان كثيرة. ستشترون عندنا فقط منتجات بجودة عالية وأسعار رخيصة.

تجدون محلّنا في سوق الحميدية في دمشق القديمة. إسألوا عن محلّ « الشام للشرقيات ».

Ein Geschäft für Orientalia

Sie brauchen ein Geschenk oder suchen orientalische Raritäten?

Wir präsentieren Ihnen handgefertigte Erzeugnisse aus Gold, Silber und Messing, außerdem Mosaikarbeiten und orientalische Stoffe in vielen Formen und Farben. Sie kaufen bei uns nur Produkte mit hoher Qualität und günstigen Preisen.
Sie finden unser Geschäft im Souk al-Hamidiya in der Altstadt von Damaskus. Fragen Sie nach dem Geschäft **„aš-šām li-š-šarqīyāt"** .

ما الجديد؟

Verben mit Präpositionen ت2

Das Verb اِحْتاج – يحْتاج *brauchen* kann nur dann ein Objekt haben, wenn dies mit der Präposition إِلَى angeschlossen wird. Ob ein Verb eine Präposition verlangt und wenn ja, welche Präposition, müssen Sie mit dem Verb zusammen auswendig lernen. Also: بحث – يبْحث (عن) *suchen (nach)* und سأل – يسْأل (عن) *fragen (nach)*.

أحْتاج إِلَى هديّة.	*Ich brauche ein Geschenk.*
أبْحث عن محلّ.	*Ich suche ein Geschäft.*
سألْت عن الأسْعار.	*Ich habe nach den Preisen gefragt. (oder: Du (m) hast gefragt)*

في السوق

التاجر: مرحباً يا أستاذ! تفضّل!
أحمد: مرحباً بك ، أحتاج إلى هدية وأبحث عن شيء شرقي.
التاجر: أهلاً وسهلاً! عندي كلّ شيء. نرجيلات وذهب وفضّة وأقمشة ...
أحمد: ممكن أرى النرجيلات؟
التاجر: طبعاً. عندي ألوان وأشكال كثيرة. تشرب شاي؟
أحمد: نعم ، مع سكّر قليل ، لو سمحت.
التاجر: تفضّل ، إجلس هنا يا أستاذ!
أحمد: لو سمحت ، بكم هذه النرجيلة الصفراء الكبيرة؟
التاجر: هي رخيصة جدّاً. بتسعمائة ليرة فقط.
أحمد: هذا غالي جدّاً! أدفع فقط ستّمائة ليرة.
التاجر: والله ، مستحيل! هذه النرجيلة بجودة عالية!
خذ واحدة صغيرة! هذه النرجيلة الحمراء
رخيصة ، بثمانمائة ليرة فقط.
أحمد: والزرقاء هناك ، بكم هذه؟
التاجر: أعمل لك سعر جيّد. سبعمائة وخمسين ليرة.

أحمد: عندي فقط سبعمائة ليرة.

التاجر: والله ، أنت صعب. طيّب ،
النرجيلة بسبعمائة ليرة.

أحمد: طيّب ، آخذ النرجيلة الزرقاء.

التاجر: مبروك يا أستاذ.
هي فعلاً هدية جميلة.

أحمد: الله يبارك فيك.

المفردات

يدوي	*hand-*
ذهب	*Gold*
فِضّة	*Silber*
نُحاس	*Messing*
بالإضافة إلَى ذلك	*außerdem*
موزاييك	*Mosaik*
قُماش / أقْمِشة	*Stoff; Textilien*
شكْل / أشْكال	*Form*
لَوْن / ألْوان	*Farbe*

محل للشرقيات

اِحْتاج – يحْتاج (إلَى)	*brauchen*
هديّة / هدايا	*Geschenk*
أَوْ	*oder*
بحث – يبْحث (عن)	*suchen (nach)*
تُحْفة / تُحف	*Rarität*
قدّم – يُقدِّم (ل)	*präsentieren*
نُقدِّم لَكُم	*wir präsentieren Ihnen*
مصْنوع / ـــات	*Erzeugnis*

kaufen	اِشْترَى – يشْتري
Produkt	مُنْتج / ـــات
Qualität; Güte	جَوْدة
hoch	عالي
Preis	سِعْر / أسْعار
billig, preiswert	رخيص
finden	وجد – يجِد
Geschäft, Laden	محلّ / ـــات
Souk al-Hamidiya (berühmter Markt in Damaskus)	سوق الحميديّة
fragen (nach)	سأل – يسْأل (عن)
Fragt!; Fragen Sie!	إسْألوا
(umg.) Naher Osten; Damaskus	الشّام
für	لِ
orientalische Waren, Orientalia	شرْقيّات

في السوق

Professor; Meister (respektvolle Anrede eines Unbekannten)	أُسْتاذ / أساتِذة
Wasserpfeife	نرْجيلة / ـــات
möglich; man kann	مُمْكِن
mit	مع
Zucker	سُكّر
wenig	قليل / ـــين
Setz dich (m)!	إجْلِس!
gestatten Sie	لَوْ سمحْت
gelb	صفْراء (f)
nur	فقط
neunhundert	تِسْعمائة
Lira (syr. Pfund)	ليرة / ـــات
teuer	غالي
bezahlen	دفع – يدْفع
sechshundert	سِتّمائة
unmöglich; das geht nicht	مُسْتحيل
Nimm (m)!	خُذ!
rot	حمْراء (f)
achthundert	ثمانْمائة
blau	زرْقاء (f)
machen	عمِل – يعْمل
gut	جيِّد / ـــين
für dich (m)	لَك
siebenhundert	سبْعمائة
schwierig, kompliziert	صعب / ـــين
nehmen	أخذ – يأْخُذ
Glückwunsch (wörtl.: gesegnet)	مبْروك
wirklich	فِعْلاً
Erwiderung auf [mabrūk] (wörtl.: Gott segne dich)	الله يُبارِك فيك

القواعد

1. Personalsuffixe an Präpositionen

ت 7,6

In → Lektion 2 ist Ihnen schon die Präposition عِنْدَ *bei* mit angehängtem Personalsuffix zum Ausdruck von *haben* begegnet. Auch an andere Präpositionen werden Personalsuffixe gehängt, die dann den deutschen Personalpronomina im Dativ oder Akkusativ *mir / mich, dir / dich, ihm / ihn* … entsprechen.

	Singular			**Plural**		
1. Person	*mit mir*	[maʿī]	معي	*mit uns*	[maʿnā]	معنا
2. Person	*mit dir (m)*	[maʿak]	معَك	*mit euch*	[maʿkum]	معكُم
	mit dir (f)	[maʿik]	معِك			
3. Person	*mit ihm*	[maʿhu]	معهُ	*mit ihnen*	[maʿhum]	معهُم
	mit ihr	[maʿhā]	معها			

Das Alif Maqṣūra ى [ā] bei den Präpositionen إلَى und علَى wird in Verbindung mit Personalsuffixen zu ـَيْ [ai].

bis; zu mir	[il**ai**ya]	إلَيَّ	*auf; an uns*	[ʿal**ai**nā]	علَيْنا
bis; zu ihr	[il**ai**hā]	إلَيْها	*auf; an euch*	[ʿal**ai**kum]	علَيْكُم

Nach den Präpositionen في , بِ , إلَى und علَى wird das [u] der Personalsuffixe der 3. Person Singular *(m)* und der 3. Person Plural zu [i] (Vokalharmonie).

in ihm / ihn	[fīh**i**]	فيهِ	*in; mit euch*	[bih**i**m]	بِهِم
bis; zu ihm	[ilaih**i**]	إلَيْهِ	*auf; an ihnen / sie*	[ʿalaih**i**m]	علَيْهِم

2. Die Präposition لِ ت6

Die Präposition لِ [li] *für* wird, wie alle Wörter, die nur aus einem einzelnen Buchstaben bestehen, mit dem nachfolgenden Wort zusammengeschrieben. Zusätzlich entfällt bei لِ in Aussprache und Schrift das Alif des Artikels الـ .

für den Frieden	[li-s-salām]	لِلسّلام
für die Kinder	[li-l-aṭfāl]	لِلأطفال

In Verbindung mit Personalsuffixen wird لِ [li] zu لَ [la]. Nur mit dem Suffix der 1. Person Singular heißt es لِي [lī] *für mich.*

für dich (m)	[lak]	لَكَ	*für dich (f)*	[laki]	لَكِ
für ihn	[lahu]	لَهُ	*für euch*	[lakum]	لَكُم

3. Wurzeln und Strukturen — Imperativ ت4, 5

Die Befehlsform wird jeweils aus der 2. Person der Gegenwart gebildet. Die Vorsilbe تَـ [ta-] entfällt und stattdessen wird ein Alif davorgesetzt, das in den meisten Fällen mit Kasra (kurzes i) vokalisiert ist. Bei der 2. Person Singular *(f)* und der 2. Person Plural entfällt außerdem das Nun (ن) der Endung.

Gegenwart			Imperativ		
du (m) sitzt	[tağlis]	تَـجْلِس	*setz dich (m)*	[iğlis]	إجْلِس
du (f) sitzt	[tağlisīn]	تَـجْلِسـين	*setz dich (f)*	[iğlisī]	إجْلِسـي
ihr sitzt	[tağlisūn]	تَـجْلِسـون	*setzt euch*	[iğlisū]	إجْلِسـوا

Nur bei Verben, deren Mittelvokal (→ Lektion 6) in der Gegenwart ein Ḍamma (kurzes u) ist, wird das Anfangs-Alif ebenfalls mit Ḍamma vokalisiert (Vokalharmonie).

Gegenwart			Imperativ		
du (m) schreibst	[taktub]	تَكْتُب	*schreib (m)*	[uktub]	أُكْتُب
du (f) schreibst	[taktubīn]	تَكْتُبين	*schreib (f)*	[uktubī]	أُكْتُبي
ihr schreibt	[taktubūn]	تَكْتُبون	*schreibt*	[uktubū]	أُكْتُبوا

Einige Verben bilden den Imperativ auch ohne das vorangestellte Alif.

Gegenwart			Imperativ		
du (m) nimmst	[taʾẖuḏ]	تَأْخُذ	*nimm (m)*	[ẖuḏ]	خُذ
du (f) nimmst	[taʾẖuḏīn]	تَأْخُذين	*nimm (f)*	[ẖuḏī]	خُذي
ihr nehmt	[taʾẖuḏūn]	تَأْخُذون	*nehmt*	[ẖuḏū]	خُذوا

4. Zahlen bis 1000 ت3

Die Hunderter werden im Arabischen aus der Grundzahl ohne Tā Marbūṭa (ة) und dem Wort **مائة** [miʾa] *hundert* gebildet, wobei beide Wörter zusammengeschrieben werden. Nur bei *zweihundert* wird der Dual **مائَتَيْن** verwendet.

Die Zahlen von 100 bis 1000					
١٠٠	[miʾa]	مائة	٦٠٠	[sitt-miʾa]	سِتّمائة
٢٠٠	[miʾatain]	مائَتَيْن	٧٠٠	[sabʿa-miʾa]	سَبْعَمائة
٣٠٠	[ṯalāṯ-miʾa]	ثلاثْمائة	٨٠٠	[ṯamān-miʾa]	ثَمانْمائة
٤٠٠	[arbaʿ-miʾa]	أَرْبَعْمائة	٩٠٠	[tisʿa-miʾa]	تِسْعَمائة
٥٠٠	[ẖams-miʾa]	خَمْسْمائة	١٠٠٠	[alf]	أَلْف

Zehner werden immer mit **و** angeschlossen. In Verbindung mit Substantiven, die immer im Singular stehen, wird das Tā Marbūṭa (ة) bei **مائة** [at] ausgesprochen. (Regeln für die Verbindung von Zahlen mit Substantiven → Lektion 3)

fünfhundertfünfzig	[ẖams-miʾa wa-ẖamsīn]	خَمْسْمائة وخَمْسين
fünfhundert Lira (syr. Pfund)	[ẖams-miʾat līra]	خَمْسْمائة ليرة

i Die arabischen Länder haben unterschiedliche Währungen. Lira gibt es in Syrien und im Libanon, Dirham (دِرْهم / دراهِم) in den Emiraten und Marokko. In Algerien, Bahrain, Irak, Jordanien, Kuwait, Libyen und Tunesien werden Dinar (دينار / دنانير) benutzt. In Katar, Oman, Saudi-Arabien und im Jemen finden Sie Riyal (رِيال / ـــات) und in Ägypten und dem Sudan Gineh (جِنيه / ـــات).

استعمال اللغة

Erlaubnis und Entschuldigung

gestatten Sie (m)	لَوْ سمحْتَ	*Entschuldigung*	عفْواً
(f)	لَوْ سمحْتِ	*Entschuldigung; tut mir leid*	آسِف (ـــة)

Einkaufen ت1, 2

ich brauche …	أحْتاج إلَى …
ich suche …	أبْحث عن …
Kann ich … sehen?	مُمْكِن أرَى … ؟
Wie viel (kostet) das?	بِكَم هذا؟
Das ist zu teuer!	هذا غالي جداً!
Mach mir einen guten Preis!	إعْمِل لي سِعْر جيِّد!
ich bezahle nur …	أدْفع فقط …
gut, ich nehme …	طيِّب ، آخُذ …
Glückwunsch (bei Kauf; wörtl.: gesegnet)	مبْروك
Erwiderung (wört.: Gott segne dich)	الله يُبارِك فيك.

عبارات مفيدة أخرى

Wurzeln und Strukturen — Farben الألوان ت3

Die folgenden Farbadjektive haben die Struktur أَفْعَل, die Struktur für die Femininform lautet فَعْلاء.

	maskulin	feminin
rot	أحْمر	حَمْراء
grün	أخْضر	خضْراء
blau	أزْرق	زرْقاء
gelb	أصْفر	صفْراء

	maskulin	feminin
schwarz	أسْود	سَوْداء
weiß	أبْيض	بَيْضاء
braun, brünett	أسْمر	سمْراء
blond	أشْقر	شقْراء

في العامية

Gibt's ja gar nicht

Die Präposition في mit dem Personalsuffix der 3. Person Singular *(m)* wird im Dialekt dazu benutzt, das deutsche *es gibt* auszudrücken.

	Syrisch		Ägyptisch	
Gibt es ...?	[fīh ...]	فيه ...؟	[fīh ...]	فيه ...؟
Ja, gibt es.	[ēh, fīh]	إيه ، فيه.	[āh, fīh]	آه ، فيه.
Nein, gibt's nicht.	[lā, mā fīh]	لا ، ما فيه.	[lā, mā fīš]	لا ، ما فيش.

Dialektvokabeln

	Syrisch	Ägyptisch
suchen (nach)	[dauwar – yidauwar (ʿalā)]	[dauwar – yidauwar (ʿalā)]
Ding, Sache	[šī / ašyā] oder [šaġla / -āt]	[ḥāga / -āt]
Wasserpfeife	[argīla / arāgīl]	[šīša / šiyaš]
ein wenig, ein bisschen	[šwayya]	[šwayya]
sitzen	[aʿad – yuʾʿud]	[aʿad – yuʾʿud]
Wie viel kostet ...?	[bi-addēš ...]?	[bi-kām...]?
sehr	[ktīr]	[giddan] oder [auwī]
nur	[bass]	[bass]
ein guter Preis	[siʿr mnīḥ]	[siʿr kwayyis]
okay; na gut	[māšī l-ḥāl]	[māšī]
wirklich; echt	[ʿan ğadd]	[bi-gadd]

التمارين

1 Bilden Sie aus den Sätzen einen Dialog.

.. لو سمحت ، أبحث عن طاولة.	1.	الله يبارك فيك!
....	2.	بكم هذه؟
....	3.	تفضّل ، عندي طاولات كثيرة.
....	4.	مبروك!
....	5.	بستّمائة ليرة.
....	6.	لو سمحت ، أبحث عن طاولة.
....	7.	طيّب ، آخذ الطاولة.

2 Sie brauchen bzw. suchen etwas oder möchten nach etwas fragen? Formen Sie die Sätze in der 2. Person Plural wie im Beispiel in die 1. Person Singular um.

1. تحتاجون إلى هدية. .. أحتاج إلى هدية. ....
2. تبحثون عن محلّ. ....
3. تسألون عن الأسعار. ....

3 Hören Sie noch einmal den Dialog und beantworten Sie die folgenden Fragen wie im Beispiel.

1. بكم النرجيلة الصفراء؟ .. بتسعمائة ليرة ....
2. بكم النرجيلة الحمراء؟ ....
3. بكم النرجيلة الزرقاء؟ ....
4. كم يدفع أحمد للنرجيلة الزرقاء؟ ....

4 Sprechen Sie erst einen Mann und dann eine Frau an und formen Sie die Imperative im Plural in den Singular *(m)* und *(f)* um.

إذهبوا إلى اليسار!	1. .. إذهب إلى اليسار!...	2. .. إذهبي إلى اليسار! ..
إجلسوا هنا!	3.	4. ....
إشربوا شاي!	5.	6. ....

5 Formen Sie die Sätze in den Imperativ um.

1. تعمل لي سعر جيّد. .. إعمل لي سعر جيّد! ....
2. تسأل عن أبو سعيد. ....
3. تأخذ الحزام الأسود. ....
4. تجلسين جنب الشبّاك. ....
5. تكتبين رسالة. ....

6 Ordnen Sie dem Personalsuffix an der Präposition das entsprechende Personalpronomen zu.

1.	فيهم	a.	أنا
2.	معكم	b.	أنت
3.	لي	c.	هو
4.	مقابله	d.	هي
5.	جنبها	e.	نحن
6.	إلينا	f.	أنتم
7.	عليك	g.	هم

7 Ersetzen Sie die unterstrichenen Wörter durch das entsprechende Personalsuffix an der Präposition.

1. نحتاج إلى تاكسي. .. نحتاج إليه. ....
2. المفتاح على الطاولة. ....
3. تبحثون عن بيت. ....
4. كنت عند أصدقائي. ....
5. يسأل عن الطبيب. ....
6. ذهب إلى السوق. ....

Die Inhalte dieser Lektion sind:
- **Lebensmittel**
- **Bestellen** im **Restaurant**
- **Personalsuffixe** an **Verben**
- Verben im **Grundstamm**
- Verben im **VIII. Stamm**
- **Verneinung** von **Verbalsätzen**

الدرس الثامن

8

سلطة تبولة

المقادير:

نصف كأس برغل	حزمة نعناع	٤ ملاعق كبيرة زيت زيتون
ماء	حزمتين بقدونس	ملح
عصير ليمونتين	حبة طماطم كبيرة	فلفل أسود
٣ بصلات	نصف خيارة	خسّ للزينة

الطريقة:

نغسل البرغل وننقعه لمدّة ساعة في الماء ، ثمّ نصفيه وبعد ذلك نضيف إليه عصير الليمون ونضعه جانباً. نقطع البقدونس والنعناع والخضر ونضيفها مع الزيت والبهارات إلى البرغل ، ثمّ نقدّم السلطة على أوراق الخسّ في صحن.

Tabbouleh-Salat

Mengen:

½ Glas Bulgur	*1 Bund Minze*	*4 große Löffel Olivenöl*
Wasser	*2 Bund Petersilie*	*Salz*
Saft von 2 Zitronen	*1 große Tomate*	*schwarzer Pfeffer*
3 Zwiebeln	*½ Gurke*	*grüner Salat zur Dekoration*

Zubereitung:

Wir waschen den Bulgur und weichen ihn eine Stunde in Wasser ein. Dann lassen wir ihn abtropfen und fügen danach den Zitronensaft hinzu und stellen ihn zur Seite. Wir schneiden die Petersilie, die Minze und das Gemüse und fügen sie mit dem Öl und den Gewürzen zum Bulgur, dann servieren wir den Salat auf Salatblättern auf einem Teller.

ما الجديد؟

Personalsuffixe können nicht nur an Substantive und Präpositionen (→ Lektionen 2 und 7), sondern auch an Verben gehängt werden. Sie übernehmen dann die Funktion eines direkten Objekts und entsprechen den deutschen Pronomina im Dativ oder Akkusativ *mir / mich, dir / dich, ihm / ihn ...*

Wir stellen den Bulgur zur Seite.	نضع البُرْغُل جانِباً.
Wir stellen ihn zur Seite.	نضعهُ جانِباً.

Wir fügen das Gemüse zum Bulgur.	نُضيف الخُضر إلَى البُرْغُل.
Wir fügen es dazu (wörtl.: zu ihm).	نُضيفها إلَيْهِ.

في المطعم

Mahmud und Samira sitzen im Restaurant und warten auf Ahmad, der sich zu verspäten scheint.

سميرة: أنا جوعانة. هل نطلب الأكل أو ننتظر أحمد؟
محمود: ننتظره قليلاً.
أحمد: مساء الخير يا شباب! ... أنا آسف على التأخير. هل طلبتم؟
سميرة: لا ، انتظرناك. ماذا نأكل؟
أحمد: لا أعرف. ماذا تريدون؟
محمود: أنا أريد السلطة وشوربة العدس والدجاج مع الرزّ.
سميرة: هذه فكرة جيدة. لكن لا أحبّ العدس. أفضّل شوربة الخضر.
محمود: يا سيّدي!
الجرسون: مساء الخير! هل تطلبون العشاء؟
محمود: نعم ، نأخذ السلطة وشوربة الخضر والدجاج مع الرزّ.
الجرسون: وماذا تشربون؟ فيه كولا وبيرة وعصير فواكه و...
محمود: كولا ، من فضلك.
الجرسون: تفضّلوا ، بالصحّة!

سميرة:	لو سمحت ، ما طلبنا شوربة العدس ، طلبنا شوربة الخضر.
الجرسون:	أنا آسف. أحضرها فوراً.
محمود:	يا أخ! الحساب ، من فضلك.
أحمد:	لا ، لا! أنا أدفع هذه المرّة.
محمود:	لا ، والله! الحساب عليّ.

المفردات

Ab dieser Lektion wird mit einer römischen Ziffer vor Verben der entsprechende Verbstamm gekennzeichnet (vgl. Wurzeln und Strukturen). Verben im Grundstamm erhalten keine Ziffer.

سلطة تبولة

Salat	**سلطة / ـــات**
Tabbouleh (Salat mit viel Petersilie)	تبّولة
Maß, Menge	مِقْدار / مقادير
Glas	**كأس / كُؤوس**
Bulgur (Hartweizen)	بُرْغل
Wasser	**ماء**
Saft	**عصير**
Zitronen	*(koll.)* **لَيْمون**
Zwiebeln	*(koll.)* **بصل**
Bund	حِزْمة
Minze	**نعْناع**
Petersilie	**بقْدونِس**

Stück	حبّة
Tomaten	*(koll.)* **طماطِم**
Gurken	*(koll.)* **خِيار**
Löffel	**مِلْعقة / ملاعِق**
Öl	**زَيْت**
Oliven	*(koll.)* **زَيْتون**
Salz	**مِلْح**
schwarzer Pfeffer	**فِلفِل أسْود**
grüner Salat	**خسّ**
Dekoration	زينة
Art und Weise; Zubereitung	طريقة
waschen	غسل – يغْسِل
einweichen	نقع – ينْقع

8

Dauer	مُدّة
für eine Stunde	لِمُدّة ساعة
dann	ثُمَّ
abtropfen; sieben	II صفّى – يُصفّي
hinzufügen	VI أضاف – يُضيف (إلى)
stellen, legen	وضع – يضع
seitlich; zur Seite	جانِباً
schneiden	قطع – يقْطع
Gemüse	خُضر *(koll.)*
Gewürze	بهارات
servieren; präsentieren	II قدّم – يُقدّم (لِ)
Blatt	ورق / أَوْراق
Teller	صحْن / صُحون

في المطعم

hungrig	جَوْعان / ـــين
bestellen	طلب – يطْلُب
Essen; Speise	أكْل / ـــات
warten (auf)	IIIV انْتظر – ينْتظِر
tut mir leid (für)	أنا آسِف (علَى)
Verspätung	تأْخير
(vor Verben in der Gegenwart:) nicht	لا
essen	أكل – يأْكُل
mögen, wollen	VI أراد – يُريد
Suppe	شورْبة
Linsen	عدس *(koll.)*
Hühnchen	دجاج *(koll.)*
Reis	رُزّ
Idee	فِكْرة / أفْكار
mögen, lieben	VI أحبّ – يُحِبّ
bevorzugen, lieber haben	II فضّل – يُفضِّل
Kellner (vgl. frz. garçon)	جرْسون
Abendessen	عشاء
(umg.) es gibt	فيه
Cola	كولا
Bier	بيرة
Obst	فَواكِه
bitte schön (Pl.)	تفضّلوا
Guten Appetit! ! (wörtl.: auf die Gesundheit)	بِالصّحّة!
(vor Verben in der Vergangenheit:) nicht	ما
bringen	VI أحْضر – يُحْضِر
Bruder! (als Anrede für Unbekannte)	يا أخ!
Rechnung	حِساب / ـــات
dieses Mal	هذِهِ المرّة
Die Rechnung (geht) auf mich.	الحِساب علَيَّ.

In arabischen Restaurants und Cafés sind getrennte Rechnungen unüblich. Um zu zeigen, wie großzügig man ist, beharrt man darauf, die Rechnung zu zahlen und den anderen einzuladen. Hier gilt das Prinzip der Gastfreundschaft und der Eingeladene versucht, eine gleichwertige Gegenleistung zu erbringen. Unter jungen Leuten ist es durchaus üblich, für die Rechnung zusammenzulegen.

القواعد

1. Wurzeln und Strukturen — Der Grundstamm

ت4, 5

Arabische Verben werden nach verschiedenen Strukturen gebildet, die sich durch Konsonantenverdopplungen, Vokallängungen, Vorsilben, Einsprengsel oder die Kombination dieser Möglichkeiten unterscheiden. Es existieren zehn dieser sogenannten Verbstämme. Im Wörterbuch werden sie oft mit einer römischen Ziffer gekennzeichnet und sind meist unter ihrer Wurzel zu finden.

Bisher haben Sie schon viele Verben im Grundstamm mit der Struktur فَعَل – يَفْعَل [faʿal – yafʿal] kennengelernt. Dieser Struktur folgen auch die Verben سأل – يسْأل *fragen* und دفع – يدْفع *bezahlen*. Sie haben die Wurzel (س – ء – ل) bzw. (د – ف – ع).

Vergangenheit		Gegenwart	
ich habe gefragt; du (m) hast gefragt	سَأَلْت	*ich frage*	أَسْأَل
sie hat gefragt	سَأَلَت	*du (m) fragst; sie fragt*	تَسْأَل
sie haben gefragt	سَأَلوا	*sie fragen*	يَسْأَلون

Vergangenheit		Gegenwart	
ich habe bezahlt; du (m) hast bezahlt	دَفَعْت	*ich bezahle*	أَدْفَع
sie hat bezahlt	دَفَعَت	*du (m) bezahlst; sie bezahlt*	تَدْفَع
sie haben bezahlt	دَفَعوا	*sie bezahlen*	يَدْفَعون

2. Wurzeln und Strukturen — VIII. Stamm

ت4

Die Struktur des VIII. Stammes lautet يَــفْتَعِل – اِفْتَعَل [iftaʿal – yaftaʿil]. Kennzeichen der Struktur sind die Vokallosigkeit des ersten Wurzelkonsonanten und das Einsprengsel ـــتَـــ [-ta-]. Die Verben يشْتَغِل – اِشْتَغل *arbeiten* und ينْتَظِر – اِنْتَظر *warten* sind Verben im VIII. Stamm, im Wörterbuch sind sie unter der Wurzel (ش – غ – لَ) bzw. (ن – ظ – ر) zu finden.

Vergangenheit		Gegenwart	
ich habe gearbeitet; du (m) hast gearbeitet	اِشْتَغَلْــتُ	*ich arbeite*	أَشْتَغِل
sie hat gearbeitet	اِشْتَغَلَــتْ	*du (m) arbeitest; sie arbeitet*	تَــشْتَغِل
sie haben gearbeitet	اِشْتَغَلــوا	*sie arbeiten*	يَــشْتَغِلــون

Vergangenheit		Gegenwart	
ich habe gewartet; du (m) hast gewartet	اِنْتَظَرْتُ	*ich warte*	أَنْتَظِر
sie hat gewartet	اِنْتَظَرَتْ	*du (m) wartest; sie wartet*	تَــنْتَظِر
sie haben gewartet	اِنْتَظَروا	*sie warten*	يَــنْتَظِرون

Die Verben يشْتري – اِشْتَرَى *kaufen* und يحْتاج – اِحْتاج *brauchen* sind ebenfalls Verben im VIII. Stamm. Da sich die schwachen Wurzelkonsonanten ي und و in einen Diphthong oder Vokal verwandeln bzw. ganz entfallen können, ist es manchmal schwierig, die Wurzel herauszufinden. Hier lautet sie (ش – ر – ي) bzw. (ح – و – ج).

kaufen	اِشْتَرَى – يشْتري
ich kaufe	أَشْتَري
du (m) kaufst; sie kauft	تَــشْتَري
sie kaufen	يَــشْتَرون

brauchen	اِحْتاج – يَحْتاج
ich brauche	أَحْتاج
du (m) brauchst; sie braucht	تَــحْتاج
sie brauchen	يَــحْتاجــون

Eine Übersicht aller zehn Verbstämme finden Sie in der Grammatikübersicht im → Anhang.

3. Personalsuffixe an Verben ت3

Das Verb يَنْتَظِر – اِنْتَظَر *warten* braucht keine Präposition wie das deutsche *warten (auf)*. Personalsuffixe werden deshalb direkt an das Verb gehängt. Das Personalsuffix der 1. Person Singular lautet in Verbindung mit Verben ـني [-nī].

du hast gewartet	اِنْتَظَرْت	→	*du hast auf mich gewartet*	اِنْتَظَرْتـني
ich warte	أَنْتَظِر	→	*ich warte auf dich (m)*	أَنْتَظِرك
sie hat gewartet	اِنْتَظَرت	→	*sie hat auf ihn gewartet*	اِنْتَظَرتـهُ
er wartet	يَنْتَظِر	→	*er wartet auf sie*	يَنْتَظِرها

In der Vergangenheit wird bei der 2. Person Plural ein Wāw (و) eingefügt. In der 3. Person Plural entfällt durch das Anhängen des Personalsuffixes das Alif der Endung ـوا.

ihr habt gewartet	اِنْتَظَرْتُم	→	*ihr habt auf uns gewartet*	اِنْتَظَرْتُمـونا
sie haben gewartet	اِنْتَظَروا	→	*sie haben auf euch gewartet*	اِنْتَظَروكُم

In der Gegenwart entfällt bei der 2. Person Singular *(f)* und der 2. und 3. Person Plural das Nūn (ن) der Endung, wenn ein Personalsuffix angehängt wird.

du (f) wartest	تَنْتَظِرين	→	*du (f) wartest auf uns*	تَـنْتَظِريـنا
ihr wartet	تَنْتَظِرون	→	*ihr wartet auf sie*	تَـنْتَظِروهُم

4. Verneinung von Verbalsätzen ت7

Verben in der Vergangenheit werden mithilfe von **ما**, in der Gegenwart mit **لا** verneint.

Wir haben das nicht bestellt.	ما طلبْنا هذا.
Ich weiß nicht.	لا أعْرِف.
Ich mag Linsen nicht.	لا أُحِبّ العدس.

استعمال اللغة

Vorlieben und Abneigungen ausdrücken ت6

Ich mag Suppe nicht.	لا أُحِبّ الشّوْربة.
Ich nehme lieber Salat. (wörtl.: ich bevorzuge)	أُفضِّل السّلطة.

Im Restaurant bestellen ت8

Herr Ober! (wörtl.: mein Herr; Bruder)	يا سيّدي! / يا أخ!
Bestellen Sie das Abendessen?	هل تطْلُبون العشاء؟
Wir nehmen Hühnchen mit Reis.	نأخُذ الدّجاج مع الرُّز.
Was trinken Sie?	وماذا تشْربون؟
Wasser, bitte.	ماء ، مِن فضْلك.
Bitte schön, guten Appetit!	تفضّلوا ، بِالصّحّة!
Die Rechnung, bitte.	الحِساب ، مِن فضْلك.

عبارات مفيدة أخرى

Lebensmittel ت 2,1

Viele Bezeichnungen für Lebensmittel sind sogenannte Kollektiva *(koll.)*, die den Plural bezeichnen. Der Singular wird durch Anhängen des Tāʾ Marbūṭa (ة) gebildet.

Zitronen (koll.)	لَيْمون	*Zwiebeln (koll.)*	بصل
eine Zitrone	لَيْمونة	*eine Zwiebel*	بصلة

Obst	**الفَواكِه**	***Gemüse***	**الخُضر**
Äpfel	*(koll.)* تُفّاح	*Kartoffeln*	*(koll.)* بطاطا
Orangen	*(koll.)* بُرْتُقال	*Auberginen*	*(koll.)* باذِنْجان
Weintrauben	*(koll.)* عنب	*Zucchini*	*(koll.)* كوسَى
Melonen	*(koll.)* بطّيخ	*Paprika*	*(koll.)* فِلفِل
Bananen	*(koll.)* مَوْز	*Möhren*	*(koll.)* جزر

Frühstück	**الفُطور**	***Mittagessen***	**الغداء**
Milch	*(f)* حليب	*Rindfleisch*	*(koll.)* لَحْم بقَر
Brot	*(koll.)* خُبْز	*Lammfleisch*	*(koll.)* لَحْم غنم
Butter	*(koll.)* زُبْد	*Fisch*	*(koll.)* سمك
Käse	*(koll.)* جُبْن	*Kebab (Fleischspieße)*	كباب
Eier	*(koll.)* بَيْض	*Schawarma (Gyros)*	شوَرْمة

في العامية

Verneinung von Verbalsätzen im Dialekt

Verneint wird im syrischen Dialekt ausschließlich mithilfe von ما [mā]. Im ägyptischen Dialekt kommt die Endung ــش [-š] hinzu.

	Syrisch		Ägyptisch	
wir haben nicht bestellt	[mā ṭalabnā]	ما طلبْنا	[mā ṭalabnāš]	ما طلبْناش
ich weiß nicht	[mā bāʿrif]]	ما باعْرِف	[mā aʿrafš]	ما أعْرَفــش
ich mag nicht	[mā biḥibb]	ما بِحِبّ	[mā baḥibbiš]	ما بَحِبّــش

Dialektvokabeln

	Syrisch	Ägyptisch
oder	[wallā]	[wallā]
warten	[istannā – yistannā]	[istannā – yistannā]
möchten, wollen	[bidd] + Personalsuffix	[ʿāwuz / -īn], [ʿāyiz / -īn]
Hühnchen	[dǧāǧ]	[frāḫ]
Das ist eine gute Idee.	[hai fikra mnīḥa]	[dī fikra ḥilwa]
aber	[bass]	[lākin] oder [bass]
Guten Appetit!	[saḥtain]!	[bi-l-hanā wa-š-šifā]!
bringen	[ǧāb – yiǧīb]	[gāb – yigīb]

التمارين

1 Lesen Sie das Rezept auf der Einstiegsseite. Welche Zutaten gehören in einen Tabbouleh-Salat? Kreuzen Sie an.

1. بقدونس ☒	4. خيار ☐	7. عدس ☐
2. باذنجان ☐	5. طماطم ☐	8. ليمون ☐
3. بصل ☐	6. جزر ☐	9. نعناع ☐

2 Ein Wort passt nicht in die Reihe. Kreuzen Sie es an.

1. عنب ☐	بطيخ ☐	موز ☐	ماء ☒
2. فطور ☐	فواكه ☐	غداء ☐	عشاء ☐
3. لحم غنم ☐	خبز ☐	لحم بقر ☐	دجاج ☐
4. كأس ☐	ملعقة ☐	صحن ☐	بيض ☐

3 Ersetzen Sie die unterstrichenen Wörter durch das entsprechende Personalsuffix. Beachten Sie, dass Plurale, die keine Personen bezeichnen, wie feminine Singulare behandelt werden.

1. انتظر صديقه. .. انتظره. ....
2. أكل الشوربة. ....
3. درس لغات كثيرة. ....
4. سأل السيّدة عن الطريق. ....

4 Formen Sie die Sätze in der 1. Person Singular in die Zeitform der Gegenwart um.

1. شربت كأس ماء. .. أشرب كأس ماء. ....
2. كتبت رسائل. ....
3. اشتريت فواكه. ....
4. دفعت الحساب. ....

5 Formen Sie die Sätze der 2. Person Singular in die Zeitform der Vergangenheit um.

1. تأخذ السمك والرزّ. .. أخذت السمك والرزّ. ....
2. تعرف الطريق إلى المتحف. ....
3. تسكن في بلد عربي. ....
4. تفهم الإنكليزية؟ ....

6 Sie mögen keine Suppe und wollen lieber Salat? Spielen Sie den Suppenkasper wie im Beispiel.

1. شوربة – سلطة .. لا أحبّ الشوربة ، أفضّل السلطة. ....
2. قهوة – شاي ....
3. كولا – عصير ....
4. تفّاح – برتقال ....

7 Verneinen Sie die Sätze der 1. Person Plural mit ما oder لا.

ما	لا	ما	لا

1. .. ما .... جلسنا في المطعم.
2. .... طلبنا العشاء.
3. .... نريد طاولة جنب الشبّاك.
4. .... نشتغل في يوم السبت.

8 Sie sind mit ihren Freunden im Restaurant.

1. *Rufen Sie den Kellner.* .. يا سيّدي! ....
2. *Bestellen Sie Lammfleisch mit Kartoffeln.* ....
3. *Sagen Sie dem Kellner, dass Sie nicht Reis, sondern Kartoffeln bestellt haben.* ....
4. *Bestellen Sie die Rechnung.* ....

In dieser Lektion lernen Sie:

- wie man **gratuliert**
- **Familienmitglieder** vorzustellen
- den **IV. Stamm**
- **Verneinung** von **Verbalsätzen**
- **schwache Verben**
- **die indirekte Rede**

الدرس التاسع

9

عيد مبارك!

الصديق العزيز أحمد وعائلته الكريمة

أرسل إليكم أطيب التحيات بمناسبة عيد الفطر المبارك.

أتمنّى أن تصلكم هذه الرسالة وأنتم في أحسن حال.

كلّ سنة وأنتم بخير!

صديقكم المخلص

توماس

Frohes Fest!

An den lieben Freund Ahmad und seine geehrte Familie!

Ich sende euch die herzlichsten Grüße zum gesegneten Fest des Fastenbrechens.

Ich hoffe, dass dieser Brief euch bei bester Gesundheit erreicht.

Alles Gute!

Euer aufrichtiger Freund

Thomas

ما الجديد؟

Wurzeln und Strukturen — IV. Stamm ت 5, 8

Der IV. Stamm hat die Struktur أَفْعَل — يُــفْعِل [af'al – yuf'il]. Sie erkennen ihn an der Vorsilbe [a-] und der Vokallosigkeit des ersten Wurzelkonsonanten. Die Gegenwartsform beginnt mit يُـ [yu-].
Die Verben أرْسل — يُرْسِل *schicken, senden* und أحبّ — يُحِبّ *lieben, mögen* sind Verben im IV. Stamm und haben die Wurzeln (ر – س – ل) bzw. (ح – ب – ب).

Vergangenheit		Gegenwart	
ich habe geschickt; du (m) hast geschickt	أَرْسَلْــتَ	ich schicke	أُرْسِل
sie hat geschickt	أَرْسَلَــتْ	du (m) schickst; sie schickt	تُــرْسِل
sie haben geschickt	أَرْسَلــوا	sie schicken	يُــرْسِلــون

Vergangenheit		Gegenwart	
ich habe geliebt; du (m) hast geliebt	أَحْبَبْــتَ	ich liebe	أُحِبّ
sie hat geliebt	أَحَبَّــتْ	du (m) liebst; sie liebt	تُــحِبّ
sie haben geliebt	أَحَبّــوا	sie lieben	يُــحِبّــون

Eine Übersicht aller zehn Verbstämme finden Sie in der Grammatikübersicht im → Anhang.

٥ رمضان كريم!

توماس يزور عائلة أحمد في رمضان.

توماس: السلام عليكم! رمضان كريم!
أحمد: وعليك السلام! تفضّل ، أدخل! كيف حالك؟
توماس: الحمد لله ، أنا بخير. تفضّل ، هذه هدية صغيرة ، حلويات للعائلة.
أحمد: شكراً جزيلاً.

يدخلون الغرفة ، هناك أخو أحمد.

أحمد: إجلس يا توماس! هذا أخي كريم. أعطي أمي الحلويات. هي في المطبخ وتطبخ الأكل مع أختي.

أحمد يخرج من الغرفة.

كريم: أخي قال لي إنّك طبيب. أنا أيضاً أريد أن أدرس الطبّ.

توماس: هذه فكرة ممتازة. المستشفيات تحتاج إلى أطبّاء جيّدين.

أحمد وأبوه يرجعون.

أحمد: توماس ، هذا أبي. بابا ، هذا صديقي توماس من ألمانيا.

أبو أحمد: أهلاً وسهلاً! مرحباً بك عندنا! هل أنت جوعان؟

توماس: لا ، أنا شبعان. ولكن أنتم صائمين منذ الصباح.

أبو أحمد: لسنا جوعانين جدّاً ، ولكن أقول لك: نحن عطشانين!

تدخل أمّ أحمد وأخته وبنتها الصغيرة.

أحمد: هذه أمّي وهذه أختي فاطمة. وهذه نادية ، بنتها ، عمرها ثلاث سنوات. تعالي يا نادية ، قولي مرحباً لعمّ توماس!

أمّ أحمد: بسم الله ، نبدأ الإفطار. تفضّل يا توماس ، خذ التمر والحليب!

أبو أحمد: بالصحّة!

المفردات

حلويّات	*Süßigkeiten*
شُكْراً جزيلاً	*vielen Dank*
أخ / إخْوة	*Bruder*
IV أعْطَى – يُعْطي	*geben*
أُمّ *(f)* / أُمّهات	*Mutter*
طبخ – يطْبُخ	*kochen*
أُخْت *(f)* / أَخَوات	*Schwester*
خرج – يخْرُج (مِن)	*hinausgehen (aus)*
قال – يقول (لِ)	*sagen (zu jdm.)*
قال إنَّ ...	*sagen, dass ...*
إنَّك	*dass du (m)*
طِبّ	*Medizin (als Studienfach)*
IV أراد – يُريد أنْ (يفْعل)	*etw. (machen) wollen*
أَيْضاً	*auch*
رجع – يرْجِع (إلى)	*zurückkehren (nach)*
أب / آباء	*Vater*
بابا	*Papa*
شبْعان / ــين	*satt*
صائِم / ــين	*Fastender*
عطْشان / ــين	*durstig*
تعالي	*Komm (f) her!*
قولي	*Sag! (f)*

عيد مبارك!

عزيز / أعِزّاء	*lieb, teuer*
كريم / كِرام	*gütig; ehrenwert*
IV أرْسل – يُرْسِل (إلى)	*schicken, senden (zu)*
أطْيَب	*beste(r,s); herzlichste(r,s)*
تَحيّة / ــات	*Gruß*
مُناسبة / ــات	*Anlass*
عيد / أعْياد	*Fest*
عيد الفِطْر	*Fest des Fastenbrechens (nach Ende des Ramadan)*
مُبارك	*gesegnet*
V تمنَّى – يتمنّى	*hoffen; wünschen*
أتمنَّى أنْ ...	*ich hoffe, dass ...*
وصل – يصِل	*ankommen; erreichen*
أحْسن	*beste(r,s)*
كُلّ سنة وأنْتُم بِخَيْر!	*Alles Gute! (etwa: Jedes Jahr soll es euch gut gehen!)*
مُخْلِص / ــين	*aufrichtig*

رمضان كريم!

زار – يزور	*besuchen*
رمضان	*Ramadan (islam. Fastenmonat)*
دخل – يدْخُل	*eintreten, hereinkommen*

Onkel	عمّ	*anfangen, beginnen*	بدأ - يبْدأ
im Namen Gottes (Floskel, bevor man mit dem Essen beginnt)	بِسْمِ الله	*Fastenbrechen; Frühstück*	إفْطار
		Datteln	*(koll.)* تَمْر

القواعد

1. Wurzeln und Strukturen — schwache Verben ت6, 8, 9

In den → Lektionen 4 - 8 sind Ihnen Verben mit den schwachen Wurzelkonsonanten و oder ي begegnet. Diese Konsonanten sind oft nicht erkennbar, da sie bei der Konjugation als Diphthong oder Vokal bzw. gar nicht erscheinen.
In dieser Lektion und in → Lektion 15 lernen Sie Beispielverben kennen, an denen die Veränderungen schwacher Wurzelkonsonanten deutlich werden. Lernen Sie die Konjugation der Beispielverben auswendig, denn je mehr Beispiele Sie kennen, desto leichter wird es Ihnen fallen, ähnliche Verben zu konjugieren.

Das Verb وصل – يصِل *ankommen* im Grundstamm hat die Wurzel (و – ص – ل).
Der schwache Wurzelkonsonant و entfällt in der Zeitform der Gegenwart.

Ähnlich: وضع – يضع *stellen; legen,* وجد – يجِد *finden,* وقع – يقع *fallen,* وقف – يقِف *anhalten, stoppen*

Vergangenheit		Gegenwart	
ich bin angekommen; du (m) bist angekommen	وَصَلْت	*ich komme an*	أَصِل
sie ist angekommen	وَصَلَت	*du (m) kommst an; sie kommt an*	تَصِل
sie sind angekommen	وَصَلوا	*sie kommen an*	يَصِلون

Das Verb أراد – يُريد *wollen; mögen* im IV. Stamm hat die Wurzel (ر – و – د). Der schwache Wurzelkonsonant wird zu [a], [ā] und [ī].

Ähnlich: أضاف – يُضيف *hinzufügen*

Vergangenheit		Gegenwart	
ich wollte; du (m) wolltest	أَرَدْت	*ich möchte*	أُريد
sie wollte	أَرادَت	*du (m) möchtest; sie möchte*	تُـــريد
sie wollten	أَرادوا	*sie möchten*	يُـــريدون

Um auszudrücken, dass jemand etwas tun möchte, benutzen Sie أراد – يُريد und die Konjunktion أنْ [an] *dass*, an die ein Verb in der Gegenwart angeschlossen wird. Beide Verben müssen konjugiert werden.

Mein Bruder möchte Medizin studieren. (wörtl.: Mein Bruder möchte, dass er Medizin studiert.)	أخي يُريد أنْ يدْرُس الطِّبّ.
Ich wollte ins Kino gehen. (wörtl.: Ich wollte, dass ich ins Kino gehe.)	أردْت أنْ أذْهب إلَى السّينما.

Das Verb أعْطَى – يُعْطي *geben* im IV. Stamm hat die Wurzel (ع – ط – و). Der schwache Wurzelkonsonant wird zu [ai], [a], [au] und [ī] oder entfällt ganz.

Ähnlich: اِشْترَى – يشْتري *kaufen*

Vergangenheit		Gegenwart	
ich habe gegeben; du (m) hast gegeben	أَعْطَيْـــت	*ich gebe*	أُعْطي
sie hat gegeben	أَعْطَـــت	*du (m) gibst; sie gibt*	تُـــعْطي
sie haben gegeben	أَعْطَـــوْا	*sie geben*	يُـــعْطـــون

Das Verb قال – يقول *sagen* im Grundstamm hat die Wurzel (ق – و – ل). Der schwache Wurzelkonsonant wird zu [ā], [u] und [ū].

Ähnlich: زار – يزور *besuchen*, كان – يكون *sein*, sowie die Dialektverben راح – يروح *gehen* und شاف – يشوف *sehen*

Vergangenheit		Gegenwart	
ich habe gesagt; du (m) hast gesagt	قُلْــت	*ich sage*	أَقول
sie hat gesagt	قالَــت	*du (m) sagst; sie sagt*	تَــقول
sie haben gesagt	قالــوا	*sie sagen*	يَــقولــون

2. Indirekte Rede ت3

Die indirekte Rede bilden Sie mit dem Verb قال – يقول und der Konjunktion إنَّ [inna] *dass*, nach der kein Verb folgt, sondern immer ein Substantiv oder Personalsuffix. (Zur Wortstellung in Nebensätzen → Lektion 10)

Sie sagen, dass der Zug angekommen ist.	يقولون إنّ القِطار وصل.
Er hat mir gesagt, dass du Arzt bist.	قال لي إنّك طبيب.

استعمال اللغة

Gratulieren ت1

- Ob Geburtstag oder Neujahr, diesen Glückwunsch können Sie zu allen jährlich wiederkehrenden Anlässen benutzen: كُلّ سنة وأنْتُم بخيْر! [kull sana wa-antum bi-ḫair] *Jedes Jahr soll es euch gut gehen.* Die Erwiderung darauf lautet, وأنْتَ بخَيْر! zu einem Mann, وأنْتِ بخَيْر! zu einer Frau oder وأنْتُم بِخَيْر!, wenn sie an mehrere Personen gerichtet wird.

- Ein frohes Fest عيد مُبارك! *(wörtl.: gesegnetes Fest)* können Sie zu allen Festtagen wünschen.

- Bei Hochzeiten, bestandenen Prüfungen, Geschäftsabschlüssen und anderen Erfolgen sagen Sie **مبْروك** *(wörtl.: gesegnet)*. Die Antwort darauf lautet **الله يُبارِك فيك** *Gott segne dich (m)* bzw. *(f)* **فيكِ** oder **فيكُم** im Plural.

- Im Ramadan, dem islamischen Fastenmonat, wünschen Sie **رمضان كريم!** *(wörtl.: Gütiger Ramadan)*.

i Islamische Festtage richten sich nach dem Mondkalender und können deshalb in alle Jahreszeiten fallen. Die größten Feste sind das **عيد الفِطْر** *Fest des Fastenbrechens* zum Abschluss des Ramadan und das **عيد الأضْحَى** *Opferfest*, das zur Zeit der **حجّ** *Pilgerfahrt* nach **مكّة** *Mekka* gefeiert wird.

عبارات مفيدة أخرى

Die Familie العائلة ت4 ,2

Großvater	جدّ / أجْداد	*Großmutter*	جدّة / ــات
Onkel (väterlicherseits)	عمّ / أعْمام	*Tante (väterlicherseits)*	عمّة / ــات
Onkel (mütterlicherseits)	خال / أخْوال	*Tante (mütterlicherseits)*	خالة / ــات
Cousin	اِبْن عمّ *bzw.* اِبْن خال	*Cousine*	بِنْت عمّ *bzw.* بِنْت خال
Neffe	اِبْن أخ *bzw.* اِبْن أُخْت	*Nichte*	بِنْت أخ *bzw.* بِنْت أُخْت

Die Wörter أب und أخ haben eine Besonderheit: Wenn sie in einer Genitivverbindung stehen oder ein Personalsuffix angehängt ist, wird ein و eingefügt. Ausnahme ist das Personalsuffix der 1. Person Singular.

mein Vater	أَبي	*mein Bruder*	أخي
Ahmads Vater	أبو أحمد	*sein Bruder*	أخوهُ

في العامية

wollen; mögen

Statt des hocharabischen أراد – يُريد wird im syrischen Dialekt das Wort بِدّ mit angehängtem Personalsuffix und im ägyptischen Dialekt das Partizip عايِز (manchmal auch عاوِز) zum Ausdruck von *wollen; mögen* verwendet.

	Syrisch		Ägyptisch	
ich will; möchte	[biddī]	بِدّي	[ʿāyiz(a)]	عايِز(ة)
er will; möchte	[biddhu]	بِدّهُ	[ʿāyiz]	عايِز
sie will; möchte	[biddhā]	بِدّها	[ʿāyiza]	عايِزة
wir wollen; möchten	[biddnā]	بِدّنا	[ʿāyizīn]	عايِزين

Dialektvokabeln

	Syrisch	Ägyptisch
hereinkommen	[fāt – biyfūt]	[daḫal – yidḫul]
Komm rein!	[fūt(ī)]	[udḫul(ī)]
ein kleines Geschenk	[hadīya ṣġīra]	[hadīya ṣuġayyara]
setz dich	[uʿd(ī)]	[uʿd(ī)]
hinausgehen	[ṭalaʿ – biyiṭlaʿ]	[ḫarag – yiḫrug]
er sagte mir	[āl lī]	[āl lī]
Ich möchte auch Medizin studieren.	[anā kamān biddī adrus ṭibb]	[anā kamān ʿayiz adrus ṭibb]
ich sage dir	[baʾul lak]	[aʾul lak]
Sag!	[ūl(ī)]	[ūl(ī)]
Milch	[ḥalīb]	[laban]

التمارين

1 Wie reagieren Sie auf die folgenden Sätze?

1. السلام عليكم! .. وعليكم السلام! ....
2. كيف الحال؟ ....
3. كل سنة وأنتم بخير! ....
4. مبروك! ....

2 Lesen Sie noch einmal den Dialog und entscheiden Sie, ob die Aussagen richtig (R) oder falsch (F) sind.

	R	F
1. توماس يزور عائلة أحمد في رمضان.	☒	☐
2. أحمد يعطي أمّه الحلويات.	☐	☐
3. أبو أحمد يطبخ الأكل.	☐	☐
4. أخو أحمد طبيب.	☐	☐
5. بنت أخت أحمد ، اسمها نادية.	☐	☐
6. أمّ أحمد تقول «بسم الله» قبل الإفطار.	☐	☐

3 Bringen Sie die Aussagen von Ahmads Vater in die indirekte Rede.

1. أبو أحمد: عندي ابنين وبنت. .. قال إنّ عنده ابنين وبنت. ....
2. أبو أحمد: أحمد مهندس. ....
3. أبو أحمد: كريم يدرس الطبّ. ....
4. أبو أحمد: فاطمة مدرّسة. ....
5. أبو أحمد: نحن عطشانين. ....
6. أبو أحمد: ما شربنا منذ الصباح. ....

4 Stellen Sie Ihre Familie vor. Benutzen Sie die Wörter aus dem Kasten.

زوج (ـــة)	أب	أخ ✓	ابن	أمّ	أخت

1. ..هذا أخي. ....
2. ....
3. ....
4. ....
5. ....
6. ....

5 Welche Wörter haben die gleiche Wurzel? Ordnen Sie zu.

1. درس – يدرس
2. عمل – يعمل
3. طلب – يطلب
4. طبخ – يطبخ
5. أرسل – يرسل
6. شرب – يشرب
7. أكل – يأكل

a. عامل
b. طبّاخ
c. شوربة
d. أكل
e. مدرّس
f. طالب
g. رسالة

6 Wie heißt das Gegenteil?

1. رخيص ....
2. مستحيل ....
3. شبعان ....
4. أخت ....
5. أعطى – يعطي ....
6. دخل – يدخل ....

7 Bildet Sie Sätze mit يريد أن *etw. (machen) wollen* wie im Beispiel.

1. يدرس الطبّ. .. يريد أن يدرس الطبّ. .....
2. يذهب إلى السينما. ....
3. يشتري حلويات. ....
4. يكتب رسالة. ....

8 Formen Sie die Sätze in der Vergangenheit in die Gegenwart um.

1. أرسلت إليكم رسالة. .. أرسل إليكم رسالة. ....
2. وصلت الرسالة. ....
3. أحمد أعطى أمّه الهدية. ....
4. نادية أحبّت الحلويات. ....
5. أردنا أن نذهب إلى السينما. ....
6. قال لي إنّه يريد أن يدرس الطبّ. ....

9 Formen Sie die Sätze in der Gegenwart in die Vergangenheit um.

1. الأصدقاء يدخلون البيت. .. الأصدقاء دخلوا البيت. ....
2. أمّ أحمد تطبخ الأكل. ....
3. أحمد يخرج من الغرفة. ....
4. أحمد وأبوه يرجعون. ....
5. فاطمة تضع الهدية على الطاولة. ....
6. أمّ أحمد تقول: خذوا التمر والحليب! ....

الدرس العاشر

10

In dieser Lektion geht es um:

- **Reisepläne**
- **Vorschläge**
- **Modalverben**
- Nebensätze mit ***dass***
- den **II., III.** und **X. Stamm**
- **Ordnungszahlen**

معلومات عن الأردن

يقع الأردنّ في قلب الشرق الأوسط ، شمال السعودية ، جنوب سوريا ، جنوب غرب العراق وشرق إسرائيل والسلطة الفلسطينية.

من العاصمة عمّان يمكن أن يسافر الزائر إلى كلّ الأماكن السياحية ، مثل المسرح الروماني في مدينة جرش أو البتراء ، المدينة المنحوتة في الصخر. يمكن أن يسبح في مياه البحر الميّت المالحة ، يستمتع بطبيعة الصحراء في وادي رم أو يستريح في مدينة العقبة بعد الغطس في البحر الأحمر.

للمزيد من المعلومات يمكنكم أن تزوروا موقع الإنترنت: www.visitjordan.com

Informationen über Jordanien

Jordanien liegt im Herzen des Nahen Ostens, nördlich von Saudi-Arabien, südlich von Syrien, südwestlich vom Irak und östlich von Israel und den palästinensischen Autonomiegebieten.
Von der Hauptstadt Amman kann der Besucher zu allen touristischen Orten reisen, wie z.B. zum Römischen Theater in der Stadt Jerash oder nach Petra, der in Felsen gemeißelten Stadt. Er kann im salzigen Wasser des Toten Meeres schwimmen, die Natur der Wüste im Wadi Ram genießen oder, nach dem Tauchen im Roten Meer, in der Stadt Aqaba entspannen.

Für mehr Informationen können Sie die Internetseite www.visitjordan.com besuchen.

ما الجديد؟

In → Lektion 9 haben Sie bereits أراد – يريد أنْ (يفعل) *etw. (machen) wollen* kennengelernt. Diese Nebensatzkonstruktion entspricht im Deutschen dem Modalsatz mit Infinitiv *(wollen, müssen, können)*. Das Verb nach أنْ [an] steht in der Gegenwart.

Er will nach Jordanien reisen. (wörtl.: Er will, dass er nach Jordanien reist.)	يُريد أنْ يُسافِر إلَى الأُرْدُنّ.
Er wollte nach Jordanien reisen. (wörtl.: Er wollte, dass er nach Jordanien reist.)	أراد أنْ يُسافِر إلَى الأُرْدُنّ.

Sätze mit *können* werden mit der unpersönlichen Wendung يُمْكِن أنْ *es ist möglich, dass* gebildet.

Er kann zu allen touristischen Orten reisen. (wörtl.: Es ist möglich, dass er zu allen touristischen Orten reist.)	يُمْكِن أنْ يُسافِر إلَى كُلّ الأماكِن السِّياحيّة.

أريد أن أسافر

Nach dem Fastenbrechen sitzen Thomas und Ahmads Familie beim Tee und unterhalten sich.

أم أحمد: تفضّل يا توماس ، إشرب الشاي!

توماس: شكراً جزيلاً. هل فيه سكّر؟ أعرف أنّ العرب يشربون الشاي مع سكّر كثير.

أبو أحمد: معك حقّ ، الشاي العربي يجب أن يكون حلو. تأخذ سيجارة؟

توماس: لا شكراً ، لا أدخّن.

فاطمة: يجب عليك أن تزورنا في عيد الفطر يا توماس!

توماس: للأسف لا أستطيع أن أزوركم ، لأنّني سأسافر إلى الأردنّ في عطلة العيد.

فاطمة: كم يوم تريد أن تبقى؟

توماس: أريد أن أبقى أسبوعين.

أبو أحمد: وماذا ستفعل؟ هل تريد أن تزور أماكن سياحية كثيرة؟

توماس: في الأيّام الأولى سأكون في عمّان. وفي الأسبوع الثاني أريد أن أسافر إلى البتراء والبحر الأحمر.

كريم: يمكن أن أعطيك كتاب جيّد عن الأردنّ. هل تستطيع أن تقرأ العربية؟

توماس: نعم ، لكنّني أحتاج إلى قاموس عربي – ألماني.

أحمد: على فكرة ، سمعت أنّ هناك مكتبة جديدة في شارع فلسطين.
توماس: عظيم! ما رأيكم أن نذهب إلى هناك غداً بعد الظهر. هل المكتبة مفتوحة غداً؟
فاطمة: دعني أفكّر ... أظن أنّها مفتوحة فقط قبل الظهر في رمضان.

المفردات

جنوب	*Süden*
غرْب	*Westen*
جنوب غرْب	*Südwesten*
إسْرائيل	*Israel*
السُّلْطة الفِلسْطينيّة	*die palästinensischen Autonomiegebiete*
عمّان	*Amman*
IV يُمْكِن أنْ	*können (wörtl.: es ist möglich, dass)*
III سافر – يُسافِر	*reisen*

معلومات عن الأردن

معلومات	*Informationen*
عن	*über (thematisch)*
وقع – يقع	*fallen; (geogr.) liegen*
قلْب / قُلوب	*Herz*
شرْق	*Osten*
الشّرْق الأوْسط	*der Nahe Osten (wörtl.: der Mittlere Osten)*
شمال	*Norden*

Besucher	زائِر / زُوّار
alle	كُلّ
Ort	مكان / أماكِن
touristisch	سِياحي
wie; zum Beispiel	مِثْل
römisch; Römer	روماني / رومان
Jerash (Stadt in Nordjordanien)	جرش
Petra (Ausgrabungsstätte in Südjordanien)	البَتْراء
gemeißelt	منْحوت
Felsen	صخْر
schwimmen	سبح – يسْبح
Wasser; (Pl.:) Gewässer	ماء / مِياه
Meer	بَحْر
das Tote Meer	البحْر الميِّت
salzig	مالِح
genießen	X اِسْتمْتع – يسْتمْتِع (بِ)
Natur	طبيعة
Wüste	صحْراء
Wadi Ram (Trockental in Südjordanien)	وادي رم
sich erholen; ausruhen	X اِسْتراح – يسْتريح
Aqaba (Stadt am Roten Meer)	العقبة
(das) Tauchen	غطْس

mehr	مزيد
besuchen	زار – يزور
Internetseite	مَوْقع إنْترْنِت
	أريد أن أسافر
dass	أنَّ
ich weiß, dass	أعرف أنَّ
du (m) hast recht	معك حقّ
müssen (wörtl.: es ist notwendig, dass)	يَجِب أنْ
sein; er war - ist	كان – يكون
süß	حلو
Zigarette	سيجارة / سجائِر
rauchen	II دخّن – يُدخِّن
du (m) musst	يَجِب علَيْك
leider	لِلأسف
können	X اِسْتطاع – يسْتطيع
weil	لِأنَّ
weil ich	لِأنّني
Ferien	عُطْلة / ــات
Feiertage	عُطْلة العيد
wie viele Tage	كم يَوْم
bleiben	بقِيَ – يبْقَى
erste	أُولَى (f)

Ich habe gehört, dass	سمِعْت أنّ
Was haltet ihr davon, dass	ما رأيْكم أنْ
geöffnet	مفْتوح
lass mich	دعْني
denken; überlegen	II فكّر – يُفكِّر
glauben; denken	ظنّ – يظُنّ
dass sie	أنّها

zweiter	(m) ثاني
Buch	كِتاب / كُتُب
lesen	قرأ – يقْرأ
aber ich	لكِنّني
Wörterbuch	قاموس / قواميس
apropos	علَى فِكْرة
hören	سمِع – يسْمع

القواعد

1. Wurzeln und Strukturen — II., III. und X. Stamm ت1

Den II. Stamm können Sie am verdoppelten zweiten Wurzelkonsonanten erkennen, den III. Stamm am Alif nach dem ersten Konsonanten und den X. Stamm an der Vorsilbe اِسْتَـ [ista-].

II. Stamm فعّل – يُـفعِّل [faʿʿal – yufaʿʿil]		III. Stamm فاعَل – يُـفاعِل [fāʿal – yufāʿil]		X. Stamm اِسْتفْعَل – يَـسْتفعِل [istafʿal – yastafʿil]	
rauchen	دخّن – يُدخِّن	reisen	سافر – يُسافِر	genießen	اِسْتمْتع – يسْتمْتِع
denken	فكّر – يُفكِّر	treffen	قابل – يُقابِل	sich erholen	اِسْتراح – يسْتريح
bevorzugen	فضّل – يُفضِّل	segnen	بارك – يُبارِك	können	اِسْتطاع – يسْتطيع

Eine Übersicht aller zehn Verbstämme finden Sie in der Grammatikübersicht im → Anhang.

2. Nebensätze mit أَنْ [an] ت2, 3, 4

Die meisten Nebensätze mit *dass* werden mit der Konjunktion أَنْ [an] eingeleitet. أَنْ steht z.B. nach folgenden Verben und Wendungen:

wollen	أراد – يُريد
können	اِسْتطاع – يسْتطيع
hoffen; wünschen	تمَنَّى – يتمنَّى

es ist möglich	يُمْكِن
es ist notwendig	يَجِب
was hältst du (m) davon	ما رأْيَك

Direkt nach أَنْ muss immer ein Verb folgen. Dieses Verb steht meist in der Gegenwart.

Was haltet ihr davon, morgen dort hinzugehen? (wörtl.: Was ist eure Meinung, dass wir morgen dort hingehen?)	ما رأْيكُم أنْ نذْهب إلَى هُناك غداً؟

Ein Nominalsatz ohne Verb wird nach أَنْ durch die Gegenwartsform des Verbs كان – يكون *sein* ergänzt.

Die Buchhandlung ist geöffnet.	المكْتبة مفْتوحة.
Es ist möglich, dass die Buchhandlung geöffnet ist.	يُمْكِن أنْ تكون المكْتبة مفْتوحة.

Wird der Nebensatz nach أَنْ verneint, wird aus أَنْ und لا die Konjunktion ألاّ [allā] *dass nicht*.

Er möchte, dass ich nicht rauche.	يُريد ألاّ أُدخِّن.

Verbformen der 2. Person Singular *(f)* und in der 2. und 3. Person Plural verlieren nach أَنْ das ن der Verbendung ـين bzw. ـون.

Ich hoffe, dass es dir (f) gut geht.	أتمنّى أنْ تكوني بِخَيْر.
Ihr könnt euch ausruhen. (wörtl.: Es ist möglich, dass ihr euch ausruht.)	يُمْكِن أنْ تسْتريحوا.

3. Nebensätze mit أنّ [anna] ت5, 6, 7

Auch die Konjunktion أَنَّ [anna] leitet Nebensätze mit *dass* ein. أَنَّ folgt z.B. nach Verben der Wahrnehmung und des Wissens und Glaubens:

hören	سمِع – يسْمع	*wissen*	عرف – يعْرِف
lesen	قرأ – يقْرأ	*glauben*	ظنّ – يظُنّ

Direkt nach أَنَّ steht nie ein Verb, sondern ein Substantiv oder ein Personalsuffix.

Ich habe gehört, dass Thomas nach Jordanien fährt.	سمِعْت أنَّ توماس يُسافِر إلى الأُرْدُنّ.
Ich habe gehört, dass er nach Jordanien fährt.	سمِعْت أنَّهُ يُسافِر إلى الأُرْدُنّ.

Dieselbe Regel gilt auch für Nebensätze mit der Konjunktion إنَّ [inna] *dass*, die Sie in → Lektion 9 kennengelernt haben, und den Konjunktionen لكِنَّ [lākinna] *aber* und لِأَنَّ [li'anna] *weil*.

Sie spricht nicht viel, aber sie versteht alles.	لا تتكلّم كثيراً لكِنّها تفْهم كُلّ شَيْء.
Er besucht sie nicht, weil er nach Jordanien fährt.	لا يزورهم لِأنّهُ يُسافِر إلَى الأُرْدُنّ.

استعمال اللغة

können

Das deutsche Verb *können* wird, wenn es eine Möglichkeit beschreibt, in der Regel mit يُمْكِن wiedergegeben. Mit اِسْتطاع – يسْتطيع wird eher eine Fähigkeit ausgedrückt.

Ich kann dir das Buch geben.	يُمْكِن أنْ أُعْطيك الكِتاب.
Kannst du Arabisch lesen?	هل تسْتطيع أنْ تقْرأ العربيّة؟

Die Wendung mit يُمْكِن kann mithilfe eines Personalsuffixes am Verb genauer zu einer Person zugeordnet werden.

Sie können die Internetseite besuchen. *(wörtl.: Es ist euch möglich, dass ihr die Internetseite besucht.)*	يُمْكِنكُم أنْ تزوروا مَوْقِع الإنْترْنِت.

müssen

Das deutsche *müssen* wird mit يَجِب *es ist notwendig* ausgedrückt.

Du (m) musst uns besuchen. *oder: Sie muss uns besuchen.*	يَجِب أنْ تزورنا.

Hier erfolgt die genauere Zuordnung zu einer Person mithilfe der Präposition على und einem Personalsuffix.

Du (m) musst uns besuchen.	يَجِب علَيْك أنْ تزورنا.

عبارات مفيدة أخرى

Ordnungszahlen ت8

Ordnungszahlen werden wie Adjektive behandelt. Sie werden dem Substantiv nachgestellt und haben dasselbe Geschlecht. Bei Pluralen, die keine Personen bezeichnen, benutzen Sie den femininen Singular der Ordnungszahl. (→ Lektion 3)

der erste Tag	اليَوْم الأوَّل
die ersten Tage	الأيّام الأُولَى

	maskulin	feminin
erste(r)	أوَّل	أُولَى
zweite(r)	ثاني	ثانية
dritte(r)	ثالِث	ثالِثة
vierte(r)	رابِع	رابِعة
fünfte(r)	خامِس	خامِسة
sechste(r)	سادِس	سادِسة
siebente(r)	سابِع	سابِعة
achte(r)	ثامِن	ثامِنة
neunte(r)	تاسِع	تاسِعة
zehnte(r)	عاشِر	عاشِرة
elfte(r)	حادي عشْر	حادية عشْر
zwölfte(r)	ثاني عشْر	ثانية عشْر

في العامية

Die Konjunktion أنّ [anna] wird im Dialekt zu إنّ [inna] bzw. إنّو [innū] und unterscheidet sich nicht mehr von der Konjunktion für die indirekte Rede.

	Syrisch	Ägyptisch
Er hat gesagt, dass ...	قال إنّو ...	قال إنّ ...
Ich weiß, dass ...	باعْرف إنّو ...	أعْرِف إنّ ...

Die Konjunktion أنْ [an] wird einfach weggelassen und der Nebensatz direkt angeschlossen.

	Syrisch	Ägyptisch
Willst du (m) ... besuchen?	بدَّك تْزور ...؟	عايِز تْزور ...؟
Willst du (f) ... besuchen?	بِدِّك تْزوري ...؟	عايِزة تْزوري ...؟

Um *müssen* auszudrücken, wird لازِم [lāzim] *notwendig* benutzt.

Er muss uns besuchen.	لازِم يِزورنا.

Können im Sinne von *fähig sein* wird mit يِقْدر [yi'dar] wiedergegeben.

Er kann Arabisch lesen.	يِقْدر يقْرأ عربي.

التمارين

1 Was kann ein Besucher in Jordanien alles machen? Der Text auf der Einstiegsseite nennt viele Möglichkeiten. Schreiben Sie Antworten nach dem Muster.

1. يسافر إلى كلّ الأماكن. .. يمكن أن يسافر إلى كلّ الأماكن. ....
2. يزور المسرح الروماني. ....
3. يسافر إلى البتراء. ....
4. يسبح في البحر. ....
5. يستمتع بطبيعة الصحراء. ....
6. يستريح في مدينة العقبة. ....

2 Reagieren Sie auf die folgenden Vorschläge einmal mit Vergnügen ● und einmal mit Bedauern ● wie im Beispiel.

1. ما رأيك أن نذهب إلى السوق؟ ● بكلّ سرور! هذه فكرة جيّدة! ....
   ● أنا آسف(ـة). لا أستطيع. ....
2. ما رأيك أن نزور أحمد؟ ● ....
   ● ....
3. ما رأيك أن نسافر إلى البحر؟ ● ....
   ● ....

3 Machen Sie selbst Vorschläge wie im Beispiel.

1. أكل – يأكل (في المطعم) .. ما رأيك أن نأكل في المطعم؟ ....
2. رجع – يرجع (إلى البيت) ....
3. اشترى – يشتري (خبز) ....
4. سأل – يسأل (الشرطي) ....
5. أخذ – يأخذ (تاكسي) ....

4 Hier sind die Sätze etwas durcheinander geraten. Bringen Sie die Wörter in die richtige Reihenfolge.

1. تزورنا – أن – يجب – عليك. .. يجب عليك أن تزورنا. ....
2. أزوركم – أن – لا – أستطيع. ....
3. أريد – إلى – سوريا – أن – أسافر. ....
4. أسبوعين – أبقى – أن – أريد. ....
5. أعطيك – يمكن – كتاب – أن. ....
6. أن – تقرأ – تستطيع – العربية؟ ....

5 Setzen Sie أنْ oder أنّ in die Lücken ein.

1. سمعت ...... هناك فيلم جديد في السينما.
2. ما رأيك ...... نذهب إلى هناك في المساء؟
3. أنا آسف. لا أستطيع ...... أذهب إلى السينما.
4. يجب ...... أدرس العربية.
5. أعرف المخرج وقرأت ...... أفلامه ممتازة.
6. أظنّ ...... سميرة أيضاً تحبّ هذا المخرج.

6 Kann es nur sein oder wissen Sie es genau? Bilden Sie Sätze wie im Beispiel.

1. المدرّس من مصر.
   يمكن .. أن يكون المدرّس من مصر. ....
   أعرف .. أنّ المدرّس من مصر. ....
2. الكتاب في غرفتي.
   يمكن ....
   أعرف ....
3. المكتبة مفتوحة.
   يمكن ....
   أعرف ....

7 Ersetzen Sie das unterstrichene Wort durch ein Personalsuffix.

1. سمعت أنّ أخت أحمد مدرّسة. .. سمعت أنّها مدرّسة. ....
2. أظنّ أنّ المكتبة مفتوحة. ....
3. قرأت أنّ العرب يشربون الشاي مع سكّر كثير. ....
4. قال إنّ الطبيب ذهب إلى البيت. ....
5. ما فهمت كثيراً لكنّ زوجي يحبّ الفيلم. ....
6. لا نطلب الشوربة لأنّ سميرة تفضّل السلطة. ....

8 Übersetzen Sie ins Arabische.

1. *der erste Tag* (*m*) ....
2. *die ersten Tage* (*Pl.*) ....
3. *die erste Woche* (*m*) ....
4. *die ersten Wochen* (*Pl.*) ....
5. *die dritte Nacht* (*f*) ....
6. *das vierte Jahr* (*f*) ....

Test 2

1 Lesen Sie die Hotelbeschreibung und entscheiden Sie, ob die Aussagen 1-4 richtig (R) oder falsch (F) sind.

أهلاً وسهلاً في فندق «الشرق»!

يقع فندقنا في قلب مدينة دمشق. كلّ غرفنا بحمام ومكيّف. في مطعمنا الجديد نقدّم لكم المطبخ السوري الممتاز. بالإضافة إلى ذلك يمكنكم أن تستريحوا في حديقتنا الجميلة أو تزوروا محلّنا وتشتروا هدايا للعائلة والأصدقاء. نتمنّى لكم إقامة سعيدة!

للمزيد من المعلومات يمكنكم أن تزوروا موقعنا في الإنترنت.

	R	F
1. Das Hotel liegt in der Altstadt von Damaskus.	☐	☐
2. Alle Zimmer haben ein Bad und eine Klimaanlage.	☐	☐
3. Im Hotel gibt es ein italienisches Restaurant und einen Garten.	☐	☐
4. Im hoteleigenen Geschäft kann man preiswert einkaufen.	☐	☐

Punkte ...../4

2 Ein Wort passt nicht in die Reihe. Kreuzen Sie es an.

1. شرطي ☐ طالب ☐ مدرّس ☐ لون ☐
2. أزرق ☐ فواكه ☐ أسمر ☐ أحمر ☐
3. برتقال ☐ تمر ☐ عائلة ☐ تفّاح ☐
4. زوجة ☐ أخ ☐ بلد ☐ أمّ ☐
5. يوم ☐ شرق ☐ جنوب ☐ غرب ☐
6. أوّل ☐ أربعة ☐ ثاني ☐ ثالث ☐

Punkte ...../6

3 Welche Wörter haben die gleiche Wurzel? Ordnen Sie zu.

1. غرب	a. مطبخ
2. طبّاخ	b. المغرب
3. كتاب	c. مكتبة
4 زوج	d. مقهى
5. مفتاح	e. متزوّج
6. قهوة	f. مفتوح

Punkte ...../6

4 Ersetzen Sie das unterstrichene Wort durch sein Gegenteil.

1. اللغة العربية ليست صعبة. ....
2. تسكن العائلة في بيت قديم. ....
3. الأسعار في هذا المحلّ غالية. ....
4. الناس عطشانين في رمضان. ....
5. نشرب الشاي مع سكّر قليل. ....
6. تقع العاصمة في الشمال. ....

Punkte
...../6

5 Setzen Sie die passende Präposition ein.

1. أبحث .... مكتبة جيّدة.
2. أحتاج .... قاموس عربي – ألماني.
3. أبو سعيد قال .... صديقي إنّ هناك مكتبة جديدة.
4. سألته .... الطريق .... هناك.
5. المكتبة مفتوحة فقط ...... الظهر. يجب أن نخرج ...... البيت الآن.
6. يمكن أن نرجع .... هنا .... المساء.

Punkte
...../6

6 Bringen Sie die Wörter in die richtige Reihenfolge.

1. يدرس – أن – يريد – الطبّ – أخي.

....

2. أعرف – الحلويات – أنّ – يحبّون – العرب.

....

3. أستطيع – لا – في – أن – عيد الفطر – أزوركم.

....

4. الأردنّ – قرأت – جميل – أنّ – بلد.

....

5. إلى – أن – البحر – نسافر – رأيك – ما؟

....

6. سمعت – في – هناك – السينما – فيلم – أنّ.

....

Punkte
...../6

Gesamt
...../34

Diese Lektion beschäftigt sich mit:
- dem **Islam**
- **Aufzählungen**
- **Wiederholungszahlen**
- dem Gebrauch von كُلّ
- **Relativsätzen**
- **rückweisenden Personalsuffixen**

الدرس الحادي عشر
11

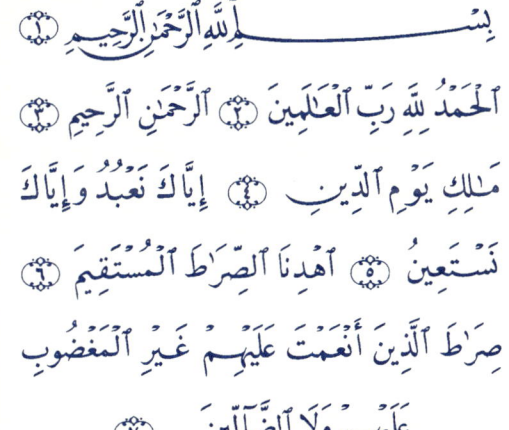

من القرآن الكريم
سُورَة الفَاتِحَة

بِسْمِ ٱللَّهِ ٱلرَّحْمَٰنِ ٱلرَّحِيمِ ﴿١﴾

ٱلْحَمْدُ لِلَّهِ رَبِّ ٱلْعَٰلَمِينَ ﴿٢﴾ ٱلرَّحْمَٰنِ ٱلرَّحِيمِ ﴿٣﴾

مَٰلِكِ يَوْمِ ٱلدِّينِ ﴿٤﴾ إِيَّاكَ نَعْبُدُ وَإِيَّاكَ

نَسْتَعِينُ ﴿٥﴾ ٱهْدِنَا ٱلصِّرَٰطَ ٱلْمُسْتَقِيمَ ﴿٦﴾

صِرَٰطَ ٱلَّذِينَ أَنْعَمْتَ عَلَيْهِمْ غَيْرِ ٱلْمَغْضُوبِ

عَلَيْهِمْ وَلَا ٱلضَّآلِّينَ ﴿٧﴾

Aus dem Koran

Die Sure „Al-Fātiḥa" (die Öffnende)

Im Namen Gottes, des Barmherzigen, des Gnädigen. **1**
Gepriesen sei Gott, der Herr der Geschöpfe der Welt, **2**
Der Barmherzige, der Gnädige, **3**
Der König des Tages des Gerichts, **4**
Dir dienen wir und Dich bitten wir um Hilfe, **5**
Führe uns den rechten Weg, **6**
Den Weg derjenigen, denen Du Gnade erwiesen hast, **7**
nicht über die Du erzürnt bist und nicht der Irrenden.

i Obwohl nicht alle Araber Muslime sind, gilt Arabisch als die Sprache des Islam, da der Koran als die wörtliche Offenbahrung Gottes verstanden wird. Deshalb beten alle Muslime auch außerhalb der arabischen Welt auf Arabisch. Die erste Sure des Koran, الفاتِحة *die Öffnende*, ist fester Bestandteil jedes Gebets. Wie fast alle der insgesamt 114 Suren beginnt sie mit der sogenannten Basmala: بِسْمِ اللهِ الرَّحْمٰنِ الرَّحيم [bi-smi llāhi r-raḥmāni r-raḥīmi] *Im Namen Gottes, des Barmherzigen, des Gnädigen.*

Der Koran ist vollständig mit allen Endungen vokalisiert. Er ist seit über tausend Jahren Grundlage für die hocharabische Grammatik, auch wenn manche Konstruktionen und Wörter heute nicht mehr benutzt werden. Auf Deutsch gibt es viele gute Koranübersetzungen, die zu einem besseren Verständnis des arabischen Originals herangezogen werden können. Bei der Übersetzung auf der Einstiegsseite dieser Lektion, die nur unwesentlich von anderen Übersetzungen abweicht, steht in erster Linie die linguistische Sprachparallele im Vordergrund.

ما الجديد؟

Relativpronomen

Im siebenten Vers der ersten Sure finden Sie einen Relativsatz.

diejenigen, denen Du Gnade erwiesen hast	الّذين أَنْعَمْتَ عَلَيْهِمْ

Relativsätze werden im Deutschen mit den Relativpronomen *der / welcher, die / welche* usw. eingeleitet. Die wichtigsten arabischen Relativpronomen heißen:

maskulin		feminin		Plural (bei Personen)	
[allaḏī]	الّذي	[allatī]	الّتي	[allaḏīn]	الّذين

عن الإسلام

In islamischen Ländern erklingt fünfmal am Tag der Gebetsruf:

المؤذّن: اللهُ أكْبر! (أربع مرّات)
أشْهدُ أن لا إلــه إلاّ الله. (مرّتين)
أشْهدُ أنّ محمّداً رسولُ الله. (مرّتين)
حيّ على الصلاة! (مرّتين)
حيّ على الفلاح! (مرّتين)
اللهُ أكْبر! (مرّتين)
لا إلــهَ إلاّ الله.

توماس: هل يصلّي كلّ المسلمين خمس مرّات في اليوم؟
أحمد: الصلاة ركن من أركان الإسلام الخمسة.
توماس: ماذا تعني «أركان الإسلام الخمسة»؟
أحمد: هي واجبات كلّ مسلم. يعني أوّلاً الشهادة أنّ لا إلــه إلاّ الله وأنّ محمّداً رسول الله ، ثانياً الصلاة خمس مرّات في اليوم ، ثالثاً الزكاة ، رابعاً الصيام في رمضان وخامساً الحجّ إلى مكّة المكرّمة لمن يستطيع ذلك.
توماس: ما هي «الزكاة»؟
أحمد: هي المبلغ الّذي يدفعه الأغنياء للفقراء.
توماس: وهل يجب عليك أن تصلّي الآن؟
أحمد: يمكنني أن أؤجّل الصلاة قليلاً. لماذا تسأل؟
توماس: فقط لأنّني أريد أن أعرف كلّ شيء. عندي سؤال آخر.
أحمد: إسألني! سأحاول أن أجيب على كلّ الأسئلة الّتي تدور في رأسك.
توماس: كيف بالنسبة للكحول ولحم الخنــزير؟
أحمد: الكحول ولحم الخنـــزير حرام ، يعني ممنوع للمسلم.
توماس: لكنّني كنت أمس في مطعم يوجد فيه الكحول.
أحمد: نعم ، الكحول موجود في بعض المطاعم. هو مسموح لغير المسلمين فقط.

المفردات

عن الإسلام

إسْلام	Islam
مُؤذِّن	Gebetsrufer; Muezzin
اللهُ أكْبر!	Gott ist größer (als alles)!
مرّة / ـــات	Mal (z.B. einmal; das erste Mal)
أشْهدُ أنّ	ich bezeuge / bekenne, dass
لا إلـٰـه إلاّ الله.	Es gibt keinen Gott außer dem (einen) Gott.
محمّد رسول الله.	Mohammed ist der Gesandte Gottes.
حيَّ على الصلاة!	Auf zum Gebet!
حيَّ على الفلاح!	Auf zum Heil!
II **صلَّى – يُصلّي**	beten
كُلّ	alle; jede(r,s)
مُسْلِم / ـــين	Muslim
صلاة	Gebet
رُكْن / أرْكان	Pfeiler
أرْكان الإسْلام الخمْسة	die fünf Pfeiler des Islam
يعْني	bedeuten; d.h.
واجب / ـــات	Pflicht
أوّلاً	erstens
شهادة	Zeugnis; Bekenntnis
ثانياً	zweitens
ثالِثاً	drittens

من القرآن الكريم

القُرْآن	der Koran
سُورة / سُوَر	Sure
فاتِح	öffnend
الرّحْمٰن	der Barmherzige
الرّحيم	der Gnädige
ربّ	Herr; Gott
عالمين	Geschöpfe der Welt
مِلك	König
يَوْم الدّين	Tag des Gerichts
إيّاك	dir, dich (m)
عبد – يعْبُد	anbeten; dienen
X اِسْتعان – يسْتعين	um Hilfe bitten
اِهْدِنا	führe uns
الصِّراط المُسْتقيم	der rechte / gerade Weg
الّذين	diejenigen; die (Pl.); welche (Pl.)
IV أنعم – يُنْعِم (على)	Gnade erweisen
غَيْر	nicht; un-
المغْضوب عليهِم	(Personen,) über die jmd. erzürnt ist
لا	nicht
ضالّ / ـــين	irrend

Zakat-Spende	زكاة
viertens	رابِعاً
(das) Fasten	صِيام
fünftens	خامِساً
Pilgerfahrt	حجّ
Mekka	مكّة
die Verehrte (Beiname Mekkas)	المُكرّمة
Betrag	مبْلغ / مبالِغ
derjenige; der; welcher (m)	الّذي
reich	غني / أغْنِياء
arm	فقير / فُقراء
verschieben	II أجّل - يُؤجِّل
warum (wörtl.: für was)	لِماذا
Frage	سُؤال / أسْئِلة
anderer (m)	آخر / ـــين
Frag mich!	إسْألني!

versuchen	III حاول – يُحاوِل
antworten	IV أجاب – يُجيب (على)
diejenige; die; welche (f)	الّتي
sich drehen; (hier:) herumschwirren	دار – يدور
Kopf	رأس / رُؤوس
Wie ist es mit … (wörtl.: wie ist es bezüglich …)	كَيْف بِالنِّسْبة لِ…
Alkohol	كُحول
Schweinefleisch	لَحْم خنْزير
haram; unantastbar	حرام
verboten	ممْنوع
es gibt	يوجد
vorhanden, es gibt	مَوْجود / ـــين
einige	بعْض
erlaubt	مسْموح
Nichtmuslim	غَيْر مُسْلِم / ـــين

القواعد

1. Relativsätze ت 7, 8

Die Relativpronomen الّذي, الّتي und الّذين werden nur verwendet, wenn das Wort, auf das sie sich beziehen, bestimmt ist.

der Ingenieur, der in der Firma arbeitet	المُهنْدِس الّذي يشْتغِل في الشّرِكة
die Ärztin, die im Krankenhaus arbeitet	الطّبيبة الّتي تشْتغِل في المُسْتشْفَى
die Dozenten, die an der Universität arbeiten	المُدرِّسين الّذين يشْتغِلون في الجامِعة

Bei Pluralen, die keine Personen bezeichnen, wird das feminine Relativpronomen الّتي verwendet.

die Fragen, die in deinem (m) Kopf herumschwirren	الأسْئِلة الّتي تدور في رأْسَك

Ist das Bezugswort nicht gleichzeitig Subjekt des Relativsatzes, steht im Deutschen das Relativpronomen im Genitiv, Dativ oder Akkusativ. Im Arabischen wird mit einem Personalsuffix auf das Bezugswort zurückverwiesen.

der Betrag, den die Reichen für die Armen bezahlen (wörtl.: der es bezahlen ihn die Reichen für die Armen)	المبْلغ الّذي يدْفعهُ الأغْنياء لِلفُقراء
die Restaurants, in denen es Alkohol gibt (wörtl.: die es gibt in ihnen Alkohol)	المطاعِم الّتي يوجد فيها الكُحول

Ist das Bezugswort unbestimmt, wird **kein Relativpronomen** benutzt und der Relativsatz direkt angeschlossen.

ein Restaurant, in dem es Alkohol gibt (wörtl.: es gibt in ihm Alkohol)	مطْعم يوجد فيهِ الكُحول
Freunde, die ich seit Jahren kenne (wörtl.: ich kenne sie seit Jahren)	أصْدِقاء أعْرِفهُم مُنْذُ سنوات

Gibt es kein Bezugswort, haben die Relativpronomen die Bedeutung *derjenige, der / diejenige, die / diejenigen, die.*

derjenige, der in der Firma arbeitet	الّذي يشْتغِل في الشّرِكة

diejenige, die im Krankenhaus arbeitet	الّتي تشْتغِل في المُسْتشْفى
diejenigen, denen Du Gnade erwiesen hast	الّذِين أنْعمْت علَيْهِم

Auch die Fragewörter ما *was* und مَن *wer; wen* können zu Relativpronomen werden und einen Relativsatz einleiten.

Ich habe verstanden, was du (m) mir gesagt hast.	فهِمْت ما قُلْت لي.
für den, der das kann (wörtl.: für wen, der das kann)	لِمَن يسْتطيع ذلِك

2. Rückweisende Personalsuffixe ت7

Wenn das Objekt eines Satzes besonders hervorgehoben werden soll, kann es an den Satzanfang gestellt werden. An seine ursprüngliche Stelle tritt dann ein rückweisendes Personalsuffix.

Ich habe nach diesem Wörterbuch gesucht.	بحثْت عن هذا القاموس.
Nach diesem Wörterbuch habe ich gesucht. (wörtl.: Dieses Wörterbuch ich habe gesucht nach ihm.)	هذا القاموس بحثْت عنهُ.

Mahmud und Samira kaufen das Geschenk.	يشْتري محْمود وسميرة الهديّة.
Das Geschenk kaufen Mahmud und Samira. (wörtl.: Das Geschenk kaufen es Mahmud und Samira.)	الهديّة يشْتريها محْمود وسميرة.

استعمال اللغة

كُلّ — jede(r,s), ganze(r,s) und alle ت3

Das Wort كُلّ kann verschiedene Bedeutungen haben.

- Vor einem unbestimmten Substantiv im Singular bedeutet es *jede(r,s)*.

jeder Tag	كُلّ يَوْم	*jede Familie*	كُلّ عائِلة

▌Vor einem bestimmten Substantiv im Singular bedeutet es *ganze(r,s)*.

der ganze Tag	كُلّ اليَوْم	*die ganze Familie*	كُلّ العائِلة

▌Vor einem bestimmten Substantiv im Plural bedeutet es *alle*.

alle Tage	كُلّ الأيّام	*alle Familien*	كُلّ العائِلات

Wiederholungszahlen ت4

Wiederholungszahlen werden mit مرّة / مرّات *Mal* und der entsprechenden Zahl ausgedrückt. Dabei gelten die Regeln für Verbindungen von Zahlen mit Substantiven, die Sie in → Lektion 3 bereits kennengelernt haben.

einmal	مرّة واحِدة	*dreimal*	ثلاث مرّات	*hundertmal*	مِائَة مرّة
zweimal (Dual!)	مرّتَيْن	*viermal*	أرْبع مرّات	*tausendmal*	ألْف مرّة

Noch einmal wird mit آخر [āḫar], feminin: أُخْرَى [uḫrā], wiedergegeben.

eine andere Frage; noch eine Frage	سُؤال آخَر	*ein anderes Mal; noch einmal*	مرّة أُخْرَى

عبارات مفيدة أخرى

Aufzählungen ت2

erstens	أوّلاً	*sechstens*	سادِساً
zweitens	ثانياً	*siebentens*	سابِعاً
drittens	ثالِثاً	*achtens*	ثامِناً
viertens	رابِعاً	*neuntens*	تاسِعاً
fünftens	خامِساً	*zehntens*	عاشِراً

في العامية

Warum?

Statt des hocharabischen Frageworts لِماذا *warum* wird im Dialekt ليش [lēš] oder ليه [lēh] benutzt, es leitet sich ab von لأيِّ شَيْء [li-ayy šai'] *für welche Sache.*

	Syrisch	Ägyptisch
Warum fragst du (m)? oder: Warum fragt sie?	ليش بْتِسأل؟	ليه بْتِسأل؟
Warum fragst du (f)?	ليش بْتِسألي؟	ليه بْتِسألي؟

Relativpronomen

Die hocharabischen Relativpronomen الّذي, الّتي und الّذين werden im Dialekt zu إلّي [illī] verkürzt.

der Betrag, den die Reichen für die Armen bezahlen المبْلغ إلّي بْيِدْفعهُ الأغْنِياء لِلفُقراء

التمارين

1 Die Basmala steht nicht nur im Koran, sondern auch häufig am Anfang von Briefen und erscheint in vielen Kalligrafien. Schreiben Sie sie in Schönschrift ab.

بسم الله الرحمٰن الرحيم ....

بسم الله الرحمٰن الرحيم ....

2 Welche sind die fünf Pfeiler des Islam? Setzen Sie die Aufzählungszahlen in die Lücken ein.

أركان الإسلام الخمسة هي ....

1. ..أوّلاً........... الشهادة
2. .... الصلاة
3. .... الزكاة
4. .... الصيام
5. .... الحجّ.

3 Wann übersetzen Sie كلّ mit *jede(r,s)*, wann mit *ganze(r,s)* und wann mit *alle*? Kreuzen Sie an.

	jede(r,s)	ganze(r,s)	alle
1. كلّ يوم	☒	☐	☐
2. كلّ اليوم	☐	☐	☐
3. كلّ الأيّام	☐	☐	☐
4. كلّ سنة	☐	☐	☐
5. كلّ السنة	☐	☐	☐
6. كلّ السنوات	☐	☐	☐
7. كلّ مسلم	☐	☐	☐
8. كلّ المسلمين	☐	☐	☐

4 Übersetzen Sie ins Arabische.

1. *Muslime beten fünfmal am Tag.* ....
2. *Ich reise einmal im Jahr nach Tunesien.* ....
3. *Er war viermal in Marokko.* ....
4. *Ich habe das Buch zweimal gelesen.* ....
5. *Ich habe ihn hundertmal gefragt.* ....
6. *Ich frage ihn noch einmal.* ....

5 In diesem Rätsel geht es um Berufe. Beantworten Sie die Fragen wie im Beispiel.

1. من الّذي يشتغل في المدرسة؟ .. المدرّس ....
2. من الّذي يطبخ الأكل في المطعم؟ ....
3. من الّذي يدرس في الجامعة؟ ....
4. من الّذي درس الطبّ؟ ....

6 Setzen Sie die Relativpronomen الّذي, الّتي und الّذين in die Lücken ein und übersetzen Sie ins Deutsche wie im Beispiel.

1. الفندق الّذي نسكن فيه .. das Hotel, in dem wir wohnen ....
2. المقهى .... نجلس فيه ....
3. الجامعة .... ندرس فيها ....
4. الأشياء .... نحتاج إليها ....
5. الأصدقاء .... ننتظرهم ....
6. الهدايا .... نشتريها ....
7. السيّد .... نسأله عن الطريق ....
8. الرسالة .... نرسلها إليكم ....

7 Bilden Sie Relativsätze wie im Beispiel.

1. اشتغلت في الشركة. الشركة ..الّتي اشتغلت فيها ....
2. بحثت عن المحلّ. المحلّ ....
3. كتبت الرسالة. الرسالة ....
4. قرأت الكتاب. الكتاب ....
5. طلبت الأكل. الأكل ....
6. أكلت الدجاج. الدجاج ....
7. دفعت الحساب. الحساب ....
8. وضعت المفتاح على الطاولة. المفتاح ....

8 Kreuzen Sie in den folgenden Sätzen an, ob ein Relativpronomen eingesetzt werden muss, und schreiben Sie es hinter den Satz.

1. عندي أصدقاء □ أعرفهم منذ سنوات. ....
2. هل تعرف صديقي أحمد □ ذهبنا معه إلى السينما؟ ....
3. أحمد صديق □ درست معه في الجامعة. ....
4. هو يشتغل كطبّاخ والأكل □ يطبخه ممتاز! ....
5. وعندي صديق آخر □ لا يستطيع أن يطبخ. ....
6. هو يشتغل كجرسون في المطعم □ يطبخ فيه صديقي أحمد. ....

9 Übersetzen Sie ins Arabische.

1. *Ich liebe das Essen, das du kochst.* ....
2. *Ich habe Freunde, die kein Fleisch essen.* ....
3. *Ich habe das Geschenk, das wir gekauft haben, auf den Tisch gelegt.* ....

Diese Lektion behandelt:
- **Krankheiten**
- **Körperteile**
- den **V.**, **VI.** und **VII. Stamm**
- die **Vergangenheit** mit كان يفعل
- **Nebensätze der Zeit**

الدرس الثاني عشر

12

نكتة غبية!

ذهب رجل إلى الطبيب وقال: يا دكتور ، أنا مريض.
عندما أضع يدي على رأسي ، عندي آلام.
عندما أضع يدي على عيني ، عندي أيضاً آلام.
عندما أضع يدي على بطني ، أحسّ أيضاً بآلام.
فقال الطبيب: أعرف ما المشكلة. يدك مكسورة.

Ein blöder Witz!

Ging ein Mann zum Arzt und sagte:
Doktor, ich bin krank.
Wenn ich meine Hand auf meinen Kopf lege, habe ich Schmerzen.
Wenn ich meine Hand auf mein Auge lege, habe ich auch Schmerzen.
Wenn ich meine Hand auf meinen Bauch lege, fühle ich auch Schmerzen.
Da sagte der Arzt: Ich weiß, was das Problem ist. Deine Hand ist gebrochen.

ما الجديد؟

Weitere Nebensätze

Zusätzlich zu Relativsätzen und Nebensätzen mit أنْ [an] bzw. أنَّ [anna] *dass,* لكِنّ [lākinna] *aber* und لأنَّ [liʾanna] *weil*, die Sie aus den → Lektionen 10 und 11 kennen, begegnen Ihnen in dieser Lektion weitere Konjunktionen, die Nebensätze einleiten. Z.B. die Konjunktion عِنْدما [ʿindamā] *wenn; als,* mit der ausgedrückt wird, dass zwei Handlungen gleichzeitig ablaufen.

Wenn ich meine Hand auf meinen Kopf lege, habe ich Schmerzen.	عِندما أضع يدي على رأْسي ، عنْدي آلام.

Andere Nebensätze, die einen zeitlichen Bezug ausdrücken, werden mit den folgenden Konjunktionen eingeleitet.

bevor	[qabl an]	قَبْل أنْ	*seitdem*	[munḏu an]	مُنْذُ أنْ
nachdem	[baʿd an]	بعْد أنْ	*bis*	[ḥattā]	حتَّى

كيف كان السفر؟

توماس سافر بالتاكسي إلى عمّان.

محمود: الحمد لله على السلامة! كيف حالك؟
كيف كان السفر؟

توماس: الله يسلّمك! أنا بخير ولكن السفر كان متعب.

سميرة: ماذا حدث؟

توماس: قبل أن ينطلق التاكسي كنت أتكلّم على
التليفون مع زميلة في المستشفى. وعندما
عرف سائق التاكسي أنّني طبيب سألني مائة سؤال عن
كلّ الأمراض الّتي توجد في العالم: البرد والإسهال والسرطان والأيدز ...
إلى آخره! وهكذا حتّى وصلنا إلى عمّان.

محمود: على كلّ حال تعلّم السائق كثيراً!

توماس: دعونا ننسى هذا الموضوع! كيف حالكم؟ أحمد قال لي إنّكم سافرتم إلى مصر. كيف كان سفركم؟

سميرة: والله ، مصر بلد جميل جدّاً. لكن منذ أن رجعنا إلى عمّان أحسّ أنّ حالي سيّئ.

توماس: لماذا؟ ما المشكلة؟

سميرة: لا أعرف. أنا تعبانة جدّاً لأنّني لا أنام جيّداً. وعندي صداع شديد وظهري يؤلمني.

توماس: هل كنتِ عند الطبيب؟

سميرة: لا ، ما كان عندي وقت. بعد أن رجعنا من العطلة كنت أشتغل كثيراً.

توماس: يجب عليكِ أن تستريحي وتتناولي أدوية ضدّ الآلام. هذا مهمّ لصحّتك.

محمود: يلاّ ، سنذهب إلى الصيدلية ونشتري لك الدواء.

توماس: بالشفاء العاجل إن شاء الله!

المفردات

عِنْدما	*wenn; als*
يد (f)/ أَيْدي	*Hand*
ألم / آلام	*Schmerz*
عَيْن (f)/ عُيون	*Auge*
بطْن / بُطون	*Bauch*
IV أحسّ – يُحِسّ (بِ)	*fühlen*
نكتة غبية	
نُكْتة / نُكت	*Witz*
غبي / أغْبِياء	*blöd; dumm*
رجُل / رِجال	*Mann*
دُكْتور / دكاتِرة	*Doktor*
مريض / مرْضَى	*krank*

دعُونا	*lasst uns*
نسِيَ – ينْسَى	*vergessen*
مَوْضوع / مواضيع	*Thema*
مُنْذُ أنْ	*seitdem*
سيِّئ / ــــين	*schlecht*
حالي سيِّئ.	*mir geht es schlecht (wörtl.: mein Zustand ist schlecht)*
تعْبان / ــــين	*müde*
نام – ينام	*schlafen*
صُداع	*Kopfschmerzen*
شديد	*stark; schlimm*
ظَهْر / ظُهور	*Rücken*
IV آلم – يُؤْلِم	*wehtun, schmerzen*
يُؤْلِمني	*tut mir weh*
بعْد أنْ	*nachdem*
VI تناول – يتناول	*einnehmen*
دواء / أدْوِية	*Medikament*
ضِدّ	*gegen*
مُهِمّ / ــــين	*wichtig*
صحّة	*Gesundheit*
يلاّ	*Los!*
صَيْدليّة / ــــات	*Apotheke*
بِالشِّفاء العاجِل!	*Gute Besserung! (wörtl.: mit eiliger Genesung)*
فَــ	*da; und*
مكْسور	*gebrochen*

كيف كان السفر؟

سفر / أسْفار	*Reise*
الحمْدُ لله على السّلامة!	*(Floskel; etwa: Gott sei Dank bist du heil angekommen)*
الله يُسلِّمك!	*(Erwiderung; etwa: Gott schütze dich)*
مُتْعِب	*anstrengend; ermüdend*
حدث – يحْدُث	*passieren*
قبْل أنْ	*bevor*
VII اِنْطلق – ينْطلِق	*losfahren*
زميل / زُملاء	*Kollege*
مرض / أمْراض	*Krankheit*
عالم / عَوالِم	*Welt*
برْد *(f)*	*Erkältung*
إسْهال	*Durchfall*
سرطان	*Krebs*
أَيْدْز	*Aids*
إِلَى آخِرِهِ	*und so weiter*
هكذا	*so, auf diese Weise*
حتَّى	*bis (zeitl.)*
على كُلّ حال	*auf jeden Fall*
V تعلّم – يتعلّم	*lernen*

القواعد

1. Wurzeln und Strukturen — V., VI. und VII. Stamm ت4

Von den Verbstämmen haben Sie bisher schon einige kennengelernt. Den V. und VI. Stamm können Sie an der Vorsilbe تـ [ta-] erkennen. Sie unterscheiden sich voneinander durch den verdoppelten zweiten Konsonanten beim V. Stamm und das lange [ā] beim VI. Stamm. Der VII. Stamm hat die Vorsilbe اِنْـ [in-].

V. Stamm تَفَعَّل – يَتَفَعَّل [tafa‘‘al – yatafa‘‘al]		VI. Stamm تَفاعَل – يَتَفاعَل [tafā‘al – yatafā‘al]		VII. Stamm اِنْفَعَل – يَنْفَعِل [infa‘al – yanfa‘il]	
sprechen	تكلّم – يتكلّم	*einnehmen*	تناول – يتناول	*losfahren*	اِنْطلق – ينْطلِق

Eine Übersicht aller Verbstämme finden Sie in der Grammatikübersicht im → Anhang.

2. Die Vergangenheit mit كان يفعل ت4

Die Vergangenheit kann auch mit كان *war; gewesen* und einem Verb in der Gegenwart gebildet werden, wobei beide Verben konjugiert werden müssen. Meist drückt man damit eine in der Vergangenheit andauernde Handlung aus.

Ich habe mit einer Kollegin am Telefon gesprochen.	كُنْت أتكلّم على التّليفون مع زميلة.
Ich habe viel gearbeitet.	كُنْت أشْتغِل كثيراً.

Tipp: Dafür, wann die Vergangenheit mit فعل und wann mit كان يفْعل gebildet wird, gibt es keine verbindlichen Regeln. Oft sind beide Varianten austauschbar. Wenn Sie also nicht wissen, wie ein Verb in der Vergangenheit konjugiert wird, aber die Gegenwartsform kennen, können Sie die Variante كان يفْعل benutzen. Die Konjugation von كان haben Sie bereits in → Lektion 4 kennengelernt.

3. Nebensätze der Zeit ت6, 7, 8, 9

- Die Konjunktion قَبْل أنْ [qabl an] *bevor* leitet einen Nebensatz ein, dessen Handlung nach der Handlung des Hauptsatzes stattfindet. Um diese Nachzeitigkeit auszudrücken, muss direkt nach قَبْل أنْ ein Verb in der Gegenwart folgen, auch wenn eine Handlung beschrieben wird, die bereits vergangen ist.

Ich frage den Fahrer nach dem Preis, bevor das Taxi losfährt.	أسْأل السّائِق عن السِّعْر قبْل أنْ ينْطلِق التّاكْسي.
Ich habe den Fahrer nach dem Preis gefragt, bevor das Taxi losgefahren ist.	سألْت السّائِق عن السِّعْر قبْل أنْ ينْطلِق التّاكْسي.

Der Nebensatz kann auch vor den Hauptsatz gestellt werden. Im Allgemeinen werden Haupt- und Nebensätze nicht durch ein Komma getrennt.

Bevor das Taxi losgefahren ist, habe ich mit einer Kollegin gesprochen.	قبْل أنْ ينْطلِق التّاكْسي كُنْت أتكلّم مع زميلة.

- بعْد أنْ [baʿd an] *nachdem* und مُنْذُ أنْ [mundu an] *seitdem* leiten Nebensätze ein, die vor der Handlung des Hauptsatzes stattfinden. Diese Vorzeitigkeit wird durch ein Verb in der Vergangenheit ausgedrückt.

Nachdem wir zurückgekehrt waren, habe ich viel gearbeitet.	بعْد أنْ رجعْنا كُنْت أشْتغِل كثيراً.
Seitdem wir zurückgekehrt sind, fühle ich mich schlecht. (wörtl.: fühle ich, dass mein Zustand schlecht ist)	مُنْذُ أنْ رجعْنا أُحِسّ أنّ حالي سيِّئ.

- عِنْدما [ʿindamā] wird verwendet, wenn die Handlungen des Haupt- und des Nebensatzes gleichzeitig stattfinden. Je nachdem, ob der Nebensatz eine Handlung in der Gegenwart oder Vergangenheit beschreibt, wird عِنْدما mit *wenn* oder *als* übersetzt.

Wenn ich meine Hand auf meinen Bauch lege, fühle ich Schmerzen.	عِنْدما أضع يدي على بطْني أُحِسّ بِآلام.
Als der Fahrer wusste, dass ich Arzt bin, hat er mich hundert Fragen gefragt.	عِنْدما عرف السّائق أنّي طبيب سألني مِائة سُؤال.

Mit حتّى [ḥattā] *bis* wird ein Nebensatz eingeleitet, der das Ende der Handlung im Hauptsatz signalisiert.

Er hat mich ausgefragt, bis wir in Amman angekommen sind.	سألني حتّى وصلْنا إلَى عمّان.

استعمال اللغة

Über Krankheiten sprechen ت2

Ich bin krank.	أنا مريض (ــة)	*Mir geht es schlecht.*	حالي سيِّئ.

Ich habe (wörtl.: fühle) Schmerzen.	أُحِسّ بآلام.
Ich habe Schmerzen im Bauch.	عِنْدي آلام في البطْن.
Das tut weh.	هذا يُـؤْلِم.
Mein Rücken tut mir weh.	ظهْري يُـؤْلِمـني.

Einige Körperteile, meist diejenigen, die doppelt vorkommen, sind feminin. Also müssen Sie hier immer die Femininform des Verbs benutzen.

Mein Auge tut mir weh.	عَيْني تُـؤْلِمـني.

عبارات مفيدة أخرى

Der Körper ت 2,1

Körper	جِسْم / أجْسام	*Hals*	رقبة / ـــات
Haare	شعْر *(koll.)*	*Schulter*	كتِف *(f)*/ أكْتاف
Gesicht	وجْه / وُجوه	*Arm*	ذِراع *(f)*/ أذْرُع
Nase	أنْف / أنوف	*Brust*	صدْر / صُدور
Mund	فم / أفْوَاه	*Gesäß, Hintern*	خلْفيّة / ـــات
Ohr	أُذُن *(f)*/ آذان	*Bein*	رِجل *(f)*/ أرْجُل
Zahn	سِنّ *(f)*/ أسْنان	*Fuß*	قدم *(f)*/ أقْدام

في العامية

Konjunktionen

Im Dialekt werden in Nebensätzen der Zeit die folgenden Konjunktionen verwendet.

bevor	[abl mā]	قبْل ما	*wenn; als*	[lammā]	لَمّا
nachdem	[baʿd mā]	بعْد ما	*seitdem*	[min waʾit mā]	مِن وقِت ما

Syrisch: Die Verlaufsform

Im syrischen Dialekt gibt es eine Verlaufsform, mit der Handlungen ausgedrückt werden, die über eine Zeitspanne hinweg andauern. Gebildet wird diese Verlaufsform mit der Partikel **عم** [ʿam] und einem konjugierten Verb in der Gegenwart. Die Vergangenheit wird mit **كان** gebildet.

Meine Mutter kocht das Abendessen.	أُمّي عم تِطْبُخ العشاء.
Ich habe viel gearbeitet.	كُنْت عم اشْتغِل كتير.

Dialektvokabeln

	Syrisch	Ägyptisch
Wie war die Reise?	[kīf kān is-safar]?	[is-safar kān ʿāmil ēh]?
Was ist passiert?	[šū ṣār]?	[ēh illi ḥaṣal]?
so, auf diese Weise	[hēk]	[kida]
Lasst uns	[ḫallūnā]	[ḫallūnā]
Ferien	[ʿuṭla]	[igāzā]
wehtun; schmerzen	[wağaʿ– yuğaʿ]	[wagaʿ– yugaʿ]

التمارين

1 Wie heißen diese Körperteile?

.... 1.
.... 2.
.... 3.
.... 4.
.... 5.
.... 6.
.... 7.
.... 8.

2 Wandeln Sie die Sätze um und sagen Sie, wo Sie Schmerzen haben.

1. قلبي يؤلمـــني. .. عندي آلام في قلبي. ....
2. ظهري يؤلمـــني. ....
3. كتفي تؤلمـــني. ....
4. أسناني تؤلمـــني. ....

3 Welche Wörter haben die gleiche Wurzel? Ordnen Sie zu.

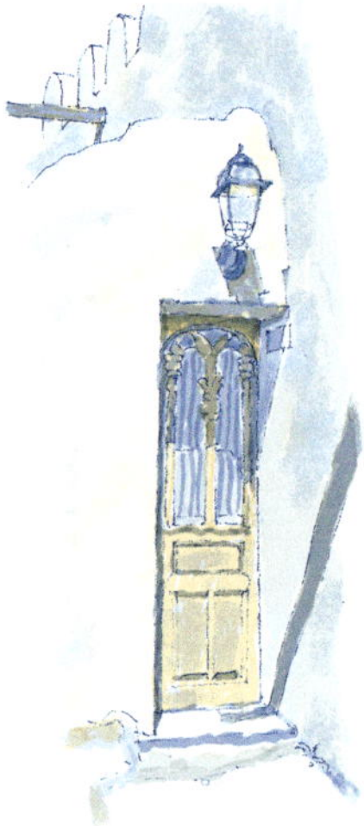

1. خلف	a. سفر
2. سهل	b. متعب
3. تعبان	c. خلفية
4. مريض	d. إسهال
5. مستشفى	e. موجود
6. يوجد	f. موضوع
7. وضع – يضع	g. مرض
8. سافر – يسافر	h. بالشفاء العاجل!

4 Bilden Sie die Vergangenheit mit **كان يفعل** wie im Beispiel.

1. أتناول أدوية ضدّ الآلام. .. كنت أتناول أدوية ضدّ الآلام. ....
2. أجيب على الأسئلة. ....
3. سميرة تشتغل كثيراً. ....
4. أحمد يقرأ الكتاب. ....
5. نستريح في الحديقة. ....
6. تنتظرون في المحطّة. ....

5 Lesen Sie noch einmal den Dialog und beantworten Sie die folgenden Fragen.

1. إلى أين سافر توماس؟ .. سافر إلى عمّان. ....
2. كيف كان السفر؟ ....
3. مع من تكلّم توماس على التليفون؟ ....
4. عن ماذا سأله السائق؟ ....
5. إلى أين سافر محمود وسميرة؟ ....
6. هل كانت سميرة عند الطبيب؟ ....
7. ماذا فعلت سميرة بعد أن رجعت؟ ....
8. إلى أين يذهب محمود وتوماس؟ ....

6 Formulieren Sie die Sätze mit **قبل أن** um und beginnen Sie mit **بعد أن**.

1. قبل أن يذهبوا إلى السوق شربوا الشاي في المقهى.
.. بعد أن شربوا الشاي في المقهى ذهبوا إلى السوق. ....
2. قبل أن يرجعوا إلى البيت اشتروا اللحم والرزّ.
....
3. قبل أن يجلسوا طبخوا الأكل.
....
4. قبل أن يشربوا الشاي أكلوا الأكل.
....

7 Bilden Sie Sätze mit **منذ أن** wie im Beispiel.

1. سافرت إلى مصر. ← عندي أصدقاء كثيرين.
.. منذ أن سافرت إلى مصر عندي أصدقاء كثيرين. ....
2. درست العربية. ← أفهم كثيراً.
....

3. وصلوا إلى هنا. ← يأكلون كثيراً.

....

4. أكل الدجاج. ← عنده آلام في بطنه.

....

8 Bilden Sie Sätze mit **عندما** wie im Beispiel.

1. أكتب رسالة. = أحتاج إلى قاموس.

.. عندما أكتب رسالة أحتاج إلى قاموس. ....

2. أزور صديقي. = نتكلّم بالعربية فقط.

....

3. كنت أتكلّم على التليفون. = رأيت صديقي.

....

4. كنت في سوريا. = اشتريت هدايا كثيرة.

....

9 Bilden Sie Sätze mit **حتّى** wie im Beispiel.

1. السائق سألني مائة سؤال. ← وصلنا إلى عمّان.

.. السائق سألني مائة سؤال حتّى وصلنا إلى عمّان. ....

2. تنتظره. ← يصل إلى هنا.

....

3. يبقى هناك. ← يمكنه أن يسافر إلى هنا.

....

4. تدرس العربية. ← تفهم كلّ شيء.

....

الدرس الثالث عشر

13

Im Mittelpunkt dieser Lektion stehen:
- **Ämtergänge** und **Formulare**
- **Zahlen** ab **1000**
- **Monatsnamen**
- **Datumsangaben**
- **Verbalsubstantive**

Ein Formular إستمارة

Antrag auf Aufenthaltsverlängerung		طلب تمديد الإقامة
Eingangsstempel:		ختم الوصول:
Passbild:		صورة شخصية:
Name:	....	الاسم:
Name des Vaters:	....	اسم الأب:
Geburtsdatum:	/ / /	تاريخ الميلاد:
Geburtsort:	....	مكان الميلاد:
Beruf:	....	المهنة:
Familienstand:	....	الحالة العائلية:
Nationalität:	....	الجنسية:
Passnummer:	....	رقم الجواز:
Ausstellungsdatum:	/ / /	تاريخ الإصدار:
Ausstellungsort:	....	مكان الإصدار:
Datum der Ankunft:	/ / /	تاريخ الوصول:
Grund des Aufenthaltes:	....	سبب الإقامة:
Adresse des Aufenthaltes:	....	عنوان الإقامة:
Datum der Abreise:	/ / /	تاريخ المغادرة:
Unterschrift:	....	التوقيع:
für amtliche Benutzung		للإستعمال الرسمي

ما الجديد؟

Wurzeln und Strukturen — Verbalsubstantive ت4

Verbalsubstantive (ähnlich wie im Deutschen: essen - Essen, bedienen - Bedienung usw.) werden von Verben abgeleitet. Im Grundstamm werden sie nach verschiedenen Strukturen gebildet, in der Übersicht finden Sie die wichtigsten Strukturen mit Beispielen.

Grundstamm Struktur		Verbalsubstantiv			Verb	
[fa'al]	فَعَل	*Bestellung; Antrag*	طلب	←	*bestellen; fordern*	طلب – يطْلُب
[fa'l]	فَعْل	*Bezahlung*	دفْع	←	*bezahlen*	دفع – يدْفع
[fa'āl]	فَعال	*(das) Gehen*	ذهاب	←	*gehen*	ذهب – يذْهب
[fi'āl]	فِعال	*(das) Fasten*	صِيام	←	*fasten*	صام – يصوم
[fi'āla]	فِعالة	*Studium*	دِراسة	←	*studieren; lernen*	درس – يدْرُس
[fu'ūl]	فُعول	*Rückkehr*	رُجوع	←	*zurückkehren*	رجع – يرْجِع

أحتاج إلى مساعدة

توماس: لو سمحت ، هل هذا قسم تمديد الفيزا؟

الموظّفة: نعم ، إنتظر هنا! ... عندك صورة شخصية؟

توماس: نعم ، تفضّلي.

الموظّفة: يجب أن تملأ هذه الإستمارات. وبعد ذلك تذهب إلى أمين الصندوق في الطابق الثاني ، تدفع الرسوم وتحصل على الطوابع.

توماس: يعني بعد دفع الرسوم يمكن أن أحصل على التمديد؟

الموظّفة: لا ، قبل الحصول على التمديد يجب أن تذهب إلى وزارة الخارجية ، قسم الأجانب. هناك يتمّ تصديق الأوراق. بعد ذلك يجب الرجوع إلى هنا للحصول على الختم.

توماس: أظنّ أنّني أحتاج إلى مساعدتك. هل بإمكانك أن تساعديني بملء الإستمارات؟

الموظّفة: طيّب ، أعطني جوازك! ... ما الاسم؟

توماس: توماس مولر.

الموظّفة: تاريخ ومكان الميلاد ، يعني متى وأين وُلدت؟

توماس: في الخامس عشر من شهر نوفمبر عام ألف وتسعمائة وستّة وسبعين في مدينة برلين في ألمانيا.

الموظّفة: تاريخ الوصول ، يعني متى وصلت إلى البلد؟

توماس: في السادس والعشرين من أكتوبر.

الموظّفة: سبب الإقامة ، يعني ماذا تفعل هنا؟

توماس: أقوم بزيارة أصدقائي.

الموظّفة: سأكتب «سياحة». ... مكان الإقامة ، يعني أين تقيم؟

توماس: في فندق «ألف ليلة وليلة» في شارع الشرطة.

الموظّفة: أنت تتكلّم العربية جيّداً! أين تعلّمتها؟

المفردات

أحتاج إلى مساعدة

مُساعدة	Hilfe
قِسْم / أقْسام	Abteilung
فيزا / ـــات	Visum
إنْتظِر!	Warte! (m)
ملأ – يَمْلأ	ausfüllen
أمين صُنْدوق	Kassenwart
طابِق / طَوابِق	Stockwerk
رسم / رُسوم	Gebühren
حصل – يحْصُل (على)	bekommen, erhalten
طابِع / طَوابِع	Marke, (hier:) Gebührenmarke
دفْع	Bezahlung
حُصول	Erhalt
وِزارة / ـــات	Ministerium
وِزارة الخارِجيّة	Außenministerium
أجْنبي / أجانِب	Ausländer
تمّ – يتِمّ	stattfinden
تصْديق	Beglaubigung
وَرق / أوْراق	Papier; Dokument
رُجوع	Rückkehr
إمْكان / ـــات	Möglichkeit
بإمْكانِك	es ist in deiner (f) Möglichkeit; du kannst

إستمارة

إسْتِمارة / ـــات	Formular
طلب / ـــات	Bestellung; Forderung; Antrag
تمْديد / ـــات	Verlängerung
إقامة / ـــات	Aufenthalt
ختْم / أختام	Stempel
وُصول	Ankunft, Eintreffen
صورة / صُوَر	Bild; Foto; Kopie
صورة شخْصيّة	Passbild
تاريخ / تَواريخ	Datum
ميلاد	Geburt
مِهْنة / مِهن	Beruf
حالة عائِليّة	Familienstand
جِنْسيّة / ـــات	Nationalität
رقْم / أرْقام	Nummer; Ziffer
إصْدار	Ausstellung (eines Dokuments), Ausfertigung
سبب / أسْباب	Grund
عُنْوان / عناوين	Adresse
مُغادرة	Abreise; (das) Verlassen
تَوْقيع	Unterschrift
إسْتِعمال	Benutzung, Gebrauch
رسْمي	amtlich, offiziell

helfen (bei)	III ساعد – يُساعِد (بِ)	Oktober	أُكْتوبر
(das) Ausfüllen	ملء	durchführen	قام – يقوم (بِ)
Gib (m) mir!	أعْطِني	Besuch	زِيارة / ـــات
wann	مَتَى	einen Besuch abstatten	قام بِزِيارة
geboren werden	وُلِد – يُولد	Tourismus	سِياحة
Monat	شَهْر / شُهور	sich aufhalten; wohnen	IV أقام – يُقيم
November	نوفمْبر	tausend und eine Nacht	ألْف لَيْلة ولَيْلة
Jahr	عام / أَعْوام	Polizei	شُرْطة
tausend	ألْف / آلاف	lernen	V تعلّم – يتعلّم

القواعد

1. Zahlen ab 1000 ت2

Tausender werden wie Substantive gezählt, für *zweitausend* wird der Dual ألْفَيْن benutzt und von drei- bis zehntausend der Plural آلاف. Ab elftausend geht es dann mit dem Singular weiter, wie bei مِائَة ألْف *hunderttausend*. (Regeln für die Verbindung von Zahlen mit Substantiven → Lektion 3)

Die Zahlen ab 1000					
١٠٠٠	[alf]	ألْف	٦٠٠٠	[sittat ālāf]	سِتّة آلاف
٢٠٠٠	[alfain]	ألْفَيْن	٧٠٠٠	[sabʿat ālāf]	سبْعة آلاف
٣٠٠٠	[ṯalāṯat ālāf]	ثلاثة آلاف	٨٠٠٠	[ṯamānyat ālāf]	ثمانْية آلاف
٤٠٠٠	[arbaʿat ālāf]	أرْبعة آلاف	٩٠٠٠	[tisʿat ālāf]	تِسْعة آلاف
٥٠٠٠	[ḫamsat ālāf]	خمْسة آلاف	١٠٠٠٠	[ʿašarat ālāf]	عشرة آلاف

Hunderter, Zehner und Einer werden immer mit و angeschlossen.

neuntausendneunhundertneunundneunzig	٩٩٩٩	تِسْعة آلاف وتِسْعمِائَة وتِسْعة وتِسْعين

In Verbindung mit Substantiven wird bei den Zahlen *einhunderteins* und *eintausendeins* anstelle der eins das gezählte Substantiv wiederholt. Wörtlich heißt es also *tausend Nächte und eine Nacht.*

tausend und eine Nacht	أَلْف لَيْلة ولَيْلة	*hundert und eine Frage*	مِائَة سُؤال وسُؤال

2. Verbalsubstantive der Verbstämme
ت3, 4, 5

Die Verbalsubstantive der abgeleiteten Verbstämme werden immer nach derselben Struktur gebildet. Auch hier haben sie dieselbe Bedeutung wie das Verb oder bezeichnen das Ergebnis der Handlung.

Struktur		Verbalsubstantiv			Verb	
II. Stamm [tafʿīl]	تَفْعيل	*(das) Rauchen*	تدْخين	←	*rauchen*	دخّن – يُدخِّن
III. Stamm [mufāʿala]	مُفاعَلة	*Hilfe*	مُساعدة	←	*helfen*	ساعد – يُساعِد
IV. Stamm [ifʿāl]	إفْعال	*(das) Senden*	إرْسال	←	*schicken, senden*	أرْسل – يُرْسِل
V. Stamm [tafaʿʿul]	تَفَعُّل	*(das) Lernen*	تعلُّم	←	*lernen*	تعلّم – يتعلّم
VI. Stamm [tafāʿul]	تَفاعُل	*Einnahme*	تناوُل	←	*einnehmen*	تناول – يتناول
VII. Stamm [infiʿāl]	إنْفِعال	*Start*	إنْطِلاق	←	*losfahren; losgehen*	اِنْطلق – ينْطلِق
VIII. Stamm [iftiʿāl]	إفْتِعال	*(das) Warten; Erwartung*	إنْتِظار	←	*warten*	اِنْتظر – ينْتظِر
X. Stamm [istifʿāl]	إسْتِفْعال	*Benutzung, Gebrauch*	إسْتِعْمال	←	*benutzen*	اِسْتعْمل – يسْتعْمِل

استعمال اللغة

Gebrauch der Verbalsubstantive ت6, 7, 8

Mit Verbalsubstantiven können Verbalhandlungen ausgedrückt werden. Sie werden dann mit einem Verb ergänzt, dessen Bedeutung weniger aussagekräftig ist als die des Substantivs. Auch das Deutsche kennt solche Konstruktionen, z.B. *einen Besuch abstatten* statt *besuchen*.

- Meist wird das Verb **قام – يقوم** *durchführen* mit der Präposition **بِ** benutzt. Die Konjugation von **قام – يقوم** ist ähnlich der von **قال – يقول** *sagen* in → Lektion 9.

Ich besuche meine Freunde. (wörtl.: Ich führe den Besuch meiner Freunde durch.)	أقوم بِزيارة أصْدِقائي.
Ich habe meinen Aufenthalt verlängert. (wörtl.: Ich habe die Verlängerung meines Aufenthalts durchgeführt.)	قُمْت بِتمْديد إقامتي.

- Mit **تمّ – يتِمّ** *stattfinden* wird häufig das Passiv umschrieben.

Die Papiere werden beglaubigt. (wörtl.: Die Beglaubigung der Papiere findet statt.)	يتِمّ تصْديق الأوْراق.
Der Brief wurde abgeschickt. (wörtl.: Die Sendung des Briefes fand statt.)	تمّ إرْسال الرِّسالة.

- Konstruktionen mit Verbalsubstantiven werden auch oft anstelle von Nebensätzen verwendet.

Nachdem Sie die Gebühren bezahlt haben, können Sie die Marken bekommen.	بعْد أنْ دفعْت الرُّسوم يُمْكِن أنْ تحْصُل على الطَّوابِع.
(wörtl.: Nach der Bezahlung der Gebühren ist der Erhalt der Marken möglich.)	بعْد دفْع الرُّسوم يُمْكِن الحُصول على الطَّوابِع.

Sie müssen hierher zurückkommen und erhalten den Stempel.	يجِب أنْ ترْجِع إلى هُنا وتحْصُل على الختْم.
(wörtl.: Die Rückkehr hierher ist notwendig für den Erhalt des Stempels.)	يجِب الرُّجوع إلى هُنا لِلحُصول على الختْم.

Das Datum angeben ت1

Das Datum geben Sie mithilfe der Ordnungszahl (→ Lektion 10), der Präposition مِن und des Monatsnamens an. Vor dem Monatsnamen steht manchmal auch شهْر *Monat*.

der erste Oktober (wörtl.: vom Oktober)	الأوّل مِن أُكْتوبر
der zweite November (wörtl.: vom Monat November)	الثّاني مِن شهْر نوفِمْبر

Die Ordnungszahlen der Zehner werden mit den einfachen Zahlen ausgedrückt.

am 23. Oktober	في الثّالِث والعِشْرين مِن أُكْتوبر
am 30. November	في الثّلاثين مِن نوفِمْبر

Die Jahreszahlen werden mit سنة oder عام *Jahr* und der vollständig ausgesprochenen Zahl angegeben, also nicht wie im Deutschen *neunzehnhundert…* sondern *eintausend-neunhundert…*

im Jahre 1980	في سنة ألْف وتِسْعمِائَة وثمانين
im Jahre 2010	في عام ألْفَيْن وعشرة

عبارات مفيدة أخرى

Die Monate الشهور ت1

Für die Monatsnamen gibt es lateinische und arabische Namen. In Ägypten werden die lateinischen und im Nahen Osten die arabischen Namen verwendet. In den frankophonen Ländern des Maghreb sind auch die französischen Monatsnamen gebräuchlich.

	lateinisch	arabisch
Januar	ينايِر	كانون الثّاني
Februar	فِبْرايِر	شُباط

	lateinisch	arabisch
März	مارْس	آذار
April	أبْريل	نيسان

Mai	مايو	أيّار	September	سِبْتِمْبر	أَيْلول
Juni	يونْيو	حُزَيْران	Oktober	أُكْتوبر	تِشْرين الأوّل
Juli	يولْيو	تمّوز	November	نوفِمْبر	تِشْرين الثّاني
August	أُغُسْطُس	آب	Dezember	ديسِمْبر	كانون الأوّل

i Die islamische Zeitrechnung beginnt mit der هِجْرة *Hidschra (Auswanderung)* des Propheten مُحمّد *Mohammed* von مكّة *Mekka* nach المدينة *Medina* im Jahre 622 n.Chr. Oft wird das Datum sowohl nach dem islamischen Mondjahr السّنة الهِجْرية *(der Hidschra)* als auch nach dem christlichen Sonnenjahr السّنة الميلادية (*der Geburt Christi*) angegeben und mithilfe der Buchstaben هـ und م gekennzeichnet.

Also: ١٤٢٨/٠١/٢٦ هـ und ٢٠٠٧/٠٢/١٣ م

في العامية

Wann?

Aus dem hocharabischen مَتى [matā] wird im Dialekt إمْتَى [imtā].

Wann sind Sie (m) ins Land eingereist?	إمْتَى وصلْت البلد؟

Datumsangaben

Im Dialekt werden für Datumsangaben nur die einfachen Zahlen benutzt.

15. November	[ḫamst'āš nūfimbar]	خمْسْتعاش نُوفِمْبر
26. Oktober	[sitt wa-'išrīn uktūbar]	سِتّ وعِشْرين أُكْتوبر

التمارين

1 Schreiben Sie das Datum aus.

1. ٢٠٠٧/٠٢/١٣ ..الثالث عشر من فبراير عام ألفين وسبعة............
2. ١٩٨٠/١٠/١٤ ....
3. ١٩٧٥/١١/٠٥ ....
4. ١٩٦٨/١٢/٣٠ ....
5. ٢٠٠٩/٠١/٢٢ ....

2 Schreiben Sie die Zahlen in Worten.

1. ٤٠٠٠ ..أربعة آلاف ....
2. ٣٠٠٠ ....
3. ٣٨٠٠ ....
4. ٣١٠٠ ....
5. ٣٦٥٠ ....
6. ٣٥٠٠ ....

3 Ordnen Sie die Verben im Kasten nach Stämmen.

اشترى – يشتري	تكلّم – يتكلّم	اشتغل – يشتغل	أرسل – يرسل ✓
استمتع – يستمتع	فكّر – يفكّر	دخّن – يدخّن	سافر – يسافر
ساعد – يساعد	أعطى – يعطي ✓	تعلّم – يتعلّم	استعمل – يستعمل

1. II. Stamm ....
   ....
2. III. Stamm ....
   ....
3. IV. Stamm أرسل – يرسل
   أعطى – يعطي
4. V. Stamm ....
   ....
5. VIII. Stamm ....
   ....
6. X. Stamm ....
   ....

4 Ordnen Sie dem Verb das passende Verbalsubstantiv zu.

1.	درس – يدرس	a.	طلب
2.	ذهب – يذهب	b.	دراسة
3.	انتظر – ينتظر	c.	زيارة
4.	استعمل – يستعمل	d.	إنتظار
5.	زار – يزور	e.	ذهاب
6.	انطلق – ينطلق	f.	صيام
7.	طلب – يطلب	g.	إنطلاق
8.	صام – يصوم	h	إستعمال

5 Hören Sie noch einmal den Dialog. Welche Schritte muss Thomas unternehmen, bevor er den ersehnten Stempel bekommt? Ordnen Sie die Stichpunkte.

☐ دفع الرسوم	1. أوّلاً:	.. ملء الإستمارات ....
☐ الذهاب إلى أمين الصندوق	2. ثانياً:	....
☑ ملء الإستمارات	3. ثالثاً:	....
☐ الرجوع إلى قسم التمديد	4. رابعاً:	....
☐ الذهاب إلى وزارة الخارجية	5. خامساً:	....

6 Bilden Sie Sätze mit قام – يقوم ب und dem angegebenen Verbalsubstantiv wie im Beispiel.

1. زرت أصدقائي في الأردنّ. (زيارة) .. قمت بزيارة أصدقائي في الأردنّ......
2. زاروا الأهرام في مصر. (زيارة) ....
3. نسافر إلى البحر. (سفر) ....
4. درس العربية في الجامعة. (دراسة) ....
5. هل أرسلتم كلّ الرسائل؟ (إرسال) ....
6. المسلمين يصومون في رمضان. (صيام) ....

7 Bilden Sie das Passiv mit تمّ – يتِمّ und dem angegebenen Verbalsubstantiv wie im Beispiel.

1. *Der Brief wurde verschickt.* (إرسال) .. تمّ إرسال الرسالة. ....
2. *Die Briefe werden verschickt.* (إرسال) ....
3. *Die Gebühren wurden bezahlt.* (دفع) ....
4. *Die Papiere wurden beglaubigt.* (تصديق) ....
5. *Das Visum wird verlängert.* (تمديد) ....

8 Ersetzen Sie die unterstrichenen Satzteile durch das passende Verbalsubstantiv.

1. قبل <u>أن ينطلق</u> التاكسي كنت أتكلّم على التليفون.
.. قبل إنطلاق التاكسي كنت أتكلّم على التليفون. ....
2. بعد <u>أن دفعت</u> الرسوم تحصل على الطوابع.
....
3. منذ <u>أن درست</u> العربية أسافر إلى البلدان العربية كثيراً.
....
4. قبل <u>أن أزور</u> المتحف أريد أن أقرأ هذا الكتاب.
....

الدرس الرابع عشر

14

Diese Lektion behandelt:
- **Zeitungsmeldungen** und **Fernsehnachrichten**
- **Zustimmen** und **Ablehnen**
- **Steigerung** der **Adjektive**
- **Partizipien**

Aus der Zeitung

من الجريدة

Politik

Beginn der internationalen Friedenskonferenz nächste Woche

An der Konferenz werden mehr als fünfzig Staatsoberhäupter teilnehmen. Unter den wichtigsten Themen sind die Kriege in der Welt und der Friedensprozess im Nahen Osten.

Wirtschaft

Wirtschaftsminister empfängt deutsche Delegation

Nach seinem Besuch in Deutschland letzten Monat empfängt der Wirtschaftsminister heute seinen deutschen Amtskollegen und die ihn begleitende Handelsdelegation.

Kultur

Tag der offenen Tür im Nationalmuseum

Gesundheit

Neues Medikament gegen Aids

Sport

Italien gewinnt gegen Ägypten im Fußball 2:1

السياسة

بداية المؤتمر الدولي للسلام الأسبوع القادم

سيشارك في المؤتمر أكثر من خمسين رئيس دولة. من أهم المواضيع الحروب في العالم وعملية السلام في الشرق الأوسط.

الإقتصاد

وزير الإقتصاد يستقبل الوفد الألماني

بعد زيارته لألمانيا في الشهر الماضي يستقبل وزير الاقتصاد اليوم نظيره الألماني والوفد التجاري المرافق له.

الثقافة

يوم الباب المفتوح في المتحف الوطني

الصحة

دواء جديد ضد الأيدز

الرياضة

إيطاليا تفوز على مصر في كرة القدم ٢ مقابل ١

ما الجديد؟

Wurzeln und Strukturen — Steigerungsform der Adjektive ت4

Die Steigerung der Adjektive erfolgt nach der Struktur أَفْعَل [afʿal]. Mit der so gebildeten Form wird sowohl der Komparativ als auch der Superlativ ausgedrückt.

groß	كبير	→	*größere(r,s); größte(r,s)*	أكْبر	*einfach*	سهْل	→	*einfachere(r,s); einfachste(r,s)*	أسْهل
viel	كثير	→	*mehr; die meisten*	أكْثر	*wichtig*	مُهِمّ	→	*wichtigere(r,s); wichtigste(r,s)*	أهَمّ

أخبار التلفزيون

توماس يشاهد الأخبار في التلفزيون.

المقدّم: الساعة الثامنة تماماً بتوقيت مكّة المكرّمة. السلام عليكم ورحمة الله وبركاته. أعزّائي المشاهدين ، نقدّم لكم موجزاً لأهمّ الأخبار:

– رئيس وزراء إسرائيل يلتقي نظيره الفلسطيني.
– إنفجار أنبوب بترول يؤدي إلى موت أكثر من عشرة أشخاص.
– صدر تقرير جديد من الأمم المتّحدة عن عدد الفقراء في العالم.

محمود: هل تشاهد دائماً الأخبار في التلفزيون؟

توماس: نعم ، أحاول أن أشاهدها يومياً.

محمود: هذا مفيد جدّاً لتعلّم اللغة العربية.

توماس: معك حقّ ، ولكن بصراحة أكثر الأخبار غير مفهومة بالنسبة لي لأنّ المقدّم يتكلّم بسرعة ويستعمل كلمات وعبارات صعبة.

محمود: من الممكن أن تقرأ الجريدة بمساعدة القاموس. هكذا تتعرّف على الكلمات المستعملة في الأخبار.

توماس: هذا صحيح ، أقرأ الجريدة أحياناً ولكن فقط العناوين ، وأبحث غالباً في القاموس عن الكلمات الغير معروفة.

محمود: أكيد تساعدك الصور أيضاً على فهم الأخبار في التلفزيون.

توماس: بالعكس ، أظنّ أنّ الإستماع إلى الراديو أحسن من مشاهدة التلفزيون لأنّ التركيز على الكلام أسهل.

i Nachrichten und religiöse Programme werden in allen arabischen Ländern auf Hocharabisch und mit Endungen gesprochen. In spontanen Interviews und Diskussionen fallen die Endungen oft weg und je nach Herkunft wechseln die Sprecher gelegentlich in den Dialekt. Unterhaltungssendungen und Werbung laufen zumeist im Dialekt des entsprechenden Landes. Serien und Filme aus Ägypten und der Levante (Syrien, Libanon) werden auch in anderen arabischen Ländern ausgestrahlt.

المفردات

رِياضة	*Sport*
إيطاليا	*Italien*
فاز – يفوز (على)	*gewinnen (gegen)*
كُرة القدم	*Fußball*

أخبار التلفزيون

خبر / أخْبار	*Nachricht*
تلِفِزْيون	*Fernsehen; Fernsehapparat*
مُقدِّم / ـــين	*präsentierend; Moderator*
III **شاهد – يُشاهِد**	*zuschauen, zusehen*
تماماً	*genau*
مُشاهِد / ـــين	*zuschauend; Zuschauer*
توْقيت مكّة المُكرّمة	*Uhrzeit in Mekka*
رحمةُ اللهِ وبركاتهُ	*die Gnade und der Segen Gottes*
موجز	*Zusammenfassung*
رئِيس وُزراء	*Ministerpräsident*
VIII **اِلْتقى – يلْتقي**	*treffen*
إنْفِجار	*Explosion*
أُنْبوب بِتْرول	*Erdöl-Pipeline*
II أدّى – يُؤدّي (إلى)	*führen (zu)*
موْت	*Tod*
شخْص / أشْخاص	*Person*
صدر – يصْدُر	*erscheinen*

من الجريدة

جريدة / جرائِد	*Zeitung*
سِياسة	*Politik*
بِداية / ـــات	*Beginn, Anfang*
مُؤْتمر	*Konferenz*
دُوَلي	*international*
قادِم	*kommend, nächste(r,s)*
III **شارك – يُشارِك (في)**	*teilnehmen (an)*
أكْثر	*mehr; die meisten*
مِن	*als*
رئِيس / رُؤساء	*Präsident; Oberhaupt*
دَوْلة / دُوَل	*Staat*
مِن أهمّ	*von den wichtigsten*
حرْب (f) **/ حُروب**	*Krieg*
عمليّة	*Prozess*
اِقْتِصاد	*Wirtschaft*
وزير / وُزراء	*Minister*
X **اسْتقْبل – يسْتقْبِل**	*empfangen*
وفْد	*Delegation*
ماضي	*vergangen, letzter*
نظير	*Amtskollege*
تِجاري	*Handels-*
مُرافِق / ـــين	*begleitend; Begleiter*
ثقافة	*Kultur*

مُسْتعْمل	benutzt
صحيح	richtig
أحياناً	manchmal
عُنْوان / عناوين	Titel; Überschrift; Adresse
غالِباً	meistens
غَيْر معْروف / ـــين	unbekannt
أكيد	sicherlich
فهْم	Verständnis
بِالعكْس	im Gegenteil
إسْتِماع (إلى)	(das) Zuhören
راديو	Radio
أحْسن	besser
ترْكيز (على)	Konzentration (auf)
كلام	(das) Gesprochene
أسْهل	einfacher, leichter
تقْرير	Bericht
الأُمم المُتّحِدة	die Vereinten Nationen (UN)
عدد	Anzahl
دائماً	immer
يَوْميّاً	täglich
مُفيد	nützlich
تعلُّم	(das) Lernen
بِصراحة	ehrlich gesagt (wörtl.: mit Ehrlichkeit)
غَيْر مفْهوم / ـــين	unverständlich
بِالنِّسْبة لي	für mich (wörtl.: in Bezug auf mich)
بِسُرْعة	schnell (wörtl.: mit Geschwindigkeit)
X اِسْتعْمل – يسْتعْمِل	benutzen
كلِمة / ـــات	Wort
عِبارة / ـــات	Ausdruck; Redewendung
V تعرّف – يتعرّف (على)	kennenlernen

القواعد

1. Steigerung der Adjektive

ت 7, 8

Gesteigerte Adjektive mit der Struktur أَفْعَل werden dem Substantiv nachgestellt, wenn sie den Komparativ ausdrücken.

الخبر الأهمّ	die wichtigere Nachricht
الأخْبار الأهمّ	die wichtigeren Nachrichten
مُشْكِلة أكْبر	ein größeres Problem
مشاكِل أكْبر	größere Probleme

Für Vergleiche wird die Präposition مِن benutzt.

Dieses Haus ist größer als mein Haus.	هذا البَيْت أكْبر مِن بَيْتي.
Radiohören ist besser als Fernsehen.	الإسْتِماع إلَى الرّادْيو أحْسن مِن مُشاهدة التِّلفِزْيون.

Als Superlativ steht die Steigerungsform vor dem Substantiv. Ein Substantiv im Singular muss dabei immer unbestimmt sein.

das größte Problem	أكْبر مُشْكِلة	*die wichtigste Nachricht*	أهمّ خبر

Im Plural muss das Substantiv immer bestimmt sein. Die Konstruktion kann dann sowohl den Singular als auch den Plural bezeichnen.

Das sind die wichtigsten Nachrichten.	هذِهِ أهَمّ الأخْبار.	*Das ist die wichtigste Nachricht.*	هذا أهَمّ الأخْبار.

2. Wurzeln und Strukturen — Partizipien

ت9, 10

Partizipien leiten sich von Verben ab und werden oft wie Adjektive verwendet. Es gibt Aktivpartizipien (z.B. die liebende Mutter) und Passivpartizipien (z.B. die geliebte Mutter). Viele arabische Partizipien haben daneben die Bedeutung eines Substantivs, wie z.B. Berufsbezeichnungen, die Sie in → Lektion 6 kennengelernt haben.

Im Grundstamm werden die Aktivpartizipien nach der Struktur فاعِل [fāʿil] und Passivpartizipien nach der Struktur مَفْعول [mafʿūl] gebildet.

Aktivpartizip [fāʿil]	فاعِل	**Passivpartizip** [mafʿūl]	مَفْعول
öffnend, eröffnend	فاتِح	*geöffnet*	مفْتوح
schreibend; Schriftsteller; Sekretär	كاتِب	*geschrieben; vorherbestimmt*	مكْتوب
trinkend	شارِب	*getrunken; Getränk*	مشْروب
fordernd; Student; Antragsteller	طالِب	*gefordert; bestellt; beantragt*	مطْلوب
verstehend	فاهِم	*verstanden; verständlich*	مفْهوم
wissend; Kenner	عارِف	*gewusst; bekannt*	معْروف

Mithilfe der Partikel غَيْر [ġair] *nicht; un-* werden die Partizipien verneint.

unverständlich	غَيْر مفْهوم	*unbekannt*	غَيْر معْروف

3. Wurzeln und Strukturen — Partizipien der Verbstämme ت9, 10

In den abgeleiteten Verbstämmen werden Partizipien mit der Vorsilbe مُـ [mu-] gebildet und behalten die Struktur des Stammes bei. Aktivpartizipien und Passivpartizipien unterscheiden sich nur durch den letzten Vokal, z.B. مُقدِّم [muqaddim] *präsentierend* und مُقدَّم [muqaddam] *präsentiert*. Sie sind deshalb in unvokalisierten Texten nicht voneinander zu unterscheiden.

	Aktivpartizip	[i]	Passivpartizip	[a]
II. Stamm	*präsentierend; Moderator*	مُقدِّم	*präsentiert*	مُقدَّم
III. Stamm	*begleitend; Begleiter*	مُرافِق	*begleitet*	مُرافَق
IV. Stamm	*sendend; Absender*	مُرسِل	*gesendet; geschickt*	مُرسَل
V. Stamm	*lernend; gebildet*	مُتعلِّم	*gelernt; lernbar*	مُتعلَّم
VI. Stamm	*sich streitend*	مُتنازِع	*umstritten; strittig*	مُتنازَع
VII. Stamm	*startend; ausgehend (von)*	مُنْطلِق	*gestartet; Ausgangspunkt*	مُنْطلَق
VIII. Stamm	*wartend*	مُنْتظِر	*erwartet*	مُنْتظَر
X. Stamm	*benutzend; Benutzer*	مُسْتعْمِل	*benutzt; gebraucht*	مُسْتعْمَل

Partizipien können keine Steigerungsform bilden. Der Komparativ bzw. Superlativ muss mit أكْثر *mehr; die meisten* und einem unbestimmten Verbalsubstantiv mit Akkusativendung gebildet werden.

gebildetere(r,s); gebildetste(r,s)	أكْثر تعلُّماً
öfter gebraucht; meist gebraucht	أكْثر إسْتِعْمالاً

استعمال اللغة

Gebrauch der Partizipien ت9, 10

Mit Partizipien können Verbalhandlungen ausgedrückt werden.

- Sie können z.B. einen Relativsatz ersetzen.

Ich suche im Wörterbuch nach den Wörtern, die ich nicht kenne.	أبْحث في القاموس عن الكلِمات الّتي لا أعْرِفها.
Ich suche im Wörterbuch nach den unbekannten Wörtern.	أبحث في القاموس عن الكلِمات الغَيْر معْروفة.

So lerne ich die Wörter kennen, die in den Nachrichten benutzt werden.	هكذا أتعرّف على الكلِمات الّتي يتِمّ إسْتِعْماها في الأخْبار.
So lerne ich die in den Nachrichten benutzten Wörter kennen.	هكذا أتعرّف على الكلِمات المُسْتعْملة في الأخْبار.

- Sie werden auch anstelle von anderen Verbalsätzen benutzt.

Ich sehe die Nachrichten im Fernsehen.	أُشاهِد الأخْبار في التِّلِفِزْيون.
(wörtl.: Ich bin sehend (m/f) die Nachrichten im Fernsehen.)	أنا مُشاهِد (ة) الأخْبار في التِّلِفِزْيون.

Ich brauche ein Wörterbuch.	أحْتاج إلَى قاموس.
(wörtl.: Ich bin brauchend (m/f) ein Wörterbuch.)	أنا مُحْتاج (ـــة) إلى قاموس.

Feststehende Redewendungen ت11

Die folgenden Redewendungen kommen häufig am Satzanfang vor. Deshalb bietet es sich an, sie auswendig zu lernen, um sie selbst im Gespräch sicher zu beherrschen.

es ist verständlich, dass	مِن المفْهوم أن
es ist bekannt, dass	مِن المعْروف أن
es ist wichtig, dass	مِن المُهِمّ أن
es ist möglich, dass	مِن الممْكِن أن
es ist unmöglich, dass	مِن المُسْتحيل أن
es ist zu erwarten, dass	مِن المُنْتظر أن

عبارات مفيدة أخرى

Zustimmen und Widersprechenn ت4

Das stimmt. / Das ist richtig.	هذا صحيح.	*Das stimmt nicht. / Das ist falsch.*	هذا غلط.
Du hast recht.	معك حقّ.	*Im Gegenteil.*	بِالعكْس.
Einverstanden!	مُوافِق (ـــة)!	*Ich bin dagegen. (wörtl.: Das lehne ich ab.)*	أرْفُض ذلِك.
Genau!	بِالضّبْط!	*Nein, niemals!*	لا ، أبداً!
Sicher! / Bestimmt!	أكيد!	*Unmöglich!*	مُسْتحيل!

في العامية

Partizipien im Dialekt

Im Dialekt werden Partizipien wie im Hocharabischen gebildet und häufig verwendet. Sie werden wie die Nominalsätze aus → Lektion 4 mit مو und مُش verneint.

	Syrisch	Ägyptisch
unverständlich	مو مفْهوم	مُش مفْهوم
unbekannt	مو معْروف	مُش معْروف
nicht vorhanden, es gibt nicht	مو موْجود	مُش موْجود

Die feststehenden Redewendungen مِن المُمْكِن أن usw. werden in den Dialekten stark vereinfacht und es bleibt nur das Partizip.

Du kannst die Zeitung lesen.	مُمْكِن بْتِقْرأ الجريدة.
Ich kann die Nachrichten sehen.	مُمْكِن بْشوف الأخْبار.

التمارين

1 Lesen Sie noch einmal die Fernsehnachrichten im Dialog und entscheiden Sie, ob die Aussagen richtig (R) oder falsch (F) sind.

		R	F
1.	*Der israelische Ministerpräsident trifft seinen palästinensischen Amtskollegen.*	☐	☐
2.	*Bei einer Explosion sind fünf Personen ums Leben gekommen.*	☐	☐
3.	*Ein UN-Bericht über die Zahl der Armen der Welt ist erschienen.*	☐	☐

2 Ein Wort passt nicht in die Reihe. Kreuzen Sie es an.

1. مصر ☐ إيطاليا ☐ سوريا ☐ دولة ☐
2. وزير ☐ خبر ☐ رئيس ☐ شخص ☐
3. كلمة ☐ جريدة ☐ تلفزيون ☐ راديو ☐
4. ثقافة ☐ إقتصاد ☐ سياسة ☐ بداية ☐
5. أكيد ☐ رياضة ☐ صحيح ☐ بالضبط ☐
6. أحياناً ☐ دائماً ☐ شكراً ☐ غالباً ☐

3 Welche Wörter passen zusammen? Ordnen Sie zu.

1. مشاهدة — a. أصدقاء
2. إستماع (إلى) — b. تلفزيون
3. زيارة — c. جريدة
4. سفر (ب) — d. راديو
5. قرأ – يقرأ — e. دواء
6. تناول – يتناول — f. تاكسي

4 Ordnen Sie die Sätze zu.

أكيد!	هذا صحيح.	هذا غلط.	معك حقّ.
مستحيل!	لا ، أبداً!	بالضبط!	بالعكس.

Zustimmung		Ablehnung	
....	....	....	....
....	....	....	....

5 Wie heißt das Gegenteil?

1. قادم ..ماضي.....
2. حرب ....
3. كثير ....
4. أمس ....
5. صعب ....
6. جديد ....

6 Bilden Sie die Steigerungsform.

1. صغير ..أصغر.......
2. كثير ....
3. رخيص ....
4. مهمّ ....
5. جميل ....
6. قديم ....

7 Benutzen Sie das angegebene Adjektiv und bilden Sie Vergleiche wie im Beispiel.

1. السوق ◄ المتحف (قديم) .. السوق أقدم من المتحف ....
2. الباص ◄ التاكسي (رخيص) ....
3. الدراسة ◄ العطلة (مهمّ) ....
4. العربية ◄ الإنكليزية (صعب) ....

8 Bilden Sie Superlative wie im Beispiel.

1. سيّارة كبيرة ..أكبر سيّارة......
2. سعر رخيص ....
3. شخص مهمّ ....
4. أشخاص كثيرين ....

9 Ersetzen Sie die Relativsätze durch Passivpartizipien wie im Beispiel

1. الأكل الّذي طلبته .. الأكل المطلوب ....
2. الكلمات الّتي أفهمها ....
3. الأشخاص الّذين أعرفهم ....
4. القاموس الّذي أستعمله ....

10 Ersetzen Sie die Verben durch Aktivpartizipien wie im Beispiel.

1. أحتاج إلى قاموس. .. أنا محتاج (ـة) إلى قاموس. ....
2. أشاهد الأخبار. ....
3. سميرة تفهم الإنكليزية. ....
4. أتعلّم اللغة العربية. ....

11 Formulieren Sie die Sätze um und benutzen Sie feststehende Redewendungen.

1. *Es ist möglich, dass* يدرس الطبّ. .. من الممكن أن يدرس الطبّ. .
2. *Ist es möglich, dass* أدخّن سيجارة. ....
3. *Es ist unmöglich, dass* أدفع هذا السعر. ....
4. *Es ist verständlich, dass* تزور عائلتك. ....
5. *Es ist wichtig, dass* أشتري سيّارة أكبر. ....
6. *Es ist zu erwarten, dass* يصل اليوم. ....

Die Lernziele dieser Lektion sind:

- jemanden **einladen**
- **sich bedanken**
- die **Jahreszeiten**
- das **Wetter**
- **Fragewörter**
- **schwache** und **doppelt schwache Verben**

الدرس الخامس عشر

15

Ein Lied aus dem Libanon

أغنية من لبنان

Ich liebte dich im Sommer

حبّيتك بالصيف

Text und Melodie: Rahbani-Brüder
Gesang: Fairuz

الكلمات والألحان: الأخوين رحباني
الغناء: فيروز

In den Tagen der Kälte
und den Tagen des Winters,
und der Gehsteig ein See,
und die Straße überschwemmt,
kommt dieses Mädchen
aus ihrem alten Haus.
Und er sagt ihr: Warte auf mich!
Und sie wartet am Weg.
Und er geht und vergisst sie
und sie verblüht im Regen.
Ich liebte dich im Sommer,
ich liebte dich im Winter.
Ich wartete auf dich im Sommer,
ich wartete auf dich im Winter.
Und deine Augen sind der Sommer
und meine Augen sind der Winter.
Unser Treffpunkt,
mein Liebster,
ist hinter dem Sommer
und hinter dem Winter.

بأيّام البرد ، وأيّام الشتاء
والرصيف بحيرة ، والشارع غريق
تجيء هاك البنت ، من بيتها العتيق
ويقلها: إنطريني! ، وتنطر عالطريق
ويروح وينساها ، وتذبل بالشتاء.
حبّيتك بالصيف ، حبّيتك بالشتاء
نطرتك بالصيف ، نطرتك بالشتاء
وعيونك الصيف ، وعيوني الشتاء
ملقانا ، يا حبيبي
خلف الصيف ، وخلف الشتاء.

ما الجديد؟

Im Liedtext kommt das Verb نسِيَ – ينْسَى *vergessen* mit der Wurzel (ن – س – ي) vor. Der schwache Wurzelkonsonant ي erscheint als [ī], [iya] und [ā] oder entfällt ganz. Ähnlich: بقِيَ – يبْقَى *bleiben*

Vergangenheit		Gegenwart	
ich habe vergessen; du (m) hast vergessen	نَسِيتُ	*ich vergesse*	أَنْسَى
sie hat vergessen	نَسِيَتْ	*du (m) vergisst; sie vergisst*	تَنْسَى
sie haben vergessen	نَسُوا	*sie vergessen*	يَنْسَوْن

Das Alif Maqṣūra (ى) wird bei den Präpositionen إلَى und علَى in Verbindung mit Personalsuffixen zu ـَيْ [ai] (→ Lektion 7). Bei anderen Wörtern wird es zu einem normalen Alif (ـا).

er vergisst sie	ينْساها	*unser Treffpunkt*	ملْقانا

Auch der schwache Wurzelkonsonant و kann zu einem Alif werden, z.B. bei dem Verb دعا – يدْعو *einladen* mit der Wurzel (د – ع – و).
Bei der Konjugation wird er zu [au], [a] und [ū]. Ähnlich: رجا – يرْجو *jdn. bitten*

Vergangenheit		Gegenwart	
ich habe eingeladen; du (m) hast eingeladen	دَعَوْت	*ich lade ein*	أَدْعو
sie hat eingeladen	دَعَت	*du (m) lädst ein; sie lädt ein*	تَدْعو
sie haben eingeladen	دَعَوْا	*sie laden ein*	يَدْعون

15

من الربيع حتى الخريف

سميرة: ماذا بك يا توماس؟ هل أنت حزين؟

توماس: معك حقّ ، أنا حزين قليلاً لأنّني يجب أن أسافر اليوم.

سميرة: سوف ترجع قريباً! وأكيد عائلتك في ألمانيا مشتاقة إليك كثيراً.

توماس: نعم ، هذا صحيح. ما رأيتهم منذ وقت طويل.

سميرة: في المرّة القادمة تجيء مع كلّ العائلة وندعوكم كلّكم إلى بيتنا الصيفي على البحر.

توماس: هذه فكرة جيّدة! لكنّني أظنّ أنّ الطقس في الصيف حارّ جدّاً. نحن الآن في الخريف وكلّ الأيّام الّتي كنت فيها هنا كان الطقس دائماً مشمس.

سميرة: نعم ، تشرق الشمس عندنا من الربيع حتّى الخريف لكن في فصل الشتاء الطقس بارد والسماء غائمة ويسقط المطر وأحياناً الثلج أيضاً.

توماس: هذا يذكّرني بأغنية فيروز في السي دي التي اشتريتها: «بأيّام البرد وأيّام الشتاء ...»

سميرة: نعم ، بالضبط! هل أعجبتك الموسيقى؟

توماس: كثيراً! هذا أجمل تذكار! شكراً جزيلاً أيضاً على الحلويات والهدايا لزوجتي وللأطفال.

سميرة: لا شكر على الواجب يا توماس. أهلاً وسهلاً بكم عندنا في أيّ وقت!

توماس: يجب أن تزورونا أنتم أيضاً!

سميرة: إن شاء الله ، لكنّني أخاف من السفر بالطائرة.

توماس: أرجوك يا سميرة! لا داعي للخوف ، السفر بالطائرة مريح وآمن.

محمود: توماس! هل أنت جاهز؟ جاء التاكسي!

توماس: نعم ، أنا جاهز! يلاّ نمشي!

سميرة: مع السلامة يا توماس! في أمان الله!

محمود: مع السلامة يا توماس! سلّم لنا على زوجتك وأولادك وزورونا في الصيف القادم!

توماس: ألف شكر على الضيافة! مع السلامة وإلى اللقاء إن شاء الله!

i Die libanesische Sängerin Fairuz (geb. 1935) wird auch als „Botschafterin der Araber" bezeichnet. Zusammen mit den Brüdern Mansur und Assi Rahbani, ihrem späteren Ehemann, und später mit ihrem Sohn Ziyad Rahbani, hat sie zahlreiche Alben veröffentlicht. Während des libanesischen Bürgerkrieges zwischen 1975 und 1990 trat sie selten öffentlich auf, um nicht für politische Zwecke missbraucht zu werden.

Diese Zurückhaltung hat ihre Beliebtheit nur erhöht, sie hat Fans in der ganzen arabischen Welt. Die meisten ihrer Lieder singt sie im libanesischen Dialekt.

Viele Wörter des Liedes „Ich liebte dich im Sommer" aus dem Jahr 1966 haben Sie bereits kennengelernt, im Dialekt sind sie zum Teil etwas verändert bzw. verkürzt.

المفردات

مَلْقَى	*Treffpunkt*
حبيب / أحِبّاء	*Liebster, Liebling*

من الربيع حتى الخريف

ربيع	*Frühling*
خريف	*Herbst*
ماذا بِك؟	*Was ist mit dir (m)?*
حزين / ـــين	*traurig*
قريباً	*bald*
مُشْتاق / ـــين (إلى)	*vermissend, sich sehnend (nach)*
طويل	*lang*
دعا – يدْعو (إلى)	*einladen (zu; nach)*
كُلّكُم	*ihr alle; euch alle*
بَيْت صَيْفي	*Sommerhaus*
طقْس	*Wetter*
حارّ	*heiß*
مُشْمِس	*sonnig*
IV **أشْرق – يُشْرِق**	*strahlen, scheinen*
شَمْس	*Sonne*
فصْل / فُصول	*Abschnitt; Jahreszeit*
بارِد	*kalt*
سماء *(f)*	*Himmel*
غائِم	*bewölkt*

أغنية من لبنان

أُغْنِية / أغاني	*Lied*
حبّيْتك	*(Dialekt für أحْببْتك)*
صَيْف / أصْياف	*Sommer*
كِلمة / ـــات	*Wort; (Pl.:) Text*
ألْحان	*Melodie*
غِناء	*Gesang*
فيْروز	*Fairuz (wörtl.: Türkis)*
برْد *(f)*	*Kälte; Erkältung*
شِتاء / أشْتِية	*Winter; (Dialekt auch:) Regen*
رصيف	*Gehsteig*
بُحَيْرة / ـــات	*See*
غريق	*ertrunken; (hier:) überschwemmt*
جاء – يجيء	*kommen*
هاك	*(Dialekt für هذه)*
عتيق	*alt, veraltet*
يِقِلّها	*(Kurzform von يقول لها)*
نطر – ينْطُر	*(Kurzform von اِنْتظر – ينْتظِر)*
عـــ	*(Kurzform von على)*
نَسِيَ – ينْسَى	*vergessen*
ذبل – يذْبل	*verwelken, verblühen*

fallen	سقط – يسْقُط
Regen	مطر
Schnee	ثلْج
erinnern (an)	II ذكّر – يُذكّر (بِ)
CD	سي دي (f)
gefallen	IV أعْجب – يُعْجِب
Musik	موسيقَى (f)
Andenken, Souvenir	تِذْكار
jederzeit	في أيّ وقْت
sich fürchten, Angst haben (vor)	خاف – يخاف (مِن)
Flugzeug	طائِرة / ـــات
(jdn.) bitten	رجا – يرْجو

kein(e) Grund, Veranlassung (zu)	لا داعي (لِ)
Angst, Furcht (vor)	خَوْف (مِن)
bequem	مُريح
sicher, geschützt	آمِن
bereit, fertig	جاهِز / ـــين
laufen, gehen	مشَى – يمْشي
Gute Reise! (wörtl.: im Schutze Gottes)	في أمان الله!
grüßen (von; an)	II سلّم – يُسلّم (لِ ، علَى)
Grüße (m) von uns an ...!	سلِّم لنا علَى
Besucht uns!	زورونا
Gastfreundschaft	ضِيافة

القواعد

1. Wurzeln und Strukturen — Schwache Verben ت4, 6

Das Verb يخاف – خاف *sich fürchten* hat die Wurzel (خ – و – ف). Der schwache Wurzelkonsonant wird zu [i] und [ā].

Ähnlich: ينام – نام *schlafen*

Vergangenheit		Gegenwart	
ich habe mich gefürchtet; du (m) hast dich gefürchtet	خِفْـــت	*ich fürchte mich*	أَخاف
sie hat sich gefürchtet	خافَـــت	*du (m) fürchtest dich; sie fürchtet sich*	تَـــخاف
sie haben sich gefürchtet	خافـــوا	*sie fürchten sich*	يَـــخافـــون

Das Verb يَمْشي — مشى *laufen, gehen* hat die Wurzel (م — ش — ي). Der schwache Wurzelkonsonant wird zu [ai], [a], [au] und [ī] oder entfällt ganz.

Ähnlich: اِشْتَرَى — يشْتري *kaufen*, أَعْطَى — يُعْطي *geben*, صَلَّى — يُصلّي *beten* und اِلْتَقَى — يلْتقي *treffen.*

Vergangenheit		Gegenwart	
ich bin gelaufen; du (m) bist gelaufen	مَشَيْت	*ich laufe*	أَمْشي
sie ist gelaufen	مَشَت	*du (m) läufst; sie läuft*	تَمْشي
sie sind gelaufen	مَشَوْا	*sie laufen*	يَمْشون

2. Wurzeln und Strukturen — Doppelt schwache Verben

5ت

Verben mit einem schwachen Wurzelkonsonanten und Hamza (ء) werden als doppelt schwache Verben bezeichnet, wie z.B. das Verb رأَى — يرَى *sehen*, mit der Wurzel (ر — ء — ي), das Sie bereits aus → Lektion 6 kennen. Hamza zählt als schwacher Wurzelkonsonant, weil sich die Schreibweise des Buchstaben in Abhängigkeit vom vorhergehenden oder nachfolgenden Vokal verändert. Er kann allein stehen (ء) oder auf bzw. unter Alif (أ / إ), auf Wāw (ؤ) und Yā' (ئ). Ausgesprochen wird Hamza jedoch immer ['].

Das Verb جاء — يجيء *kommen* hat die Wurzel (ج — ي — ء). Der schwache Wurzelkonsonant ي wird zu [i], [ā] und [ī].

Vergangenheit			Gegenwart		
ich bin gekommen; du (m) bist gekommen	[ǧi'**t**]	جِئْت	*ich komme*	[**a**ǧī']	أَجيء
sie ist gekommen	[ǧā'**at**]	جاءَت	*du (m) kommst; sie kommt*	[**ta**ǧī']	تَجيء
sie sind gekommen	[ǧā'**ū**]	جاؤُوا	*sie kommen*	[**ya**ǧī'**ūn**]	يَجيئون

Für den Imperativ wird جاء — يجيء nicht benutzt, sondern die folgenden Imperative:

Komm! (m)	!تعال	*Komm! (f)*	!تعالي	*Kommt!*	!تعالوا

استعمال اللغة

Einladen und Sich bedanken ت4

Kommt zu uns!	تعالوا إلى عَنْدنا!	Ich lade dich ein (zu / nach …).	أَدْعوك (إلَى...).
Ihr seid jederzeit willkommen!	أَهْلاً بِكُم في أَيّ وقْت!	Du (m) musst mich besuchen!	يجِب أَن تزورني!
Danke	شُكْراً.	Tausend Dank.	أَلْف شُكْر.
Vielen Dank.	شُكْراً جزيلاً.	Danke für die Gastfreundschaft.	شُكْراً على الضِّيافة.

Jahreszeiten und Wetter ت1, 2

Jahreszeiten	فُصول السَّنة	Wie ist das Wetter?	كَيْف الطَّقْس؟
Frühling	ربيع	Das Wetter ist schön.	الطَّقْس جميل.
Sommer	صَيْف	sonnig	مُشْمِس
Herbst	خريف	heiß	حارّ
Winter	شِتاء	kalt	بارِد
Die Sonne scheint.	تُشْرق الشَّمس.	Es regnet.	يسْقُط المطر.
Der Himmel ist bewölkt.	السَّماء غائمة.	Es schneit.	يسْقُط الثَّلج.

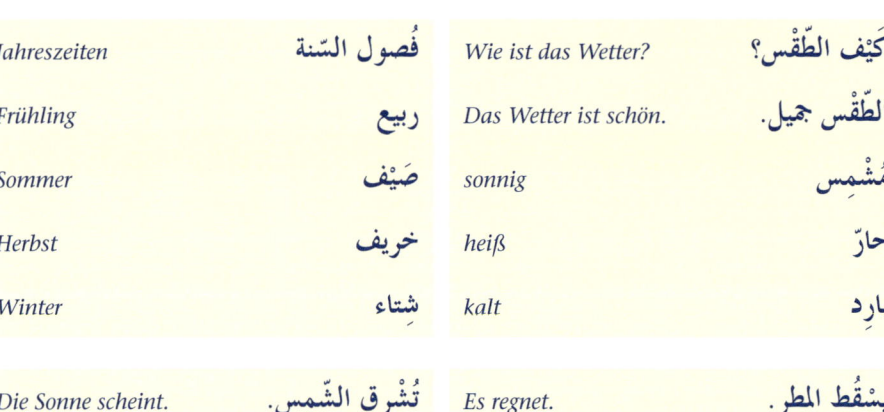

عبارات مفيدة أخرى

Fragewörter

was	[mā], [māḏā]	ما oder ماذا	*wie viel*	[kam]	كم
wie	[kaif]	كَيْف	*wie viel (kostet)* *(wörtl.: für wie viel)*	[bi-kam]	بِكم
wo	[ain]	أيْن	*warum*	[li-māḏā]	لِماذا
wer	[man]	من	*wann*	[matā]	متَى

في العامية

Fragewörter im Dialekt

	Syrisch	Ägyptisch
was	[šū]	[ēh]
wie	[kīf]; [šlōn]	[ezzay]
wo	[wēn]	[fēn]
wer	[mīn]	[mīn]

	Syrisch	Ägyptisch
wie viel	[addēš]	[kam]; [addēh]
wie viel (kostet)	[bi-addēš]	[bi-kam]
warum	[lēš]	[lēh]
wann	[imtā]	[imtā]

Dialektvokabeln

	Syrisch	Ägyptisch
Was ist mit dir?	[šū bak (bik)]	[mā lak (lik)]
traurig	[zaʿlān(a) / -īn]	[zaʿlān(a) / -īn]
seit langer Zeit	[min zamān]	[min zamān]
das nächste Mal	[il-marra il-ǧāya]	[il-marra lī gāya]
einladen	[ʿazam – yaʿzim]	[ʿazam – yaʿzim]

	Syrisch	Ägyptisch
Wetter	[ǧau]	[gau]
heiß	[šōb]	[ḥārr]
es regnet	[biytmaṭṭar]	[biynzil il-maṭar]
es schneit	[biyttallaǧ]	[biynzil it-talg]
der nächste Sommer	[iṣ-ṣaif il-ǧāy]	[iṣ-ṣaif lī gāy]

التمارين

1 Ergänzen Sie die Reihe sinnvoll.

1. أوّل – ثاني – ثالث ..رابع .....
2. خامساً – سادساً – سابعاً ....
3. أنا – أنت – هو ....
4. يوم – أسبوع – شهر ....
5. ربيع – صيف – خريف ....
6. طقس – شمس – مطر ....

2 Beschreiben Sie das Wetter auf den Bildern.

1.

.. يسقط المطر. ....

2.

....

3.

....

4.

....

3 Lesen Sie noch einmal den Dialog und beantworten Sie die Fragen.

1. لماذا توماس حزين؟ .. هو حزين لأنّه يجب أن يسافر. ....
2. إلى أين تدعوه سميرة؟ ....
3. كيف الطقس في الصيف؟ ....
4. كيف الطقس في الشتاء؟ ....
5. ما رأي توماس بالموسيقى؟ ....
6. لماذا سميرة لا تريد أن تسافر بالطائرة؟ ....

4 Laden Sie die Personen zum Ihrem Geburtstag ein und bilden Sie Sätze wie im Beispiel.

1. هو .. أدعوه إلى عيد ميلادي. ..
2. هي ....
3. أنتَ ....
4. أنتِ ....
5. أنتم ....
6. هم ....

5 Beschreiben Sie die Handlung im Liedtext der Einstiegseite und formen Sie dabei die vorgegebenen Sätze in die Vergangenheit um.

1. البنت تجيء من بيتها القديم. .. البنت جاءت من بيتها القديم. ....
2. حبيبها يقول لها: إنتظريني! ....
3. البنت تنتظر في الطريق. ....
4. حبيبها يذهب وينساها. ....

6 Formen Sie die Sätze in der Vergangenheit in die Gegenwart um.

1. أنا اشتريت جريدة اليوم. .. أنا أشتري جريدة اليوم. ....
2. أنتَ مشيت في شوارع المدينة. ....
3. هم اشتروا هدايا. ....
4. هو أعطى الأطفال الحلويات. ....
5. نحن أعطينا سميرة الهدية. ....
6. هي مشت إلى السوق. ....
7. أنتم التقيتم أصدقاءكم. ....
8. أنتِ التقيتِ صديقتك. ....

Test 3

1 In welche Rubrik einer Zeitung gehören die folgenden Schlagzeilen?

1. فيلم ألماني جديد عن الحرب العالمية الثانية

....

2. الرئيس الأمريكي يقوم بجولة في الشرق الأوسط

....

3. التدخين أكبر سبب للسرطان

....

4. وزير الإقتصاد السوري يستقبل نظيره السعودي

....

Punkte ...../4

2 Ein Wort passt nicht in die Reihe. Kreuzen Sie es an.

1.	طائرة ☐	قطار ☐	سيّارة ☐	طريق ☐
2.	قلب ☐	عين ☐	أنف ☐	فم ☐
3.	ربيع ☐	رابع ☐	شتاء ☐	خريف ☐
4.	صيف ☐	شمس ☐	مطر ☐	ثلج ☐
5.	صداع ☐	برد ☐	بارد ☐	إسهال ☐
6.	معروف ☐	طالب ☐	موجود ☐	مفتوح ☐

Punkte ...../6

3 Welche Antwort passt? Ordnen Sie zu.

1.	متى وصلت؟	a.	فقط لأنّني أريد أن أعرف كلّ شيء.
2.	كيف كان السفر؟	b.	إن شاء الله.
3.	كيف الطقس؟	c.	قبل أسبوعين.
4	ماذا بك؟ ما المشكلة؟	d.	تشرق الشمس.
5.	لماذا تسأل؟	e.	أظنّ أنّني مريض.
6.	تعالوا إلى عندنا!	f.	كان مريح جدّاً.

Punkte ...../6

4 Wie heißen die Verbalsubstantive der folgenden Verben?

1. حصل – يحصل ....
2. زار – يزور ....
3. ساعد – يساعد ....
4. أرسل – يرسل ....
5. تعلّم – يتعلّم ....
6. استعمل – يستعمل ....

Punkte …../6

5 Ersetzen Sie den Relativsatz durch ein Passivpartizip.

1. الرسالة الّتي كتبتها ....
2. الصديق الّذي انتظرته ....
3. الكلمات الّتي يتمّ استعمالها في الأخبار ....
4. مطاعم توجد في المدينة ....
5. أصدقاء أعرفهم ....
6. كلمة لا أفهمها ....

Punkte …../6

6 Bringen Sie die Satzteile in die richtige Reihenfolge.

1. أتعلّم العربية – قبل أن – عن البلدان العربية – ما عرفت كثيراً

....

2. كنت في مصر – أصدقاء كثيرين – تعرّفت على – عندما

....

3. كنت مشتاق إلى – بعد أن – أصدقائي العرب – رجعت إلى ألمانيا

....

4. كلمات كثيرة – منذ أن – أبحث عن – اشتريت القاموس

....

5. أزور – الأردنّ – سأسافر إلى – عندما – البحر الأحمر

....

6. العربية – حتّى – سأدرس – أفهم كلّ شيء

....

Punkte …../6

Gesamt …../34

Übersetzung der Dialoge

1 Herzlich willkommen!

Thomas: Hallo Ahmad!
Ahmad: Hallo! Wie geht's?
Thomas: Mir geht's gut. Wie geht es dir?
Ahmad: Gott sei Dank, alles in Ordnung. Das sind meine Freunde. Das ist Mahmud und das ist Samira.
Thomas: Sehr erfreut. Herzlich willkommen!
Mahmud: Hallo, wie heißt du?
Thomas: Ich heiße Thomas. Woher kommt ihr?
Mahmud: Wir sind aus Jordanien und Samira ist Palästinenserin. Bist du Engländer?
Thomas: Nein, ich bin Deutscher.
Samira: Und du sprichst Arabisch?
Thomas: Ja, ich lerne Arabisch in Deutschland und ich liebe diese Sprache.
Samira: Du sprichst gut Arabisch!
Thomas: Vielen Dank.
Mahmud: Hat mich sehr gefreut, Thomas.
Thomas: Hat mich (auch) sehr gefreut. Auf Wiedersehen!
Ahmad: Bis bald, hoffentlich (*wörtl.:* so Gott will)!

2 Was kostet das Zimmer?

Thomas: Guten Tag (*wörtl.:* Friede sei mit euch)!
Angestellter: Guten Tag (*wörtl.:* und mit euch Friede)!
Thomas: Haben Sie ein Einzelzimmer (*wörtl.:* ein Zimmer mit einem Bett)?
Angestellter: Einen Moment, bitte. ... Ja, wir haben ein Zimmer.
Thomas: Sind die Zimmer mit Bad und ...? Wie heißt das auf Arabisch? ... Klimaanlage?
Angestellter: Natürlich!
Thomas: Was kostet (*wörtl.:* Für wie viel ist) das Zimmer?
Angestellter: Die Nacht für sieben Dollar.
Thomas: Gut. Ich nehme dieses Zimmer.
Angestellter: Wie viele Nächte (*wörtl.:* Wie viele Nacht)?
Thomas: Zwei Wochen.
Angestellter: Geben Sie mir Ihren Pass, bitte.
Thomas: Wie bitte? ... Ah, ich habe verstanden. Bitte, das ist mein Pass.
Angestellter: Herr Thomas aus Deutschland. ... Herzlich willkommen in unserem Hotel! Bitte, das ist Ihr Schlüssel.
Thomas: Danke.
Angestellter: Nichts zu danken.

3 Neu in der Stadt

Thomas: Entschuldigung, meine Dame. Wo ist das Nationalmuseum? Ist es weit?
Frau: Nein, es ist nah. Von hier aus zur Palästinastraße. Und danach geradeaus zum Neuen Platz. Und von dort nach links und nach ungefähr fünfzig Metern ist rechts ein altes Gebäude. Das Museum ist neben diesem Gebäude.
Thomas: Vielen Dank. Auf Wiedersehen.

Frau:	Auf Wiedersehen (*wörtl.:* Gott schütze Sie)!

Kurz darauf (wörtl.: nach wenig) ...

Thomas:	Entschuldigung, kennen Sie den Weg zum Nationalmuseum?
Mann:	Hundertprozentig! Komm mit mir!
Thomas:	Tausend Dank! Ich bin neu in der Stadt. Ich bin seit drei Tagen hier.
Mann:	Was hältst du von einem kleinen Rundgang in der Altstadt?
Thomas:	Mit Vergnügen!

4 Ins Stadtzentrum

Thomas:	Guten Morgen!
Taxifahrer:	Guten Morgen, mein Herr!
Thomas:	Ins Stadtzentrum, bitte.
Taxifahrer:	Geht klar, mein Herr ... Sie sind nicht von hier. Woher sind Sie?
Thomas:	Ich bin aus Deutschland ... Entschuldigen Sie, ist in diesem Auto ein Sicherheitsgurt?
Taxifahrer:	Mein Herr, wir sind nicht in Deutschland!
Thomas:	Und haben Sie ein Taxameter?
Taxifahrer:	Natürlich, das Taxameter ist hier ... Ihr Arabisch ist toll!
Thomas:	Aber Arabisch ist nicht leicht.
Taxifahrer:	Waren Sie schon mal in einem arabischen Land?
Thomas:	Ja, ich war vor zwei Jahren in Marokko und vor drei Jahren in den Emiraten.
Taxifahrer:	Und was halten Sie (*wörtl.:* Was ist Ihre Meinung) von der Hauptstadt unseres schönen Landes?
Thomas:	Sie ist sehr schön und die Leute sind gutherzig und freundlich.
Taxifahrer:	Bitte, mein Herr. Das ist das Stadtzentrum.
Thomas:	Prima, halten Sie rechts, bitte. Wie viel kostet es (*wörtl.:* Wie viel ist der Tarif)?
Taxifahrer:	So viel Sie wollen (*wörtl.:* Wie Sie wollen).

5 Am Telefon

Samira:	Hallo!
Fatima:	Hallo Samira! Wie geht es dir?
Samira:	Gott sei Dank, mir geht es gut. Wer ist da (*wörtl.:* wer ist mit mir)?
Fatima:	Ich bin Fatima.
Samira:	Hallo Fatima! Wie geht's?
Fatima:	Alles in Ordnung. Ich habe dich gestern angerufen. Wo warst du? Was hast du gemacht?
Samira:	Am Morgen war ich im Büro und habe Briefe geschrieben. Nachmittags habe ich Sachen auf dem Markt gekauft. Und am Abend bin ich mit meinen Freunden ins Kino gegangen.
Fatima:	Hast du heute Zeit?
Samira:	Wie spät ist es jetzt?
Fatima:	Ein Uhr.
Samira:	Tut mir leid, ich habe einen Termin um halb drei. Aber ich habe morgen Zeit.
Fatima:	Hervorragend. Komm zu uns (*wörtl.:* in unser Haus) am Abend!
Samira:	Mit Vergnügen! Um wie viel Uhr?
Fatima:	Um acht.
Samira:	Super. Bis morgen, hoffentlich (*wörtl.:* so Gott will)!

6 Im Café von Abu Saied

Ahmad und Thomas gehen in ein Cafè und setzen sich.

Ahmad: Das ist das Café von Abu Saied. Abu Saied ist sehr nett. Du wirst sehen.
Abu Saied: Guten Abend, Jungs!
Ahmad: Guten Abend, Abu Saied! Wie geht's? Wie geht's der Familie?
Abu Saied: Also wirklich (*wörtl.:* bei Gott), alles in Ordnung. Was trinkt ihr?
Ahmad: Tee, bitte.
Abu Saied: Sofort! ... Wer ist das?
Ahmad: Das ist mein Freund Thomas aus Deutschland. Er lernt Arabisch und wird hier im Krankenhaus arbeiten.
Abu Saied: Willkommen! Ich bin Abu Saied. Verstehst du Arabisch?
Thomas: Ich spreche ein bisschen Arabisch.
Abu Saied: Bist du verheiratet?
Thomas: Ja, meine Frau arbeitet als Ingenieurin in einer internationalen Firma.
Abu Saied: Und was bist du von Beruf?
Thomas: Ich bin Arzt.
Abu Saied: Hast du Kinder?
Thomas: Ja, ich habe einen Sohn und eine Tochter.
Abu Saied: Wie alt sind sie?
Thomas: Mein Sohn ist sechs Jahre alt und meine Tochter ist vier Jahre alt.
Abu Saied: Wie schön (*wörtl.:* Was Gott will)!

7 Im Souk

Händler: Hallo mein Herr! Bitte sehr!
Ahmad: Hallo, ich brauche ein Geschenk und suche etwas Orientalisches.
Händler: Herzlich willkommen! Ich habe alles. Wasserpfeifen, Gold, Silber, Stoffe ...
Ahmad: Kann ich die Wasserpfeifen sehen?
Händler: Natürlich. Ich habe viele Farben und Formen. Trinken Sie einen Tee?
Ahmad: Ja, mit wenig Zucker, bitte.
Händler: Bitte schön, setzen Sie sich hierher, der Herr (*wörtl.:* Meister)!
Ahmad: Sagen Sie, was kostet diese gelbe, große Wasserpfeife?
Händler: Sie ist sehr günstig. Nur neunhundert Pfund.
Ahmad: Das ist zu teuer! Ich bezahle nur sechshundert Pfund.
Händler: Nein, wirklich (*wörtl.:* bei Gott), unmöglich! Diese Wasserpfeife ist von hoher Qualität! Nehmen Sie eine kleine! Diese rote Wasserpfeife ist preiswert, nur achthundert Pfund.
Ahmad: Und die blaue dort. Was kostet die?
Händler: Ich mache Ihnen einen guten Preis. Siebenhundertfünfzig Pfund.
Ahmad: Ich habe nur siebenhundert Pfund.
Händler: Nein, wirklich (*wörtl.:* bei Gott), Sie sind schwierig. Gut, die Wasserpfeife kostet siebenhundert Pfund.
Ahmad: Gut, ich nehme die blaue Wasserpfeife.
Händler: Glückwunsch (*wörtl.:* gesegnet), der Herr! Sie ist wirklich ein schönes Geschenk.
Ahmad: Danke (*wörtl.:* Gott segne dich).

8 Im Restaurant

Samira: Ich bin hungrig. Bestellen wir das Essen oder warten wir auf Ahmad?
Mahmud: Wir warten (noch) ein bisschen auf ihn.
Ahmad: Guten Abend, Leute! ... Tut mir leid für die Verspätung. Habt ihr bestellt?
Samira: Nein, wir haben auf dich gewartet. Was essen wir?
Ahmad: Ich weiß nicht. Was wollt ihr?
Mahmud: Ich möchte Salat und Linsensuppe und Hühnchen mit Reis.
Samira: Das ist eine gute Idee. Aber ich mag Linsen nicht. Ich nehme lieber (*wörtl.:* bevorzuge) Gemüsesuppe.

Mahmud: Herr Ober (*wörtl.:* Mein Herr)!
Kellner: Guten Abend! Bestellen Sie das Abendessen?
Mahmud: Ja, wir nehmen Salat und Gemüsesuppe und Hühnchen mit Reis.
Kellner: Und was trinken Sie? Es gibt Cola, Bier, Obstsaft ...
Mahmud: Cola, bitte.

Kellner: Bitte schön, guten Appetit!
Samira: Entschuldigen Sie, wir haben nicht Linsensuppe bestellt, wir haben Gemüsesuppe bestellt.
Kellner: Tut mir leid. Ich bringe sie sofort.

Mahmud: Herr Ober (*wörtl.:* Bruder)! Die Rechnung, bitte.
Ahmad: Nein, nein! Ich bezahle dieses Mal.
Mahmud: Nein, kommt nicht in Frage (*wörtl.:* bei Gott)! Die Rechnung (geht) auf mich.

9 Gesegneter Ramadan!

Thomas besucht Ahmads Familie im Ramadan.
Thomas: Guten Tag (*wörtl.:* Friede sei mit euch)! Gesegneter Ramadan!
Ahmad: Guten Tag (*wörtl.:* und mit dir Friede)! Bitte, komm rein! Wie geht es dir?
Thomas: Gott sei Dank, mir geht es gut. Bitte schön, das ist ein kleines Geschenk, Süßigkeiten für die Familie.
Ahmad: Vielen Dank.

Sie gehen ins Zimmer, dort ist Ahmads Bruder.
Ahmad: Setz dich, Thomas. Das ist mein Bruder Karim. Ich gebe meiner Mutter die Süßigkeiten. Sie ist in der Küche und kocht das Essen mit meiner Schwester.

Ahmad geht aus dem Zimmer.
Karim: Mein Bruder hat mir gesagt, dass du Arzt bist. Ich möchte auch Medizin studieren.
Thomas: Das ist eine ausgezeichnete Idee. Die Krankenhäuser brauchen gute Ärzte.

Ahmad und sein Vater kommen zurück.
Ahmad: Thomas, das ist mein Vater. Papa, das ist mein Freund Thomas aus Deutschland.
Abu Ahmad: Herzlich willkommen! Willkommen bei uns! Bist du hungrig?
Thomas: Nein, ich bin satt. Aber ihr fastet (*wörtl.:* seid Fastende) seit dem Morgen.
Abu Ahmad: Wir sind nicht sehr hungrig. Aber ich sage dir: Wir sind durstig!

Ahmads Mutter, seine Schwester und ihre kleine Tochter kommen herein.
Ahmad: Das ist meine Mutter und das ist meine Schwester Fatima. Und das ist Nadja, ihre Tochter, sie ist drei Jahre alt. Komm her, Nadja, sag hallo zu Onkel Thomas!

Umm Ahmad: Im Namen Gottes beginnen wir mit dem Essen (*wörtl.:* Fastenbrechen). Bitte, Thomas, nimm Datteln und Milch.
Abu Ahmad: Guten Appetit!

10 Ich möchte verreisen

Umm Ahmad: Bitte sehr, Thomas. Trink Tee!
Thomas: Vielen Dank. Ist Zucker drin? Ich weiß, dass die Araber Tee mit viel Zucker trinken.
Abu Ahmad: Du hast recht, arabischer Tee muss süß sein. Nimmst du eine Zigarette?
Thomas: Nein, danke. Ich rauche nicht.
Fatima: Du musst uns zum Fest des Fastenbrechens besuchen, Thomas.
Thomas: Leider kann ich euch nicht besuchen, weil ich nach Jordanien fahre über die Feiertage.
Fatima: Wie viele Tage möchtest du bleiben?
Thomas: Ich will zwei Wochen bleiben.
Abu Ahmad: Und was wirst du machen? Willst du viele Sehenswürdigkeiten besuchen?
Thomas: In den ersten Tagen werde ich in Amman sein. Und in der zweiten Woche will ich nach Petra und ans Rote Meer fahren.
Karim: Ich kann dir ein gutes Buch über Jordanien geben. Kannst du Arabisch lesen?
Thomas: Ja, aber ich brauche ein arabisch-deutsches Wörterbuch.
Ahmad: Apropos, ich habe gehört, dass es in der Palästinastraße eine neue Buchhandlung gibt.
Thomas: Toll! Was haltet ihr davon, morgen Nachmittag dort hinzugehen? Ist die Buchhandlung morgen geöffnet?
Fatima: Lass mich nachdenken … Ich glaube, dass sie im Ramadan nur vormittags geöffnet ist.

11 Über den Islam

Muezzin: Gott ist groß! *(viermal)*
Ich bekenne, dass es keinen Gott außer dem (einen) Gott gibt. *(zweimal)*
Ich bekenne, dass Mohammed der Gesandte Gottes ist. *(zweimal)*
Auf zum Gebet! *(zweimal)*
Auf zum Heil! *(zweimal)*
Gott ist groß! *(zweimal)*
Es gibt keinen Gott außer dem (einen) Gott.

Thomas: Beten alle Muslime fünfmal am Tag?
Ahmad: Das Gebet ist einer (*wörtl.:* ein Pfeiler) der fünf Pfeiler des Islam.
Thomas: Was bedeutet „die fünf Pfeiler des Islam"?
Ahmad: Sie sind die Pflichten eines jeden Muslims. Also erstens das Bekenntnis, dass es keinen Gott außer dem (einen) Gott gibt und dass Mohammed der Gesandte Gottes ist, zweitens das Gebet fünfmal am Tag, drittens die Zakat-Spende, viertens das Fasten im Ramadan und fünftens die Pilgerfahrt nach Mekka für den, der dazu in der Lage ist.
Thomas: Was ist „die Zakat-Spende"?
Ahmad: Das ist der Betrag, den die Reichen an die Armen zahlen.
Thomas: Und musst du jetzt beten?
Ahmad: Ich kann das Gebet ein wenig verschieben. Warum fragst du?
Thomas: Nur weil ich alles wissen möchte. Ich habe noch eine Frage.
Ahmad: Frag mich! Ich werde versuchen, auf alle Fragen zu antworten, die dir im Kopf herumschwirren.

Thomas: Wie ist das mit dem Alkohol und dem Schweinefleisch?
Ahmad: Alkohol und Schweinefleisch sind haram, d.h. verboten für den Muslim.
Thomas: Aber ich war gestern in einem Restaurant, in dem es Alkohol gibt.
Ahmad: Ja, Alkohol gibt es (*wörtl.:* ist vorhanden) in einigen Restaurants. Er ist nur für Nichtmuslime erlaubt.

12 Wie war die Reise?

Thomas ist mit dem Taxi nach Amman gefahren.

Mahmud: Gott sei Dank bist du heil angekommen! Wie geht es dir? Wie war die Reise?
Thomas: Danke (*wörtl.:* Gott schütze dich). Mir geht's gut. Aber die Reise war anstrengend.
Samira: Was ist passiert?
Thomas: Bevor das Taxi losgefahren ist, habe ich am Telefon mit einer Kollegin im Krankenhaus gesprochen. Und als der Taxifahrer wusste, dass ich Arzt bin, hat er mich hundert Fragen über alle Krankheiten gefragt, die es auf der Welt gibt: Erkältung, Durchfall, Krebs, Aids ... usw.! Und das (*wörtl.:* und so), bis wir in Amman angekommen sind.
Mahmud: Auf jeden Fall hat der Fahrer viel gelernt!
Thomas: Lasst uns dieses Thema vergessen! Wie geht es euch? Ahmad hat mir gesagt, dass ihr nach Ägypten gefahren seid. Wie war eure Reise?
Samira: Wirklich (*wörtl.:* bei Gott), Ägypten ist ein sehr schönes Land. Aber seit wir nach Amman zurückgekehrt sind, fühle ich mich schlecht (*wörtl.:* fühle ich, dass mein Zustand schlecht ist).
Thomas: Warum? Was ist das Problem?
Samira: Ich weiß nicht. Ich bin sehr müde, weil ich nicht gut schlafe. Und ich habe starke Kopfschmerzen und mein Rücken tut mir weh.
Thomas: Warst du beim Arzt?
Samira: Nein, ich hatte keine Zeit. Nachdem wir aus dem Urlaub zurückgekehrt sind, habe ich viel gearbeitet.
Thomas: Du musst dich erholen und Medikamente gegen die Schmerzen nehmen. Das ist wichtig für deine Gesundheit.
Mahmud: Los, wir werden in die Apotheke gehen und dir eine Medizin gegen die Schmerzen kaufen.
Thomas: Gute Besserung, hoffentlich (*wörtl.:* Mit eiliger Genesung, so Gott will)!

13 Ich brauche Hilfe

Thomas: Entschuldigung, ist das die Abteilung Visaverlängerung?
Beamtin: Ja, warten Sie hier! ... Haben Sie ein Passbild?
Thomas: Ja, bitte sehr.
Beamtin: Sie müssen diese Formulare ausfüllen. Und danach gehen Sie zum Kassenwart im zweiten Stock, bezahlen die Gebühren und bekommen die Gebührenmarken.
Thomas: Heißt das, nach dem Bezahlen der Gebühren kann ich die Verlängerung bekommen?
Beamtin: Nein, vor dem Erhalt der Verlängerung müssen Sie zum Außenministerium, Abteilung Ausländer, gehen. Dort werden die Papiere beglaubigt (*wörtl.:* findet die Beglaubigung der Papiere statt). Danach müssen Sie hierher zurückkommen (*wörtl.:* ist die Rückkehr notwendig), um den Stempel zu bekommen (*wörtl.:* für den Erhalt des Stempels).

Thomas: Ich glaube, ich brauche Ihre Hilfe. Können Sie (*wörtl.:* ist es in Ihrer Möglichkeit) mir beim Ausfüllen des Formulars helfen?
Beamtin: Gut, geben Sie mir Ihren Pass! ... Wie ist der Name?
Thomas: Thomas Müller.
Beamtin: Geburtsdatum und -ort, also wann und wo sind Sie geboren?
Thomas: Am 15. November 1976 in (*wörtl.:* der Stadt) Berlin in Deutschland.
Beamtin: Datum der Einreise, d.h. wann sind Sie ins Land eingereist?
Thomas: Am 26. Oktober.
Beamtin: Grund des Aufenthaltes, also was machen Sie hier?
Thomas: Ich besuche meine Freunde (*wörtl.:* unternehme den Besuch meiner Freunde).
Beamtin: Ich werde „Tourismus" schreiben. ... Aufenthaltsort, d.h. wo wohnen Sie?
Thomas: Im Hotel „Tausend und eine Nacht" in der Polizeistraße.
Beamtin: Sie sprechen gut Arabisch. Wo haben Sie es gelernt?

14 Fernsehnachrichten

Thomas sieht die Nachrichten im Fernsehen.
Moderator: Es ist genau acht Uhr mekkanischer Zeit. Guten Tag und grüß Gott (*wörtl.:* Friede sei mit euch und die Gnade und der Segen Gottes)! Sehr geehrte (*wörtl.:* meine lieben) Zuschauer, wir präsentieren Ihnen eine Zusammenfassung der wichtigsten Nachrichten:
- Der Ministerpräsident Israels trifft seinen palästinensischen Amtskollegen.
- Die Explosion einer Erdöl-Pipeline führt zum Tod von mehr als zehn Personen.
- Ein neuer UN-Bericht über die Zahl der Armen in der Welt ist erschienen.

Mahmud: Siehst du immer die Nachrichten im Fernsehen?
Thomas: Ja, ich versuche, sie täglich zu sehen.
Mahmud: Das ist sehr nützlich für das Erlernen der arabischen Sprache.
Thomas: Du hast recht, aber ehrlich gesagt sind die meisten Nachrichten für mich unverständlich, weil der Moderator schnell spricht und schwierige Wörter und Wendungen benutzt.
Mahmud: Du kannst Zeitung lesen mithilfe des Wörterbuchs. So lernst du die in den Nachrichten benutzten Wörter kennen.
Thomas: Das stimmt. Ich lese manchmal Zeitung, aber nur die Schlagzeilen, und meistens suche ich im Wörterbuch die unbekannten Wörter.
Mahmud: Sicherlich helfen dir die Bilder auch beim Verstehen der Nachrichten im Fernsehen.
Thomas: Im Gegenteil, ich glaube, Radiohören ist besser als Fernsehen, weil die Konzentration auf die Sprache einfacher ist.

15 Vom Frühling bis zum Herbst

Samira: Was hast du (*wörtl.:* ist mit dir), Thomas? Bist du traurig?
Thomas: Du hast recht, ich bin ein bisschen traurig, weil ich heute fahren muss.
Samira: Du kommst bald zurück! Und sicherlich vermisst dich deine Familie in Deutschland sehr.
Thomas: Ja, das stimmt. Ich habe sie seit langer Zeit nicht gesehen.
Samira: Das nächste Mal kommst du mit der ganzen Familie und wir laden euch alle in unser Sommerhaus am Meer ein.

Thomas:	Das ist eine gute Idee! Aber ich glaube, das Wetter ist im Sommer sehr heiß. Wir haben jetzt (*wörtl.:* sind jetzt im) Herbst und an allen Tagen, an denen ich hier war, war das Wetter immer sonnig.
Samira:	Ja, die Sonne scheint bei uns vom Frühling bis zum Herbst, aber im Winter ist das Wetter kalt, der Himmel ist bewölkt und es regnet und manchmal schneit es auch.
Thomas:	Das erinnert mich an das Lied von Fairuz auf der CD, die wir gekauft haben: „In den Tagen der Kälte und den Tagen des Winters ...“
Samira:	Ja, genau! Hat dir die Musik gefallen?
Thomas:	Sehr! Es ist das schönste Andenken! Vielen Dank auch für die Süßigkeiten und die Geschenke für meine Frau und die Kinder.
Samira:	Nichts zu danken. Ihr seid bei uns jederzeit willkommen!
Thomas:	Ihr müsst uns auch besuchen!
Samira:	Hoffentlich (*wörtl.:* so Gott will), aber ich habe Angst (*wörtl.:* fürchte mich) vor der Reise mit dem Flugzeug.
Thomas:	Ich bitte dich, Samira! Es gibt keinen Grund, Angst zu haben (*wörtl.:* zur Angst); die Reise mit dem Flugzeug ist bequem und sicher.
Mahmud:	Thomas! Bist du bereit? Das Taxi ist gekommen!
Thomas:	Ja, ich bin bereit! Los, gehen wir!
Samira:	Auf Wiedersehen, Thomas! Gute Reise (*wörtl.:* Im Schutze Gottes)!
Mahmud:	Auf Wiedersehen, Thomas! Grüße deine Frau und deine Kinder von uns und besucht uns im Sommer!
Thomas:	Tausend Dank für die Gastfreundschaft! Auf Wiedersehen und bis bald, hoffentlich (*wörtl.:* so Gott will).

Grammatikübersicht

Hier finden Sie im Überblick die wichtigsten Bausteine und Strukturen der arabischen Grammatik:

Personalpronomen

	Singular			Plural		
1. Person	*ich*	[anā]	أنا	*wir*	[naḥnu]	نَحْنُ
2. Person	*du (m)*	[anta]	أَنْتَ	*ihr*	[antum]	أَنْتُم
	du (f)	[anti]	أَنْتِ			
3. Person	*er*	[huwa]	هُوَ	*sie*	[hum]	هُم
	sie	[hiya]	هِيَ			

Personalsuffixe

An Substantiven entsprechen Personalsuffixe den Pronomen *mein, dein, sein* usw. An Präpositionen und Verben stehen sie für *mir / mich, dir / dich, ihn / ihm* usw.

	Singular			Plural		
1. Person		[-ī]	ـي		[-nā]	ـنا
	bei Verben:	[-nī]	ـني			
2. Person		[-ak]	ـَك		[-kum]	ـكُم
		[-ik]	ـِك			
3. Person		[-hu]	ـهُ		[-hum]	ـهُم
		[-hā]	ـها			

Verbkonjugation

Hier ist das Musterverb فَعَل — يَفْعَل [faʿal – yafʿal] *machen* dargestellt, wobei die Konsonanten ف — ع — ل [f-ʿ-l] als Platzhalter für beliebige andere Wurzelkonsonanten stehen.

Vergangenheit

	Singular		Plural	
1. Person	[faʿalt]	فَعَلْتُ	[faʿalnā]	فَعَلْنا
2. Person	[faʿalt]	فَعَلْتَ	[faʿaltum]	فَعَلْتُم
	[faʿalti]	فَعَلْتِ		
3. Person	[faʿal]	فَعَل	[faʿalū]	فَعَلوا
	[faʿalat]	فَعَلَت		

Gegenwart

	Singular		Plural	
1. Person	[afʿal]	أَفْعَل	[nafʿal]	نَفْعَل
2. Person	[tafʿal]	تَفْعَل	[tafʿalūn]	تَفْعَلون
	[tafʿalīn]	تَفْعَلين		
3. Person	[yafʿal]	يَفْعَل	[yafʿalūn]	يَفْعَلون
	[tafʿal]	تَفْعَل		

Verbstämme*

	Verb		Verbalsubstantiv	
Grundstamm	[faʿal – yafʿal]	فَعَل – يَفْعَل	*verschiedene Strukturen*	
	[faʿil – yafʿal]	فَعِل – يَفْعَل		
	[faʿal – yafʿil]	فَعَل – يَفْعِل		
	[faʿal – yafʿul]	فَعَل – يَفْعُل		
II. Stamm	[faʿʿal – yufaʿʿil]	فَعَّل – يُفَعِّل	[tafʿīl]	تَفْعيل
III. Stamm	[fāʿal – yufāʿil]	فاعَل – يُفاعِل	[mufāʿala]	مُفاعَلة
IV. Stamm	[afʿal – yufʿil]	أفْعَل – يُفْعِل	[ifʿāl]	إفْعال
V. Stamm	[tafaʿʿal – yatafaʿʿal]	تَفَعَّل – يَتَفَعَّل	[tafaʿʿul]	تَفَعُّل
VI. Stamm	[tafāʿal – yatafāʿal]	تَفاعَل – يَتَفاعَل	[tafāʿul]	تَفاعُل
VII. Stamm	[infaʿal – yanfaʿil]	اِنْفَعَل – يَنْفَعِل	[infiʿāl]	إنْفِعال
VIII. Stamm	[iftaʿal – yaftaʿil]	اِفْتَعَل – يَفْتَعِل	[iftiʿāl]	إفْتِعال
X. Stamm	[istafʿal – yastafʿil]	اِسْتَفْعَل – يَسْتَفْعِل	[istifʿāl]	إسْتِفْعال

Partizipien

	Aktivpartizip (machend)		Passivpartizip (gemacht)	
Grundstamm	[fāʿil]	فاعِل	[mafʿūl]	مَفْعول
II. Stamm	[mufaʿʿil]	مُفَعِّل	[mufaʿʿal]	مُفَعَّل
III. Stamm	[mufāʿil]	مُفاعِل	[mufāʿal]	مُفاعَل
IV. Stamm	[mufʿil]	مُفْعِل	[mufʿal]	مُفْعَل
V. Stamm	[mutafaʿʿil]	مُتَفَعِّل	[mutafaʿʿal]	مُتَفَعَّل
VI. Stamm	[mutafāʿil]	مُتَفاعِل	[mutafāʿal]	مُتَفاعَل
VII. Stamm	[munfaʿil]	مُنْفَعِل	[munfaʿal]	مُنْفَعَل
VIII. Stamm	[muftaʿil]	مُفْتَعِل	[muftaʿal]	مُفْتَعَل
X. Stamm	[mustafʿil]	مُسْتَفْعِل	[mustafʿal]	مُسْتَفْعَل

* *Der IX. Stamm fehlt in dieser Übersicht, da er fast nie verwendet wird.*

Lösungen zum Lektionsteil

Vorlektion

1 1. d. — 2. c. — 3. f. — 4. e. — 5. b. — 6. a.

2 1. 2007 — 2. 1999 — 3. 1963 — 4. 1985 — 5. 1951 — 6. 1643

3 1. السعودية — 3. السودان — 4. النور — 6. الشمس

4 1. الدرس — 2. البيت — 3. الخبز — 4. الأخبار — 5. الصباح — 6. السلام

5 1. باب — 2. سلام — 3. واحد — 4. صباح — 5. ألمانيا — 6. الإمارات

6 1. ا — 2. د — 3. ذ — 4. ر — 5. ز — 6. و

7 1. شُـكْـراً — 2. إِلَـى — 3. جَـوْلَـة — 4. أَهْـلاً — 5. لُـغَـة — 6. أُحِـبّ

Lektion 1 — الدرس الأول

1 1. — 2. — 4. — 5.

2 1. d. — 2. f. — 3. e. — 4. a. — 5. c. — 6. b.

3 1. هو مصري. هي مصرية. — 2. هو سوري. هي سورية. — 3. هوألماني. هي ألمانية. — 4. هو أردني. هي أردنّية. — 5. هو فلسطيني. هي فلسطينية.

4 1. أنا — 2. هم — 3. هو — 4. هي — 5. أنت

5 *(Um Verwechslungen im unvokalisierten Schriftbild zu vermeiden, sollten in deutschen Namen möglichst alle Vokale durch einen Buchstaben dargestellt sein.)*

6 1. أنا بخير — 2. اسمي... — 3. أنا من ألمانيا — 4. لا، أنا ألماني (ـــة)

7 1. أهلاً يا أحمد! — 2. كيف الحال؟ — 3. هؤلاء — 4. هذا — 5. هذا — 6. هذه

Lektion 2 — الدرس الثاني

1 1. لا — 2. نعم — 3. نعم

2 1. b. — 2. c. — 3. d. — 4. a.

3 1. مساء الخير! — 2. عندكم غرفة بسرير واحد؟ — 3. ليلتين. — 4. بكم الغرفة؟

4

	جواز		مدينة	
	Singular	Plural	Singular	Plural
1. Person	جوازي	جوازنا	مدينتي	مدينتنا
2. Person	جوازَك	جوازكم	مدينتَك	مدينتكم
	جوازِك		مدينتِك	
3. Person	جوازه	جوازهم	مدينته	مدينتهم
	جوازها		مدينتها	

5 1. مدينتين — 2. طفلين — 3. موظّفين — 4. غرفتين — 5. سريرين — 6. أسبوعين

6 1. c. — 2. b. — 3. a.

7 1. مدينة — 2. جواز — 3. ليلة — 4. أسبوع — 5. ألماني — 6. مفتاح

8 1. أردنّيين — 2. بيوت — 3. طاولات — 4. غرف — 5. أطفال — 6. سوريات

9 1. عندي طفلين. — 2. عنده جوازين. — 3. عندنا فندق. — 4. عندكم غرفة بسريرين؟ — 5. عندك المفتاح؟ — 6. عندها حديقة.

10 [šū ismhu bi-l-ʿarabī]?

11 [ismhā ēh]?

Lektion 3 — الدرس الثالث

1 a. أين المدينة القديمة؟ — b. أين الساحة الجديدة؟ — c. أين الجامع الكبير؟

2 إلى المحطة

3 1. d. — 2. b. — 3. a. — 4. e. — 5. c.

4 1. أيّام — 2. بناية — 3. ليلة — 4. أمتار — 5. جوامع — 6. طريق

5 1. *die große Moschee* — 2. *ein neuer Tag* — 3. *Die Märkte sind alt.* — 4. *Mein Haus ist nah.*

6 1. غرفة صغيرة — 2. جواز سوري — 3. محطّة كبيرة — 4. مطعم عربي

7 1. الشارع الكبير — 2. البيت العربي — 3. البناية الجديدة — 4. الطفل الصغير

8 1. مدن جديدة — 2. الحدائق الصغيرة — 3. الساحات القديمة — 4. طاولات كبيرة

9 1. هو بعيد. — 2. هي كبيرة. — 3. هي قديمة. — 4. هم عرب.

10 1. في — 2. جنب — 3. أمام — 4. فوق ، على

Lektion 4 الدرس الرابع

1 في البيت: غرفة ، باب ، طاولة ، مطبخ — في المدينة: ساحة ، شارع ، سيّارة ، باص

2 1. b. — 2. d. — 3. c. — 4. a. — 5. f. — 6. e.

3 باب المكتبة ، باب السيّارة ، مفتاح الباب ، مفتاح الجامعة ، مفتاح الباص ، سائق السيّارة ، سائق الباص ، مكتبة الجامعة ، مكتبة الأطفال ...

4 1. غرفة النوم الصغيرة — 2. مركز المدينة القديم — 3. بناية مدرسة كبيرة — 4. سائقي تاكسي لطفاء

5 مفاعل: مراكز ، مدارس ، مطاعم ، متاحف — ـــات: مطارات ، مكتبات ، سينمات ، محطّات

6 1. لست إنكليزي. — 2. لسنا من ألمانيا. — 3. الجامعة ليست قريبة. — 4. السوق ليست كبيرة.

7 1. المدينة كانت كبيرة. — 2. العاصمة كانت جميلة. — 3. كنّا في بلد عربي. — 4. الناس كانوا طيّبين ولطفاء.

8 1. منذ — 2. من قبل — 3. قبل — 4. قبل

9 1. نعم ، كان في بلد عربي من قبل. — 2. كان في المغرب و في الإمارات.

10 1. a. المدرسة مش بعيدة. b. المدرسة مو بعيدة. — 2. a. هو مش من مصر. b. هو مو من مصر.

Lektion 5 الدرس الخامس

1 .1 فعلت — .2 كنت — .3 شربت — .4 ذهبت — .5 اشتريت

2 .1 كانت في المكتب وكتبت رسائل. — .2 اشترَت أشياء من السوق. — .3 ذهبَت مع أصدقائها إلى السينما.

3 .1 ظهراً — .2 بعد الظهر — .3 مساءً — .4 ليلاً — .5 صباحاً

4 .1 الساعة احدى عشر — .2 الساعة ثلاثة وعشر دقائق — .3 الساعة خمسة وثلث — .4 الساعة ستة ونصف — .5 الساعة عشرة إلاّ ربع

5 .1 — .3 — .5 نعم ، عندي وقت. — .2 — .4 — .6 أنا آسف (ـة) ، عندي موعد.

6 .1 راحوا إلى السينما. — .2 راحوا إلى السوق. — .3 راحوا إلى الجامعة.

7 .1 ماذا فعلت أمس؟ — .2 [ʿamilt ēh imbāriḥ]?

8 .1 عندك وقت اليوم؟ — .2 غداً ، إن شاء الله.

Lektion 6 الدرس السادس

1 R 1. — F 2. — F 3. — F 4. — R 5.

2 .1 ذهبوا إلى المقهى. — .2 شربوا شاي. — .3 نعم ، توماس متزوّج. — .4 تشتغل زوجته كمهندسة. — .5 عمره ستّ سنوات. — .6 عمرها أربع سنوات.

3 .1 يشتغل الطبيب في المستشفى. — .2 يشتغل التاجر في السوق. — .3 تشتغل الراقصة في المسرح. — .4 يشتغل المدرّس في المدرسة. — .5 يشتغل السائق في السيّارة. — .6 يشتغل الطبّاخ في المطبخ.

4 .1 موّظفة — .2 مترجمة — .3 صيدلية — .4 مهندسة — .5 طالبة — .6 حلاّقة

5 .1 يذهب إلى الجامعة. — .2 يشربون قهوة. — .3 تعرفين كثيراً. — .4 أرى / ترى الأهرام في مصر — .5 تسكن العائلة في دمشق. — .6 ندرس اللّغة العربية.

6 .1 سيتكلّمون اللغة الألمانية. — .2 سيشتغل في شركة. — .3 ستفهم العربية. — .4 أين سنجلس؟ — .5 ماذا سيفعل؟ — .6 ستسكنون في الفندق.

7 *(Vergleichen Sie Ihre Antworten mit den Varianten unter der Überschrift „Über Familie und Beruf sprechen" in der Rubrik:* استعمال اللغة*)*

Lektion 7 — الدرس السابع

1 .1 لو سمحت ، أبحث عن طاولة. — .2 تفضّل ، عندي طاولات كثيرة. — .3 بكم هذه؟ — .4 بستّمائة ليرة. — .5 طيّب ، آخذ الطاولة. — .6 مبروك! — .7 الله يبارك فيك!

2 .1 أحتاج إلى هدية. — .2 أبحث عن محلّ. — .3 أسأل عن الأسعار.

3 .1 بتسعمائة ليرة. — .2 بثمانمائة ليرة. — .3 بسبعمائة وخمسين ليرة. — .4 يدفع سبعمائة ليرة.

4 .1 إذهب إلى اليسار! — .2 إذهبي إلى اليسار! — .3 إجلس هنا! — .4 إجلسي هنا! — .5 إشرب الشاي! — .6 إشربي الشاي!

5 .1 إعمل لي سعر جيّد! — .2 إسأل عن أبو سعيد! — .3 خذ الحزام الأسود! — .4 إجلسي جنب الشبّاك! —.5 أكتبي رسالة!

6 **1.** g — **2.** f — **3.** a — **4.** c — **5.** d — **6.** e — **7.** b

7 .1 نحتاج إليه. — .2 المفتاح عليها. — .3 تبحثون عنه. — .4 كنت عندهم. — .5 يسأل عنه. — .6 ذهب إليها.

Lektion 8 — الدرس الثامن

1 .1 بقدونس — .3 بصل — .4 خيار — .5 طماطم — .8 ليمون — .9 نعناع

2 .1 ماء — .2 فواكه — .3 خبز — .4 بيض

3 .1 انتظره. — .2 أكلها. — .3 درسها. — .4 سألها.

4 1. أشرب كأس ماء. — 2. أكتب رسائل. — 3. أشتري فواكه. — 4. أدفع الحساب.

5 1. أخذت السمك والرزّ. — 2. عرفت الطريق إلى المتحف. — 3. سكنت في بلد عربي. — 4. فهمت الإنكليزية؟

6 1. لا أحبّ الشوربة ، أفضّل السلطة. — 2. لا أحبّ القهوة ، أفضّل الشاي. — 3. لا أحبّ الكولا ، أفضّل العصير. — 4. لا أحبّ التفّاح ، أفضّل البرتقال.

7 1. ما — 2. ما — 3. لا — 4. لا

8 1. يا سيدي! — 2. نأخذ لحم الغنم مع البطاطا. — 3. لو سمحت ، ما طلبنا الرزّ ، طلبنا البطاطا. — 4. الحساب ، من فضلك.

Lektion 9 — الدرس التاسع

1 1. وعليكم السلام! — 2. أنا بخير ، الحمد لله. — 3. وأنت / أنتم بخير! — 4. الله يبارك فيك / فيكم!

2 1. R — 2. R — 3. F — 4. F — 5. R — 6. R

3 1. قال إنّ عنده ابنين وبنت. — 2. قال إنّ أحمد مهندس. — 3. قال إنّ كريم يدرس الطبّ. — 4. قال إنّ فاطمة مدرّسة. — 5. قال إنّهم عطشانين. — 6. قال إنّهم ما شربوا منذ الصباح.

4 1. هذا أخي. — 2. هذا زوجي. / هذه زوجتي. — 3. هذا أبي. — 4. هذا ابني. — 5. هذه أمّي. — 6. هذه أختي.

5 1. e — 2. a — 3. f — 4. b — 5. g — 6. c — 7. d

6 1. غالي — 2. ممكن — 3. جوعان — 4. أخ — 5. أخذ – يأخذ — 6. خرج – يخرج

7 1. يريد أن يدرس الطبّ. — 2. يريد أن يذهب إلى السينما. — 3. يريد أن يشتري حلويات. — 4. يريد أن يكتب رسالة.

8 1. أرسل إليكم رسالة. — 2. تصل الرسالة. — 3. أحمد يعطي أمّه الحلويات. — 4. نادية تحبّ الحلويات. — 5. نريد أن نذهب إلى السينما. — 6. يقول لي إنّه يريد أن يدرس الطبّ.

9 .1 الأصدقاء دخلوا البيت. — .2 أمّ أحمد طبخت الأكل. — .3 أحمد خرج من الغرفة. — .4 أحمد وأبوه رجعوا. —
.5 فاطمة وضعت الهدية على الطاولة. — .6 أمّ أحمد قالت: خذوا التمر والحليب!

Lektion 10 الدرس العاشر

1 .1 يمكن أن يسافر إلى كلّ الأماكن. — .2 يمكن أن يزور المسرح الروماني. — .3 يمكن أن يسافر إلى البتراء. — .4 يمكن أن يسبح في البحر. — .5 يمكن أن يستمتع بطبيعة الصحراء. — .6 يمكن أن يستريح في مدينة العقبة.

2 .1 — .2 — .3 ● بكلّ سرور! هذه فكرة جيدة! / ● أنا آسف (ــة). لا أستطيع.

3 .1 ما رأيك أن نأكل في المطعم؟ — .2 ما رأيك أن نرجع إلى البيت؟ — .3 ما رأيك أن نشتري خبز؟ — .4 ما رأيك أن نسأل الشرطي؟ — .5 ما رأيك أن نأخذ تاكسي؟

4 .1 يجب عليك أن تزورنا. — .2 لا أستطيع أن أزوركم. — .3 أريد أن أسافر إلى سوريا. — .4 أريد ان أبقى أسبوعين. — .5 يمكن أن أعطيك كتاب. —
.6 تستطيع أن تقرأ العربية؟

5 .1 أنّ — .2 أن — .3 أن — .4 أن — .5 أنّ — .6 أنّ

6 .1 يمكن أن يكون المدرّس من مصر. / أعرف أنّ المدرّس من مصر. — .2 يمكن أن يكون الكتاب في غرفتي. / أعرف أنّ الكتاب في غرفتي. — .3 يمكن أن تكون المكتبة مفتوحة. / أعرف أنّ المكتبة مفتوحة.

7 .1 سمعت أنّها مدرّسة. — .2 أظنّ أنّها مفتوحة. — .3 قرأت أنّهم يشربون الشاي مع سكّر كثير. — .4 قال إنّه ذهب إلى البيت. — .5 ما فهمت كثيراً لكنّه يحبّ الفيلم. — .6 لا نطلب الشوربة لأنّها تفضّل السلطة.

8 .1 اليوم الأوّل — .2 الأيّام الأولى — .3 الأسبوع الأوّل — .4 الأسابيع الأولى —
.5 الليلة الثالثة — .6 السنة الرابعة

Lektion 11 الدرس الحادي عشر

2 أركان الإسلام الخمسة هي أوّلاً الشهادة ، ثانياً الصلاة ، ثالثاً الزكاة ، رابعاً الصيام وخامساً الحجّ.

3 **1.** *jeder Tag* — **2.** *der ganze Tag* — **3.** *alle Tage* — **4.** *jedes Jahr* — **5.** *das ganze Jahr* — **6.** *alle Jahre* — **7.** *jeder Muslim* — **8.** *alle Muslime*

4 1. المسلمين يصلّون خمس مرّات في اليوم. — 2. أسافر إلى تونس مرّة واحدة في السنة. — 3. كان في المغرب أربع مرّات. — 4. قرأت الكتاب مرّتين. — 5. سألته مائة مرّة. — 6. أسأله مرّة أخرى.

5 1. المدرّس — 2. الطبّاخ — 3. الطالب — 4. الطبيب

6 1. الّذي *das Hotel, in dem wir wohnen* — 2. الّذي *das Café, in dem wir sitzen* — 3. الّتي *die Universität, an der wir studieren* — 4. الّتي *die Dinge, die wir brauchen* — 5. الّذين *die Freunde, auf die wir warten* — 6. الّتي *die Geschenke, die wir kaufen* — 7. الّذي *der Herr, den wir nach dem Weg fragen* — 8. الّتي *der Brief, den wir euch schicken*

7 1. الشركة الّتي اشتغلت فيها — 2. المحلّ الّذي بحثت عنه — 3. الرسالة الّتي كتبتها — 4. الكتاب الّذي قرأته — 5. الأكل الّذي طلبته — 6. الدجاج الّذي أكلته — 7. الحساب الّذي دفعته — 8. المفتاح الّذي وضعته على الطاولة

8 **1.** *(kein Relativpronomen)* — 2. الّذي — **3.** *(kein Relativpronomen)* — 4. الّذي — **5.** *(kein Relativpronomen)* — 6. الّذي

9 1. أحبّ الأكل الّذي تطبخه. — 2. عندي أصدقاء لا يأكلون اللحم. — 3. وضعت الهدية الّتي اشتريناها على الطاولة.

Lektion 12 الدرس الثاني عشر

1 1. رأس — 2. عين — 3. صدر — 4. بطن — 5. ذراع — 6. يد — 7. رجل — 8. قدم

2 1. عندي آلام في قلبي. — 2. عندي آلام في ظهري. — 3. عندي آلام في كتفي. — 4. عندي آلام في أسناني.

3 1. c. — 2. d. — 3. b. — 4. g. — 5. h. — 6. e. — 7. f. — 8. a.

4 1. كنت أتناول أدوية ضدّ الآلام. — 2. كنت أجيب على الأسئلة. — 3. سميرة كانت تشتغل كثيراً. — 4. أحمد كان يقرأ الكتاب. — 5. كنّا نستريح في الحديقة. — 6. كنتم تنتظرون في المحطّة.

5 1. سافر إلى عمّان. — 2. السفر كان متعب. — 3. تكلّم على التليفون مع زميلة في المستشفى. — 4. سأله السائق عن كلّ الأمراض الّتي توجد في العالم. — 5. سافروا إلى مصر. — 6. لا ، ما كانت عند الطبيب. — 7. بعد أن رجعت كانت تشتغل كثيراً. — 8. يذهبون إلى الصيدلية.

6 1. بعد أن شربوا الشاي في المقهى ذهبوا إلى السوق. — 2. بعد أن اشتروا اللحم والرز رجعوا إلى البيت. — 3. بعد أن طبخوا الأكل جلسوا. — 4. بعد أن أكلوا الأكل شربوا الشاي.

7 1. منذ أن سافرت إلى مصر عندي أصدقاء كثيرين. — 2. منذ أن درست العربية أفهم كثيراً. — 3. منذ أن وصلوا إلى هنا يأكلون كثيراً. — 4. منذ أن أكل الدجاج عنده آلام في بطنه.

8 1. عندما أكتب الرسالة أحتاج إلى قاموس. — 2. عندما أزور صديقي نتكلّم بالعربية فقط. — 3. عندما كنت أتكلّم على التليفون رأيت صديقي. — 4. عندما كنت في سوريا اشتريت هدايا كثيرة.

9 1. السائق سألني مائة سؤال حتّى وصلنا إلى عمّان. — 2. تنتظره حتّى يصل إلى هنا. — 3. يبقى هناك حتّى يمكنه أن يسافر إلى هنا. — 4. تدرس العربية حتّى تفهم كلّ شيء.

Lektion 13 الدرس الثالث عشر

1 1. الثالث عشر من فبراير عام ألفين وسبعة — 2. الرابع عشر من أكتوبر عام ألف وتسعمائة وثمانين — 3. الخامس من نوفمبر عام ألف وتسعمائة وخمسة وسبعين — 4. الثلاثين من ديسمبر عام ألف وتسعمائة وثمانية وستّين — 5. الثاني والعشرين من يناير عام ألفين وتسعة

2 1. أربعة آلاف — 2. ثلاثة آلاف — 3. ثلاثة آلاف وثمانمائة — 4. ثلاثة آلاف ومائة — 5. ثلاثة آلاف وستّمائة وخمسين — 6. ثلاثة آلاف وخمسمائة

3 1. دخّن – يدخّن / فكّر – يفكّر – 2. سافر – يسافر / ساعد – يساعد – 3. أرسل – يرسل / أعطى – يعطي – 4. تعلّم – يتعلّم / تكلّم – يتكلّم – 5. اشتغل – يشتغل / اشترى – يشتري – 6. استعمل – يستعمل / استمتع – يستمتع

4 1. b. — 2. e. — 3. d. — 4. h. — 5. c. — 6. g. — 7. a. — 8. f.

5 1. أوّلاً: ملء الإستمارات – 2. ثانياً: الذهاب إلى أمين الصندوق – 3. ثالثاً: دفع الرسوم – 4. رابعاً: الذهاب إلى وزارة الخارجية – 5. خامساً: الرجوع إلى قسم التمديد

6 1. قمت بزيارة أصدقائي في الأردنّ. – 2. قاموا بزيارة الأهرام في مصر. – 3. نقوم بسفر إلى البحر. – 4. قام بدراسة العربية في الجامعة. – 5. هل قمتم بإرسال كلّ الرسائل؟ – 6. المسلمين يقومون بالصيام في رمضان.

7 1. تمّ إرسال الرسائل. – 2. يتمّ إرسال الرسائل. – 3. تمّ دفع الرسوم. – 4. تمّ تصديق الأوراق. – 5. يتمّ تمديد الفيزا.

8 1. قبل إنطلاق التاكسي كنت أتكلّم على التليفون. – 2. بعد دفع الرسوم تحصل على الطوابع. – 3. منذ دراسة العربية أسافر إلى البلدان العربية كثيراً. – 4. قبل زيارة المتحف أريد أن أقرأ هذا الكتاب.

Lektion 14 الدرس الرابع عشر

1 1. R — 2. F — 3. R

2 1. دولة – 2. خبر – 3. كلمة – 4. بداية – 5. رياضة – 6. شكراً

3 1. b. — 2. d. — 3. a. — 4. f. — 5. c. — 6. e.

4 *Zustimmung:* معك حقّ. / بالضبط! / هذا صحيح. / أكيد!
Ablehnung: بالعكس. / هذا غلط. / لا ، أبداً! / مستحيل!

5 1. ماضي – 2. سلام – 3. قليل – 4. اليوم – 5. سهل – 6. قديم

6 1. أصغر – 2. أكثر – 3. أرخص – 4. أهمّ – 5. أجمل – 6. أقدم

7 1. السوق أقدم من المتحف. – 2. الباص أرخص من التاكسي. – 3. الدراسة أهمّ من العطلة. – 4. العربية أصعب من الإنكليزية.

8 .1 أكبر سيّارة – .2 أرخص سعر – .3 أهمّ شخص – .4 أكثر أشخاص

9 .1 الأكل المطلوب – .2 الكلمات المفهومة – .3 الأشخاص المعروفين – .4 القاموس المستعمل

10 .1 أنا محتاج (ـة) إلى قاموس. – .2 أنا مشاهد (ة) الأخبار. – .3 سميرة فاهمة الإنكليزية. – .4 أنا متعلّم (ـة) اللغة العربية.

11 .1 من الممكن أن يدرس الطبّ. – .2 (هل) من الممكن أن أدخّن سيجارة؟ – .3 من المستحيل أن أدفع هذا السعر. – .4 من المفهوم أن تزور عائلتك. – من المهمّ أن أشتري سيّارة أكبر. – .6 من المنتظر أن يصل اليوم.

Lektion 15 — الدرس الخامس عشر

1 .1 رابع – .2 ثامناً – .3 هي – .4 سنة – .5 شتاء – .6 ثلج

2 .1 يسقط المطر. – .2 يسقط الثلج. – .3 السماء غائمة. – .4 تشرق الشمس.

3 .1 هو حزين لأنّه يجب أن يسافر. – .2 تدعوه إلى بيتهم الصيفي. – .3 الطقس في الصيف حارّ جدّاً. – .4 الطقس في الشتاء بارد. – .5 الموسيقى أعجبته كثيراً. – .6 سميرة لا تريد أن تسافر بالطائرة لأنّها تخاف منها.

4 .1 أدعوه إلى عيد ميلادي. – .2 أدعوها إلى عيد ميلادي. – .3 أدعوكَ إلى عيد ميلادي. – .4 أدعوكِ إلى عيد ميلادي. – .5 أدعوكم إلى عيد ميلادي. – .6 أدعوهم إلى عيد ميلادي.

5 .1 البنت جاءت من بيتها القديم. – .2 حبيبها قال لها: إنتظريني! – .3 البنت انتظرت في الطريق. – .4 حبيبها ذهب ونسيها.

6 .1 أنا أشتري جريدة اليوم. – .2 أنت تمشي في شوارع المدينة. – .3 هم يشترون هدايا. – .4 هو يعطي الأطفال الحلويات. – .5 نحن نعطي سميرة الهدية. – .6 هي تمشي إلى السوق. – .7 أنتم تلتقون أصدقاءكم. – .8 أنتِ تلتقين صديقتك.

Lösungen zu den Tests

34-26 Punkte: مُمْتاز! – Tolle Leistung!

25-17 Punkte: جيّد! – Sie haben schon gute Fortschritte gemacht. Sehen Sie sich jetzt noch einmal die Themen im Buch an, mit denen Sie Probleme hatten.

Weniger als 17 Punkte: العربيّة لَيْست سهْلة. – Na ja, das können Sie bestimmt besser. Wiederholen Sie die Grammatikerklärungen und den Wortschatz der letzten fünf Lektionen noch einmal.

Test 1

1 1. F — 2. F — 3. F — 4. R

2 1. هنا — 2. قديم — 3. بعيد — 4. تحت — 5. قبل — 6. كبير

3 1. سيّد — 2. بلد — 3. صديق — 4. مفتاح — 5. قهوة — 6. جواز

4 1. متاحف — 2. مطاعم — 3. مطابخ — 4. مراكز — 5. مكاتب — 6. مدارس

5 1. فندق قديم — 2. سيّارات جديدة — 3. أطفال صغار — 4. أشياء كثيرة — 5. موظّفة لطيفة — 6. سيّدات جميلات

6 1. e — 2. d — 3. f — 4. a — 5. c — 6. b

Test 2

1 1. F — 2. R — 3. F — 4. F

2 1. لون — 2. فواكه — 3. عائلة — 4. بلد — 5. يوم — 6. أربعة

3 1. b — 2. a — 3. c — 4. e — 5. f — 6. d

4 1. اللغة العربية ليست سهلة. — 2. تسكن العائلة في بيت جديد. — 3. الأسعار في هذا المحلّ رخيصة. — 4. الناس جوعانين في رمضان. — 5. نشرب الشاي مع سكر كثير. — 6. تقع العاصمة في الجنوب.

5 1. عن — 2. إلى — 3. ل — 4. عن ، إلى — 5. قبل ، من — 6. إلى ، في

6 1. أخي يريد أن يدرس الطبّ. — 2. أعرف أنّ العرب يحبّون الحلويات. — 3. لا أستطيع أن أزوركم في عيد الفطر. — 4. قرأت أنّ الأردنّ بلد جميل. — 5. ما رأيكم أن نسافر إلى البحر؟ — 6. سمعت أنّ هناك فيلم جديد في السينما.

Test 3

1 1. الثقافة — 2. السياسة — 3. الصحة — 4. الإقتصاد

2 1. طريق — 2. قلب — 3. رابع — 4. صيف — 5. بارد — 6. طالب

3 1. c — 2. f — 3. d — 4. e — 5. a — 6. b

4 1. حصول — 2. زيارة — 3. مساعدة — 4. إرسال — 5. تعلّم — 6. إستعمال

5 1. الرسائل المكتوبة — 2. الصديق المنتظر — 3. الكلمات المستعملة — 4. مطاعم موجودة في المدينة — 5. أصدقاء معروفين — 6. كلمة غير مفهومة

6 1. قبل أن أتعلّم العربية ما عرفت كثيراً عن البلدان العربية. — 2. عندما كنت في مصر تعرّفت على أصدقاء كثيرين. — 3. بعد أن رجعت إلى ألمانيا كنت مشتاق إلى أصدقائي العرب. — 4. منذ أن اشتريت القاموس أبحث عن كلمات كثيرة. — 5. عندما أزور الأردنّ سأسافر إلى البحر الأحمر. — 6. سأدرس العربية حتّى أفهم كلّ شيء.

Glossar

أ Alif

9 Vater [ab / ābāʾ] أب / آباء
13 August [āb] آب
14 nie, niemals [abadan] أبداً
13 April [abrīl] أبريل
6 Sohn [ibn / abnāʾ] ابن / أبناء
7 weiß [abyaḍ] *(m)* أبيض
[ittaṣal – yattaṣil] (ب) اتّصل – يتّصل VIII
5 anrufen
4 Autobahn [utūstrād] أتوستراد
3 zwölf [iṯnā – ʿašr] إثنا عشر
VL zwei [iṯnain] إثنين
5 Montag [al-iṯnain] الإثنين
[aǧāb – yuǧīb] (على) أجاب – يجيب IV
11 antworten (auf)
4 Miete; Tarif [uǧra] أجرة
11 verschieben [aǧǧal – yuʾaǧǧil] أجّل – يؤجّل II
13 Ausländer [aǧnabī / aǧānib] أجنبي / أجانب
1 lieben [aḥabb – yuḥibb] أحبّ – يحبّ IV
[iḥtāǧ – yaḥtāǧ] (إلى) احتاج – يحتاج VIII
7 brauchen
5 Sonntag [al-aḥad] الأحد
3 elf [iḥdā-ʿašr] إحدى عشر
12 fühlen [aḥass – yuḥiss] (ب) أحسّ – يحسّ IV
9 besser(e,r,s); beste(r,s) [aḥsan] أحسن
8 bringen [aḥḍar – yuḥḍir] أحضر – يحضر IV
1 Ahmad *(Name)* أحمد
7 rot [aḥmar] *(m)* أحمر
14 manchmal [aḥyānan] أحياناً
7 Bruder [aḫ / iḫwa] أخ / إخوة
9 Schwester [uḫt / aḫawāt] أخت / أخوات
2 nehmen [aḫaḏ – yaʾḫuḏ] أخذ – يأخذ
11 andere(r) [āḫar, uḫrā] *(f)* أخرى ، *(m)* آخر
7 grün [aḫḍar] *(m)* أخضر
[addā – yuaddī] (إلى) أدّى – يؤدّي II
14 führen (zu)

13 März [āḏār] آذار
12 Ohr [uḏun / āḏān] *(f)* أذن / آذان
4 wollen; mögen [arād – yurīd] أراد – يريد IV
5 Mittwoch [al-arbiʿāʾ] الأربعاء
VL vier [arbaʿa] أربعة
VL Jordanien [al-urdunn] الأردنّ
1 jordanisch; Jordanier [urdunnī / -īn] أردنّي
13 (das) Senden [irsāl] إرسال
9 schicken [arsal – yursil] أرسل – يرسل IV
6 verwitwet [armal] أرمل
7 blau [azraq] *(m)* أزرق
2 Woche [usbūʿ / asābīʿ] أسبوع / أسابيع
[ustāḏ / asātiḏa] أستاذ / أساتذة
7 Professor; Meister
[istarāḥ – yastarīḥ] استراح – يستريح X
10 erholen, ausruhen
[istaṭāʿ – yastaṭīʿ] استطاع – يستطيع X
10 können, fähig sein
[istaʿān – yastaʿīn] استعان – يستعين X
11 um Hilfe bitten
13 Benutzung, Gebrauch [istiʿmāl] إستعمال
[istaʿmal – yastaʿmil] استعمل – يستعمل X
13 benutzen
[istaqbal – yastaqbil] استقبل – يستقبل X
14 empfangen
13 Formular [istimāra / -āt] إستمارة
14 (das) Zuhören [istimāʿ] (إلى) إستماع
[istamtaʿ – yastamtiʿ] (ب) استمتع – يستمتع X
10 genießen
10 Israel [isrāʾīl] إسرائيل
5 tut mir leid (für) [āsif / -īn] (على) آسف
10 leider [li-l-asaf] للأسف
11 Islam [islām] إسلام
1 Name [ism] اسم
7 braun [asmar] *(m)* أسمر
12 Durchfall [ishāl] إسهال
14 einfacher(e,r,s); einfachste(r,s) [ashal] أسهل

7 schwarz [aswad] *(m)* أسود
4 Schild; Zeichen [išāra / -āt] إشارة
5 kaufen [ištarā – yaštarī] اشترى — يشتري VIII
6 arbeiten [ištaġal – yaštaġil] اشتغل — يشتغل VIII
15 scheinen [ašraq – yušriq] أشرق — يشرق IV
7 blond [ašqar] *(m)* أشقر
13 Ausstellung; Ausfertigung [iṣdār] إصدار
7 gelb [aṣfar] *(m)* أصفر
[aḍāf – yuḍīf] (إلى) أضاف — يضيف IV
8 hinzufügen (zu)
7 Zusatz [iḍāfa] إضافة
[bi-l-iḍāfa ilā ḏālik] بالإضافة إلى ذلك
7 außerdem
9 besser(e,r,s); beste(r,s) [aṭyab] أطيب
15 gefallen [aʿǧab – yuʿǧib] أعجب — يعجب IV
2 geben [aʿṭā – yuʿṭī] أعطى — يعطي IV
15 Lied [uġnīya / aġānī] أغنية / أغاني
9 Fastenbrechen; Frühstück [ifṭār] إفطار
sich aufhalten; [aqām – yuqīm] أقام — يقيم IV
13 wohnen
1 Aufenthalt [iqāma / -āt] إقامة
14 Wirtschaft [iqtiṣād] إقتصاد
11 größer(e,r,s); größte(r,s) [akbar] أكبر
13 Oktober [uktūbar] أكتوبر
14 mehr; die meisten [akṯar] أكثر
8 essen [akal – yaʾkul] أكل — يأكل
8 Essen, Speise [akl / -āt] أكل
14 sicherlich, bestimmt [akīd] أكيد
5 außer [illā] إلاّ
11 Gottheit [ilāh] إلـٰه
11 diejenige, welche [allatī] الّتي
14 treffen [iltaqā – yaltaqī] التقى — يلتقي VIII
15 Melodie [alḥān] ألحان
11 derjenige, welcher [allaḏī] الّذي
11 diejenigen, welche [allaḏīn] الّذين
3 tausend [alf / ālāf] ألف / آلاف
1 Gott [allāh] الله
12 Schmerz [alam / ālām] ألم / آلام

12 wehtun, schmerzen [ālam – yuʾlim] آلم — يؤلم IV
1 deutsch; Deutscher [almānī / almān] ألماني / ألمان
1 Deutschland [almānyā] ألمانيا
5 hallo *(am Telefon)* [ālū] آلو
1 nach; zu; bis [ilā] إلى
12 und so weiter [ilā āḫirihi] إلى آخره
9 Mutter [umm / ummahāt] أمّ / أمّهات
VL Emirate (VAE) [al-imārāt] الإمارات
3 vor; vorn [amām] *(örtl.)* أمام
4 Sicherheit; Schutz [amān] أمان
5 gestern [ams] أمس
13 Möglichkeit [imkān / -āt] إمكان
können, [amkan – yumkin] أمكن — يمكن IV
10 möglich sein
13 (das) Ausfüllen [imlāʾ] إملاء
[al-umam al-muttaḥida] الأمم المتّحدة
14 die Vereinten Nationen (UN)
15 sicher; geschützt [āmin] آمن
13 Kassenwart [amīn ṣundūq] أمين صندوق
9 dass [an] أن
10 dass [anna] أنّ
5 jetzt [al-ān] الآن
1 so Gott will [in šāʾ allāh] إن شاء الله
1 ich [anā] أنا
14 Erdöl-Pipeline [unbūb bitrūl] أنبوب بترول
1 du [anta / anti] *(m/f)* أنت
13 Erwartung [intiẓār] إنتظار
8 warten [intaẓar – yantaẓir] انتظر — ينتظر VIII
1 ihr [antum] أنتم
13 Start [inṭilāq] إنطلاق
12 losfahren [inṭalaq – yanṭaliq] انطلق — ينطلق VII
12 Nase [anf / unūf] أنف / أنوف
14 Explosion [infiǧār] إنفجار
[anʿam – yunʿim] (على) أنعم — ينعم IV
11 Gnade erweisen
englisch; [inklīzī / inklīz] إنكليزي / إنكليز
1 Engländer
1 hallo; willkommen [ahlan] أهلاً

14 wichtiger(e,r,s); wichtigste(r,s) [ahamm] أهمّ

7 oder [au] أو

10 erste(r) [auwal] *(m)* أوّل

11 erstens [auwalan] أوّلاً

5 erste [ūlā] *(f)* أولى

5 welche(r,s) [ayy] أيّ

13 Mai [ayyār] أيّار

11 dir; dich [īyāk] إياك

12 Aids [aidz] أيدز

2 auch [aiḍan] أيضاً

14 Italien [īṭālyā] إيطاليا

13 September [ailūl] أيلول

1 wo [aina] أين

ب Bā'

1 mit; in; für [bi] ب

2 Tür [bāb / abwāb] باب / أبواب

9 Papa [bābā] بابا

8 Auberginen [bāḏinǧān] *(koll.)* باذنجان

15 kalt [bārid] بارد

7 segnen [bārak – yubārik] بارك — يبارك III

4 Bus [bāṣ / -āt] باص

10 Petra *(Stadt)* [al-batrā'] البتراء

[baḥaṯ – yabḥaṯ] بحث — يبحث (عن)

7 suchen (nach)

2 Meer [baḥr] بحر

10 Totes Meer [al-baḥr al-mayyit] البحر الميّت

VL Bahrain [al-baḥrain] البحرين

15 See [buḥaira / -āt] بحيرة

6 anfangen, beginnen [bada' – yabda'] بدأ — يبدأ

14 Anfang, Beginn [bidāya / -āt] بداية

8 Orangen [burtuqāl] *(koll.)* برتقال

12 Kälte; Erkältung [bard] *(f)* برد

8 Bulgur [burġul] برغل

14 Segen [baraka / -āt] بركة

8 Zwiebeln [baṣal] *(koll.)* بصل

8 Kartoffeln [baṭāṭā] *(koll.)* بطاطا

12 Bauch [baṭn / buṭūn] بطن / بطون

8 Melonen [baṭṭīḫ] *(koll.)* بطّيخ

3 nach [ba'd] بعد

3 weit [ba'īd] بعيد

8 Petersilie [baqdūnis] بقدونس

8 Rind [baqar] *(koll.)* بقر

10 bleiben [baqīya – yabqā] بقي — يبقى

4 Land [balad / buldān] بلد / بلدان

3 Gebäude [bināya / āt] بناية

6 Mädchen; Tochter [bint / banāt] بنت / بنات

8 Gewürze [bahārāt] بهارات

2 Haus; Wohnung [bait / buyūt] بيت / بيوت

15 Sommerhaus [bait ṣaifī] بيت صيفي

8 Bier [bīra] بيرة

8 Eier [baiḍ] *(koll.)* بيض

7 weiß [baiḍā'] *(f)* بيضاء

ت Tā'

6 Kaufmann, Händler [tāǧir / tuǧǧār] تاجر / تجّار

8 Verspätung [ta'ḫīr] تأخير

1 Datum [tārīḫ / tawārīḫ] تاريخ/ تواريخ

10 neunte(r) *(m)* [tāsi'] تاسع

11 neuntens [tāsi'an] تاسعاً

4 Taxi [tāksi / takāsī] تاكسي / تكاسي

8 Tabbouleh-Salat [tabbūla] تبّولة

3 unter; unten [taḥt] تحت

7 Rarität [tuḥfa / tuḥaf] تحفة / تحف

5 Gruß [taḥīya / -āt] تحية

13 (das) Rauchen [tadḫīn] تدخين

15 Andenken, Souvenir [tiḏkār] تذكار

14 Konzentration (auf) [tarkiz] تركيز (على)

VL neun [tis'a] تسعة

1 sehr erfreut [tašarrafnā] تشرّفنا

13 Oktober [tišrīn al-auwal] تشرين الأوّل

13 November [tišrīn aṯ-ṯānī] تشرين الثاني

1 schlaf gut [tuṣbiḥ 'alā ḫair] تصبح على خير

13 Beglaubigung [taṣdīq] تصديق

4 (das) Fotografieren [taṣwīr] تصوير

3 Komm! [ta'āl(ī) / -ū] تعال (ـــي)

12 müde [taʿbān / -īn] تعبان

[taʿarraf – yataʿarraf] (على) تعرّف – يتعرّف V
14 kennenlernen

13 (das) Lernen [taʿallum] تعلّم

12 lernen [taʿallam – yataʿallam] تعلّم – يتعلّم V

8 Äpfel [tuffāḥ] *(koll.)* تفّاح

2 bitte [tafaḍḍal(ī) / -ū] (ـــي) تفضّل

14 Bericht [taqrīr] تقرير

[takallam – yatakallam] تكلّم – يتكلّم V
6 sprechen

14 Fernsehen; Fernsehapparat [tilifizyūn] تلفزيون

5 Telefon [tilīfūn] تليفون

13 stattfinden [tamm – yatimm] تمّ – يتمّ

1 gut [tamām] تمام

14 genau [tamāman] تماماً

13 Verlängerung [tamdīd] تمديد

9 Datteln [tamr] *(koll.)* تمر

[tamannā – yatamannā] تمنّى – يتمنّى V
9 hoffen; wünschen

13 Juli [tammūz] تمّوز

13 Einnahme [tanāwul] تناول

[tanāwal – yatanāwal] تناول – يتناول VI
12 einnehmen

14 Zeitmessung [tauqīt] توقيت

13 Unterschrift [tauqīʿ / -āt] توقيع

1 Thomas توماس

VL Tunesien [tūnis] تونس

ث Ṯāʾ

10 dritte(r) *(m)* [ṯāliṯ] ثالث

11 drittens [ṯāliṯan] ثالثاً

10 achte(r) *(m)* [ṯāmin] ثامن

11 achtens [ṯaminan] ثامناً

10 zweite(r) *(m)* [ṯānī] ثاني

11 zweitens [ṯāniyan] ثانياً

14 Kultur [ṯaqāfa] ثقافة

5 Dienstag [aṯ-ṯulāṯāʾ] الثلاثاء

VL drei [ṯalāṯa] ثلاثة

5 Drittel [ṯulṯ] ثلث

15 Schnee [ṯalǧ] ثلج

6 dann [ṯumma] ثمّ

VL acht [ṯamānya] ثمانية

ج Ǧīm

15 kommen [ǧāʾ – yaǧīʾ] جاء – يجيء

3 Moschee [ǧāmiʿ / ǧawāmiʿ] جامع / جوامع

4 Universität [ǧāmiʿa / -āt] جامعة

8 seitlich; zur Seite *(adv.)* [ǧāniban] جانباً

15 bereit; fertig [ǧāhiz / -īn] جاهز

8 Käse [ǧubn] *(koll.)* جبن

9 Großvater [ǧadd / aǧdād] جدّ / أجداد

4 sehr [ǧiddan] جدّاً

9 Großmutter [ǧadda / -āt] جدّة

3 neu [ǧadīd / ǧudud] جديد / جدد

8 Kellner [garsūn] جرسون

10 Jerash *(Stadt)* [ǧaraš] جرش

14 Zeitung [ǧarīda / ǧarāʾid] جريدة / جرائد

VL Algerien [al-ǧazāʾir] الجزائر

8 Möhren [ǧazar] *(koll.)* جزر

VL Komoren [ǧuzur al-qumur] جزر القمر

12 Körper [ǧism / aǧsām] جسم / أجسام

6 sitzen [ǧalas – yaǧlis] جلس – يجلس

5 Freitag [al-ǧumʿa] الجمعة

4 schön [ǧamīl / -īn] جميل

3 neben [ǧanb] جنب

1 Nationalität [ǧinsīya / -āt] جنسية

10 Süden [ǧanūb] جنوب

7 Gineh, äg. Pfund [gineh / -āt] جنيه

2 Pass [ǧawāz / -āt] جواز

7 Qualität, Güte [ǧauda] جودة

8 hungrig [ǧauʿān / -īn] جوعان

3 Rundgang; Rundreise [ǧaula / -āt] جولة

VL Djibuti [ǧībūtī] جيبوتي

7 gut [ǧayyid / -īn] جيّد

1 gut *(adv.)* [ǧayyidan] جيّداً

ح Ḥā'

حادي عشر [ḥādī ʿašr] (m) elfte(r) 10
حارّ [ḥārr] heiß 15
حال / أحوال [ḥāl / aḥwāl] Zustand 1
حاول – يحاول III [ḥāwal – yuḥāwil] versuchen 11
حبّ [ḥubb] Liebe 6
حبّة [ḥabba] Stück 8
حبيب / أحبّاء [ḥabīb / aḥibbā'] Liebling 15
حتّى [ḥattā] bis *(zeitl.)* 12
حجّ [ḥağğ] Pilgerfahrt 9
حدث – يحدث [ḥadaṯ – yaḥduṯ] geschehen 12
حديقة / حدائق [ḥadīqa / ḥadā'iq] Garten 2
حرام [ḥarām] unantastbar 11
حرب / حروب [ḥarb / ḥurūb] *(f)* Krieg 14
حزام / أحزمة [ḥizām / aḥzima] Gurt; Gürtel 4
حزمة [ḥizma] Bund, Bündel 8
حزيران [ḥuzairān] Juni 13
حزين [ḥazīn / -īn] traurig 15
حساب [ḥisāb / -āt] Rechnung 8
حصل – يحصل (على) [ḥaṣal – yaḥṣul]
bekommen, erhalten 13
حصول [ḥuṣūl] Erhalt 13
حضرتك [ḥaḍratak(ik)] *(Höflichkeitsform)* Sie 4
حقّ [ḥaqq] Recht 10
حلّاق [ḥallāq / -īn] Friseur 6
حلو [ḥilū] süß 10
حلويات [ḥalawīyāt] Süßigkeiten 9
حليب [ḥalīb] *(f)* Milch 8
حمّام [ḥammām / -āt] Bad 2
الحمد لله [al-ḥamdu li-llāh] Gott sei Dank 1
حمراء [ḥamrā'] *(f)* rot 7
حوالي [ḥawālī] ungefähr 3
حيّ [ḥayya] Auf!, Los! 11

خ Ḫā

خاف – يخاف (من) [ḫāf – yaḫāf]
sich fürchten (vor) 15
خال / أخوال [ḫāl / aḫwāl] Onkel 9
خالة [ḫāla / -āt] *(mütterlicherseits)* Tante 9
خامس [ḫāmis] *(m)* fünfte(r) 10
خامساً [ḫāmisan] fünftens 11
خبّاز [ḫabbāz / -īn] Bäcker 6
خبر / أخبار [ḫabar / aḫbār] Nachricht 14
خبز [ḫubz] *(koll.)* Brot 8
ختم / أختام [ḫatm / aḫtām] Stempel 13
خرج – يخرج (من) [ḫarağ – yaḫruğ]
hinausgehen (aus) 9
خريطة [ḫarīṭa] Plan, Karte 3
خريف [ḫarīf] Herbst 15
خزانة / خزائن [ḫizāna / ḫazā'in] Schrank 2
خسّ [ḫass] grüner Salat 8
خضر [ḫuḍar] *(koll.)* Gemüse 8
خضراء [ḫaḍrā'] *(f)* grün 7
خفّف – يخفّف II [ḫaffaf – yuḫaffif] [ḫaffif] *Imp.*
verringern; erleichtern 4
خلف [ḫalf] hinter; hinten 3
خلفية [ḫalfīya / -āt] Gesäß 12
خمسة [ḫamsa] fünf VL
الخميس [al-ḫamīs] Donnerstag 5
خنزير [ḫinzīr] *(koll.)* Schwein 11
خوف [ḫauf] Angst, Furcht 15
خيار [ḫiyār] *(koll.)* Gurken 8
خير [ḫair] Güte 1
بخير [bi-ḫair] gut 1

د Dāl

دائماً [dā'iman] immer 14
دار – يدور [dār – yadūr] sich drehen,
umherschwirren 11
داعي [dāʿī] Grund, Veranlassung 15
لا داعي (ل) [lā dāʿī] kein Grund (zu) 15
دجاج [dağāğ] *(koll.)* Hühnchen 8
دخل – يدخل [daḫal – yadḫul] hereinkommen 9
دخّن – يدخّن II [daḫḫan – yudaḫḫin] rauchen 10

13 Studium [dirāsa / āt] دراسة

studieren; [daras – yadrus] درس – يدرس

1 lernen

7 Dirham [dirham / darāhim] درهم / دراهم

[daʿā – yadʿū] (إلى) دعا – يدعو

10 einladen (zu / nach)

7 bezahlen [dafaʿ – yadfaʿ] دفع – يدفع

13 Bezahlung [dafʿ] دفع

5 Minute [daqīqa / daqāʾiq] دقيقة / دقائق

12 Doktor [duktūr / dakātira] دكتور / دكاترة

1 Damaskus [dimašq] دمشق

2 Dahab *(Stadt)* دهب

12 Medikament [dawāʾ / adwīya] دواء / أدوية

2 Dollar [dūlār / -āt] دولار

14 Staat [daula / duwal] دولة / دول

14 international [duwalī] دولي

13 Dezember [dīsambar] ديسمبر

7 Dinar [dīnār / danānīr] دينار / دنانير

ذ Ḏāl

15 verwelken [ḏabal – yaḏbal] ذبل – يذبل

12 Arm [ḏirāʿ / aḏruʿ] *(f)* ذراع / أذرع

[ḏakkar – yuḏakkir] (ب) ذكّر – يذكّر II

15 erinnern (an)

11 dies, jenes [ḏālik] ذلك

13 (das) Gehen [ḏahāb] ذهاب

5 gehen [ḏahab – yaḏhab] ذهب – يذهب

7 Gold [ḏahab] ذهب

ر Rāʾ

14 Oberhaupt [raʾīs / ruʾasāʾ] رئيس / رؤساء

14 Ministerpräsident [raʾīs wuzarāʾ] رئيس وزراء

10 vierte(r) *(m)* [rābiʿ] رابع

11 viertens [rabiʿan] رابعاً

14 Radio [rādyū] راديو

11 Kopf [raʾs / ruʾūs] رأس / رؤوس

6 Tänzerin [rāqiṣa / -āt] راقصة

6 sehen [raʾā – yarā] رأى – يرى

4 Meinung [raʾy] رأي

11 Herr; Gott [rabb] ربّ

5 Viertel [rubʿ] ربع

15 Frühling [rabīʿ] ربيع

15 *(jdn.)* bitten [rağā – yarğū] رجا – يرجو

[rağaʿ – yarğiʿ] (إلى) رجع – يرجع

9 zurückkehren (nach)

12 Bein [riğl / arğul] *(f)* رجل / أرجل

12 Mann [rağul / riğāl] رجل / رجال

13 Rückkehr [ruğūʿ] رجوع

11 der Barmherzige [ar-raḥmān] الرحمن

14 Gnade [raḥma] رحمة

11 der Gnädige [ar-raḥīm] الرحيم

7 billig [raḫīṣ] رخيص

8 Reis [ruzz] رزّ

5 Brief [risāla / rasāʾil] رسالة / رسائل

13 Gebühr [rasm / rusūm] رسم / رسوم

13 amtlich, offiziell [rasmī] رسمي

11 Gesandter [rasūl] رسول

15 Gehsteig [raṣīf] رصيف

14 ablehnen [rafaḍ – yarfuḍ] رفض – يرفض

12 Hals [raqba / -āt] رقبة

13 Nummer; Ziffer [raqm / arqām] رقم / أرقام

11 Pfeiler [rukn / arkān] ركن / أركان

9 Ramadan [ramaḍān] رمضان

römisch; [rūmānī / rūmān] روماني / رومان

10 Römer

14 Sport [riyāḍa] رياضة

7 Riyal [riyāl / -āt] ريال

ز Zāy

10 Besucher [zāʾir / zuwwār] زائر / زوّار

9 besuchen [zār – yazūr] زار – يزور

8 Butter [zubd] *(koll.)* زبد

7 blau [zarqāʾ] *(f)* زرقاء

11 Zakat-Spende [zakāt] زكاة

12 Kollege [zamīl / zumalāʾ] زميل / زملاء

6 Ehemann [zauğ / azwāğ] زوج / أزواج

6 Ehefrau [zauğa / -āt] زوجة

13 Besuch [ziyāra / -āt] زيارة

8 Öl [zait] زيت

8 Oliven [zaitūn] *(koll.)* زيتون

8 Dekoration [zīna] زينة

Sīn س

6 Vorsilbe zur Bildung der Zukunft [sa-] ســ

11 Frage [su'āl / as'ila] سؤال / أسئلة

4 Fahrer [sā'iq / -īn] سائق

10 siebente(r) *(m)* [sābi'] سابع

11 siebentens [sābi'an] سابعاً

3 Platz [sāḥa / -āt] ساحة

10 sechste(r) *(m)* [sādis] سادس

11 sechstens [sādisan] سادساً

5 Stunde; Uhr [sā'a / -āt] ساعة

13 helfen [sā'ad – yusā'id] ساعد — يساعد III

10 reisen [sāfar – yusāfir] سافر — يسافر III

7 fragen (nach) [sa'al – yas'al] سأل — يسأل (عن)

13 Grund [sabab / asbāb] سبب / أسباب

5 Samstag [as-sabt] السبت

13 September [sibtambar] سبتمبر

10 schwimmen [sabaḥ – yasbaḥ] سبح — يسبح

VL sieben [sab'a] سبعة

VL sechs [sitta] ستّة

2 Teppich [sağğāda / sağāğīd] سجّادة / سجاجيد

12 Krebs [saraṭān] سرطان

4 Geschwindigkeit [sur'a] سرعة

14 schnell [bi-sur'a] بسرعة

3 Freude [surūr] سرور

2 Bett [sarīr / asirra] سرير / أسرّة

7 Preis [si'r / as'ār] سعر / أسعار

VL Saudi-Arabien [as-sa'ūdīya] السعودية

1 glücklich [sa'īd / -īn] سعيد

12 Reise [safar / asfār] سفر / أسفار

15 fallen [saqaṭ – yasquṭ] سقط — يسقط

7 Zucker [sukkar] سكّر

6 wohnen [sakan – yaskun] سكن — يسكن

1 Frieden [salām] سلام

1 Unversehrtheit [salāma] سلامة

8 Salat [ṣalaṭa / -āt] سلطة

[as-sulṭa al-filasṭīnīya] السلطة الفلسطينية
10 die palästinensischen Autonomiegebiete

[sallam – yusallim] (ل ، على) سلّم — يسلّم II
15 grüßen (von; an)

15 Himmel [samā'] *(f)* سماء

7 braun [samrā'] *(f)* سمراء

10 hören [sami' – yasma'] سمع — يسمع

8 Fisch [samak] *(koll.)* سمك

1 Samira *(Name)* سميرة

12 Zahn [sinn / asnān] *(f)* سنّ / أسنان

4 Jahr [sana / sanawāt] سنة / سنوات

4 einfach, leicht [sahl] سهل

7 schwarz [saudā'] *(f)* سوداء

VL Sudan [as-sūdān] السودان

11 Sure [sūra / suwar] سورة / سور

1 syrisch; Syrer [sūrī / -īn] سوري

VL Syrien [sūriyā] سوريا

6 (Partikel zur Bildung der Zukunft) [saufa] سوف

3 Markt [sūq / aswāq] *(f)* سوق / أسواق

7 Souk al-Hamidiya سوق الحميدية

15 CD [sī dī] *(f)* سي دي

12 schlecht [sayyi' / -īn] سيّئ

13 Tourismus [siyāḥa] سياحة

10 touristisch [siyāḥī] سياحي

4 Auto [sayyāra / -āt] سيّارة

14 Politik [siyāsa] سياسة

10 Zigarette [sigāra / sagā'ir] سيجارة / سجائر

2 Herr [sayyid / sāda] سيّد / سادة

3 Frau; Dame [sayyida / -āt] سيّدة

4 Kino [sīnimā / -āt] سينما

Šīn ش

junger Mann; [šābb / šabāb] شابّ / شباب
6 *(Pl.:)* Jugend

14 trinkend [šārib] شارب

شارع / شوارع [šāri' / šawāri'] **3** Straße

III شارك – يشارك (في) [šārak – yušārik] **14** teilnehmen (an)

الشام [aš-šām] **7** *(umg.)* Naher Osten; Damaskus

III شاهد – يشاهد [šāhad – yušāhid] **14** zuschauen, zusehen

شاي [šāy] **5** Tee

شباط [šubāṭ] **13** Februar

شبّاك / شبابيك [šubbāk / šabābīk] **2** Fenster

شبعان [šab'ān / -īn] **10** satt

شتاء / أشتية [šitā' / aštiya] **15** Winter

شخص / أشخاص [šaḫs / ašḫās] **14** Person

شديد [šadīd] **12** stark; schlimm

شرب – يشرب [šarib – yašrab] **5** trinken

شرطة [šurṭa] **13** Polizei

شرطي [šurṭī / -īn] **6** Polizist

شرق [šarq] **10** Osten; Orient

الشرق الأوسط [aš-šarq al-ausaṭ] **10** der Nahe Osten

شرقي [šarqī / -īn] **5** orientalisch

شرقيات [šarqīyāt] **7** Orientalia

شركة [šarika / -āt] **6** Firma

شعر [ša'r] *(koll.)* **12** Haare

شفاء [šifā'] **12** Genesung

شقراء [šaqrā'] *(f)* **7** blond

شكر [šukr] **2** Dank

شكرًا [šukran] **1** Danke

شكل / أشكال [šakl / aškāl] **7** Form

شمال [šamāl] **10** Norden

شمس [šams] **15** Sonne

شهادة [šahāda / -āt] **11** Zeugnis; Bekenntnis

شهد – يشهد [šahad – yašhad] **11** bezeugen; bekennen

شهر / شهور [šahr / šuhūr] **13** Monat

شوربة [šūrba / -āt] **8** Suppe

شورمة [šawarma] **8** Schawarma

شيء / أشياء [šai' / ašyā'] **1** Ding; etwas

ص Ṣād

صائم [ṣā'im / -īn] **9** fastend

صالون [ṣālūn / -āt] **2** Wohnzimmer

صام – يصوم [ṣām – yaṣūm] **13** fasten

صباح [ṣabāḥ] **1** Morgen

صباحاً [ṣabāḥan] **5** morgens

صحّة [ṣiḥḥa] **8** Gesundheit

صحراء [ṣaḥrā'] **10** Wüste

صحفي [ṣaḥafī / -īn] **6** Journalist

صحن / صحون [ṣaḥn / ṣuḥūn] **8** Teller

صحيح [ṣaḥīḥ] **14** richtig

صخر [ṣaḫr] **10** Felsen

صداع [ṣudā'] **12** Kopfschmerzen

صدر – يصدر [ṣadar – yaṣdur] **14** erscheinen

صدر / صدور [ṣadr / ṣudūr] **12** Brust

صديق / أصدقاء [ṣadīq / aṣdiqā'] **1** Freund

صراحة [ṣarāḥa] **14** Ehrlichkeit

بصراحة [bi-ṣarāḥa] **14** ehrlich gesagt

الصراط المستقيم [aṣ-ṣirāṭ al-mustaqīm] **11** der rechte Weg

صعب [ṣa'b / -īn] **7** schwierig; kompliziert

صغير / صغار [ṣaġīr / ṣiġār] **3** klein

II صفّى – يصفّي [ṣaffā – yuṣaffī] **8** abtropfen

صفر [ṣifr] **VL** null

صفراء [ṣafrā'] *(f)* **7** gelb

II صلّى – يصلّي [ṣallā – yuṣallī] **11** beten

صلاة [ṣalāt] **11** Gebet

صورة / صور [ṣūra / ṣuwar] **13** Bild; Foto

صورة شخصية [ṣūra šaḫṣīya] **13** Passbild

الصومال [aṣ-ṣūmāl] **VL** Somalia

صيام [ṣiyām] **11** (das) Fasten

صيدلي / صيادلة [ṣaidalī / ṣayādila] **6** Apotheker

صيدلية [ṣaidalīya / -āt] **12** Apotheke

صيف / أصياف [ṣaif / aṣyāf] **15** Sommer

ض Ḍād

11 irrend [ḍāll / -īn] ضالّ

14 Genauigkeit [ḍabṭ] ضبط

14 genau [bi-ḍ-ḍabṭ] بالضبط

12 gegen [ḍidd] ضدّ

15 Gastfreundschaft [ḍiyāfa] ضيافة

2 Gast [ḍaif / ḍuyūf] ضيف / ضيوف

ط Ṭā'

15 Flugzeug [ṭā'ira / -āt] طائرة

13 Marke [ṭābiʿ / ṭawābiʿ] طابع / طوابع

13 Stockwerk [ṭābiq / ṭawābiq] طابق / طوابق

fordernd; [ṭālib / ṭullāb] طالب / طلّاب

6 Student; Antragsteller

2 Tisch [ṭāwila / -āt] طاولة

9 Medizin [ṭibb] طبّ

6 Koch [ṭabbāḫ / -īn] طبّاخ

9 kochen [ṭabaḫ – yaṭbuḫ] طبخ — يطبخ

2 natürlich [ṭabʿan] طبعاً

6 Arzt [ṭabīb / aṭibbā'] طبيب / أطبّاء

10 Natur [ṭabīʿa] طبيعة

3 Weg [ṭarīq / ṭuruq] طريق / طرق

8 Art und Weise, Zubereitung [ṭarīqa] طريقة

2 Kind [ṭifl / aṭfāl] طفل / أطفال

15 Wetter [ṭaqs] طقس

8 bestellen [ṭalab – yaṭlub] طلب — يطلب

13 Bestellung; Forderung; Antrag [ṭalab] طلب

8 Tomaten [ṭamāṭim] *(koll.)* طماطم

3 Länge [ṭūl] طول

3 geradeaus [ʿalā ṭūl] على طول

15 lang [ṭawīl] طويل

2 gut; gutherzig [ṭayyib / -īn] طيّب

ظ Ẓā'

10 glauben; denken [ẓann – yaẓunn] ظنّ — يظنّ

12 Rücken [ẓahr / ẓuhūr] ظهر / ظهور

5 Mittag *(zeitl.)* [ẓuhr] ظهر

5 mittags [ẓuhran] ظهراً

ع ʿAin

6 Familie [ʿā'ila / -āt] عائلة

13 Familienstand [ḥāla ʿā'ilīya] حالة عائلية

12 eilig [ʿāǧil] عاجل

14 wissend; Kenner [ʿārif] عارف

6 ledig [ʿāzib] عازب

10 zehnte(r) *(m)* [ʿāšir] عاشر

4 Hauptstadt [ʿāṣima / ʿawāṣim] عاصمة / عواصم

6 Wissenschaftler [ʿālim / ʿulamā'] عالم / علماء

12 Welt [ʿālam / ʿawālim] عالم / عوالم

6 international [ʿālamī / -īn] عالمي

11 Geschöpfe der Welt [ʿālamīn] عالمين

7 hoch [ʿālī] عالي

13 Jahr [ʿām / aʿwām] عام / أعوام

6 Arbeiter [ʿāmil / ʿummāl] عامل / عمّال

14 Ausdruck; Redewendung [ʿibāra / -āt] عبارة

11 dienen; anbeten [ʿabad – yaʿbud] عبد — يعبد

15 alt; veraltet [ʿatīq] عتيق

4 Zähler; Taxameter [ʿaddād] عدّاد

14 Anzahl [ʿadad] عدد

8 Linsen [ʿadas] *(koll.)* عدس

VL Irak [al-ʿirāq] العراق

1 arabisch; Araber [ʿarabī / ʿarab] عربي / عرب

4 die arabische Sprache [al-ʿarabīya] العربية

3 wissen; kennen [ʿaraf – yaʿrif] عرف — يعرف

5 lieb; teuer [ʿazīz / aʿizzā'] عزيز / أعزّاء

4 militärisch [ʿaskarī / -īn] عسكري

8 Abendessen [ʿašā'] عشاء

VL zehn [ʿašara] عشرة

3 zwanzig [ʿišrīn] عشرين

8 Saft [ʿaṣīr] عصير

9 durstig [ʿaṭšān / -īn] عطشان

10 Ferien [ʿuṭla] عطلة

5 hervorragend, klasse [ʿaẓīm] عظيم

2 bitte; Entschuldigung [ʿafwan] عفواً

10 Aqaba *(Stadt)* [al-ʿaqaba] العقبة

14 Gegenteil [ʿaks] عكس

14 im Gegenteil [bi-l-ʿaks] بالعكس
1 auf; an [ʿalā] على
9 Onkel [ʿamm / aʿmām] عمّ / أعمام
VL Oman [ʿumān] عمان
9 Amman [ʿamman] عمّان
9 Tante *(väterlicherseits)* [ʿamma / -āt] عمّة
6 Leben; Alter [ʿumr] عمر
7 machen [ʿamil – yaʿmal] عمل — يعمل
14 Prozess [ʿamalīya] عملية
7 über *(thematisch)* [ʿan] عن
8 Weintrauben [ʿinab] *(koll.)* عنب
2 bei; haben [ʿind] عند
12 wenn; als [ʿindamā] عندما
Titel; [ʿunwān / ʿanāwīn] عنوان / عناوين
13 Überschrift; Adresse
11 bedeuten; das heißt [ʿanā / yaʿnī] عنى — يعني
9 Fest [ʿīd / aʿyād] عيد / أعياد
9 Fest des Fastenbrechens [ʿīd al-fiṭr] عيد الفطر
4 Auge [ʿain / ʿuyūn] *(f)* عين/ عيون

غ Ġain

15 bewölkt [ġāʾim] غائم
14 meistens [ġāliban] غالباً
7 teuer [ġālī] غالي
12 blöd, dumm [ġabī / aġbīyāʾ] غبي / أغبياء
5 morgen [ġadan] غداً
8 Mittagessen [ġadāʾ] غداء
10 Westen [ġarb] غرب
6 Hurghada *(Stadt)* [al-ġardaqa] الغردقة
2 Zimmer [ġurfa / ġuraf] غرفة / غرف
15 ertrunken; überschwemmt [ġarīq] غريق
8 waschen [ġasal – yaġsil] غسل — يغسل
10 (das) Tauchen [ġaṭs] غطس
14 falsch [ġalaṭ] غلط
15 Gesang [ġināʾ] غناء
8 Lamm [ġanam] *(koll.)* غنم
11 reich [ġanī / aġnīyāʾ] غني / أغنياء
11 nicht; un- [ġair] غير

ف Fāʾ

12 da; und [fa] فـ
11 öffnend [fātiḥ] فاتح
11 *(erste Sure des Koran)* [al-fātiḥa] الفاتحة
[fāz – yafūz] فاز — يفوز (على)
14 gewinnen (gegen)
1 Fatima *(Name)* فاطمة
14 verstehend [fāhim] فاهم
13 Februar [fibrāyir] فبراير
1 sehr erfreut [furṣa saʿīda] فرصة سعيدة
15 Abschnitt; Jahreszeit [faṣl / fuṣūl] فصل / فصول
7 Silber [fiḍḍa] فضّة
8 bevorzugen [faḍḍal – yufaḍḍil] فضّل — يفضّل II
8 Frühstück [fuṭūr] فطور
5 machen, tun [faʿal – yafʿal] فعل — يفعل
7 wirklich [fiʿlan] فعلاً
7 nur [faqaṭ] فقط
11 arm [faqīr / fuqarāʾ] فقير / فقراء
8 Idee [fikra / afkār] فكرة / أفكار
10 apropos [ʿalā fikra] على فكرة
denken; [fakkar – yufakkir] فكّر — يفكّر II
10 überlegen
11 Heil [falāḥ] فلاح
VL Palästina [filasṭīn] فلسطين
1 palästinensisch [filasṭīnī / -īn] فلسطيني
8 Paprika [filfil] *(koll.)* فلفل
8 schwarzer Pfeffer [filfil aswad] فلفل أسود
12 Mund [fam / afwāh] فم / أفواه
6 Künstler [fannān / -īn] فنّان
2 Hotel [funduq / fanādiq] فندق / فنادق
2 verstehen [fahim – yafham] فهم — يفهم
14 Verständnis [fahm] فهم
8 Obst [fawākih] فواكه
6 sofort [fauran] فوراً
3 über; oben [fauq] فوق
1 in [fī] في
15 Fairuz *(Name)*; Türkis [fairūz] فيروز

13 Visum [fīza / -āt] فيزا
5 Film [fīlm / aflām] فيلم / أفلام
7 *(umg.)* es gibt [fīh] فيه

ق Qāf

6 treffen [qābal – yuqābil] قابل — يقابل III
14 kommend, nächste(r) *(m)* [qādim / -īn] قادم
9 sagen *(zu jdm.)* [qāl – yaqūl] قال — يقول (ل)
13 durchführen [qām – yaqūm] قام — يقوم (ب)
[qāmūs / qawāmīs] قاموس / قواميس
10 Wörterbuch
1 Kairo [al-qāhira] القاهرة
4 vor *(zeitl.)* [qabl] قبل
12 Fuß [qadam / aqdām] *(f)* قدم / أقدام
[qaddam – yuqaddim] قدّم — يقدّم (ل) II
7 präsentieren; servieren
3 alt [qadīm / qudamā'] قديم / قدماء
10 lesen [qara' – yaqra'] قرأ — يقرأ
11 Koran [al-qur'ān] القرآن
3 nah; in der Nähe [qarīb] قريب
6 bald [qarīban] قريباً
13 Abteilung [qism / aqsām] قسم / أقسام
6 Geschichte, Erzählung [qiṣṣa] قصّة
4 Zug [qiṭār / -āt] قطار
VL Katar [qaṭar] قطر
8 schneiden [qaṭa' – yaqṭa'] قطع — يقطع
2 Herz [qalb / qulūb] قلب / قلوب
3 wenig, ein bisschen [qalīl / -īn] قليل
6 wenig, ein bisschen *(adv.)* [qalīlan] قليلاً
7 Stoff, Textilien [qumāš / aqmiša] قماش / أقمشة
5 Kaffee [qahwa] قهوة

ك Kāf

6 als [ka] ك
14 schreibend; Schriftsteller; Sekretär [kātib] كاتب
8 Glas [ka's / ku'ūs] كأس / كؤوس
4 sein [kān – yakūn] كان — يكون
13 Januar [kānūn aṯ-ṯānī] كانون الثاني
13 Dezember [kānūn al-auwal] كانون الأوّل
8 Kebab [kabāb] كباب
3 groß [kabīr / kibār] كبير / كبار
10 Buch [kitāb / kutub] كتاب / كتب
5 schreiben [katab – yaktub] كتب — يكتب
12 Schulter [katif / aktāf] *(f)* كتف / أكتاف
5 viel [kaṯīr / -īn] كثير
6 viel; sehr *(adv.)* [kaṯīran] كثيراً
11 Alkohol [kuḥūl] كحول
14 Fußball [kurat al-qadam] كرة القدم
2 Stuhl [kursī / karāsī] كرسي / كراسي
9 gütig; ehrenwert [karīm / kirām] كريم / كرام
1 jede(r,s); ganze(r,s); alle [kull] كلّ
14 (das) Gesprochene [kalām] كلام
14 Wort [kalima / -āt] كلمة
2 wie viel(e) [kam] كم
4 so wie [kamā] كما
8 Zucchini [kūsā] *(koll.)* كوسى
8 Cola [kūlā] كولا
VL Kuwait [al-kūwait] الكويت
1 wie [kaif] كيف

ل Lām

7 für [li] ل
1 nein; nicht [lā] لا
10 weil [li'anna] لأنّ
VL Libanon [lubnān] لبنان
2 Augenblick [laḥẓa / -āt] لحظة
8 Fleisch [laḥm] *(koll.)* لحم
4 freundlich, nett [laṭīf / luṭafā'] لطيف / لطفاء
1 Sprache [luġa / -āt] لغة
1 Treffen [liqā'] لقاء
4 aber [lākin] لكن
10 aber [lākinna] لكنّ
11 warum [limāḏā] لماذا
3 gestatten Sie [lau samaḥt(i)] لو سمحت
7 Farbe [laun / alwān] لون / ألوان
VL Libyen [lībīyā] ليبيا

7 Lira, syr. Pfund [līra / -āt] ليرة
4 nicht sein [laisa] ليس
5 nachts [lailan] ليلاً
1 Nacht [laila / layālī] ليلة / ليالي
8 Zitronen [laimūn] *(koll.)* ليمون

م Mīm

14 Konferenz [mu'tamar] مؤتمر
11 Gebetsrufer, Muezzin [mu'aḏḏin] مؤذّن
1 was; nicht [mā] ما
6 was Gott will [mā šā' allāh] ما شاء الله
8 Wasser [mā' / miyāh] ماء / مياه
3 hundert [mi'a] مائة
3 hundertprozentig [mi'a bi-l-mi'a] مائة بالمائة
5 was [māḏā] ماذا
13 März [mārs] مارس
14 vergangen, letzte(r) *(m)* [māḍī] ماضي
10 salzig [māliḥ] مالح
13 Mai [māyū] مايو
9 gesegnet [mubārak] مبارك
7 gesegnet [mabrūk] مبروك
11 Betrag [mablaġ / mabāliġ] مبلغ / مبالغ
3 Museum [mathaf / matāḥif] متحف / متاحف
3 Meter [mitr / amtār] متر / أمتار
6 Übersetzer [mutarǧim / -īn] مترجم
6 verheiratet [mutazauwiǧ / -īn] متزوّج
12 anstrengend, ermüdend [mut'ib / -īn] متعب
14 lernend; gebildet [muta'allim] متعلّم
14 gelernt; lernbar [muta'allam] متعلّم
14 sich streitend [mutanāzi'] متنازع
14 umstritten, strittig [mutanāza'] متنازع
13 wann [matā] متى
10 wie; zum Beispiel [miṯl] مثل
14 brauchend [muḥtāǧ / -īn] محتاج (إلى)
3 Bahnhof [maḥaṭṭa / -āt] محطّة
7 Laden, Geschäft [maḥall / -āt] محلّ
11 Mohammed *(Name)* محمّد
1 Mahmud *(Name)* محمود

6 Regisseur [muḫriǧ / -īn] مخرج
9 aufrichtig [muḫliṣ / -īn] مخلص
8 Dauer [mudda] مدّة
6 Lehrer [mudarris / -īn] مدرّس
4 Schule [madrasa / madāris] مدرسة / مدارس
6 Direktor [mudīr / -īn] مدير
2 Stadt [madīna / mudun] مدينة / مدن
13 Medina *(Stadt)* [al-madīna] المدينة
14 begleitend; Begleiter [murāfiq / -īn] مرافق
14 begleitet [murāfaq] مرافق
8 Mal [marra / -āt] مرّة
1 hallo; willkommen [marḥaban] مرحباً
14 sendend; Absender [mursil] مرسل
14 gesendet [mursal] مرسل
12 Krankheit [maraḍ / amrāḍ] مرض / أمراض
4 Zentrum [markaz / marākiz] مركز / مراكز
4 Verkehr [murūr] مرور
15 bequem [murīḥ] مريح
6 krank [marīḍ / marḍā] مريض / مرضى
10 mehr [mazīd] مزيد
1 Abend [masā'] مساء
5 abends [masā'an] مساءً
13 Hilfe [musā'ada] مساعدة
7 unmöglich [mustaḥīl] مستحيل
4 Krankenhaus [mustašfā / -yāt] مستشفى
14 benutzt, gebraucht [musta'mal] مستعمل
14 benutzend; Benutzer [musta'mil] مستعمل
4 Theater [masraḥ / masāriḥ] مسرح / مسارح
11 Muslim [muslim / -īn] مسلم
11 erlaubt [masmūḥ] مسموح
14 zuschauend; Zuschauer [mušāhid / -īn] مشاهد
14 (das) Zuschauen [mušāhada] مشاهدة
vermissend, [muštāq / -īn] مشتاق (إلى)
15 sich sehnend (nach)
14 getrunken; Getränk [mašrūb] مشروب
6 Problem [muškila / mašākil] مشكلة / مشاكل
15 sonnig [mušmis] مشمس
15 laufen, gehen [mašā – yamšī] مشى – يمشي

2 Lampe [miṣbāḥ / maṣābīḥ] مصباح / مصابيح

VL Ägypten [miṣr] مصر

4 Bank [maṣraf / maṣārif] مصرف / مصارف

1 ägyptisch; Ägypter [miṣrī / -īn] مصري

7 Erzeugnis [maṣnūʿ / -āt] مصنوع

6 Fotograf [muṣawwir / -īn] مصوّر

4 Flughafen [maṭār / -āt] مطار

2 Küche [maṭbaḫ / maṭābiḫ] مطبخ / مطابخ

15 Regen [maṭar] مطر

2 Restaurant [maṭʿam / maṭāʿim] مطعم / مطاعم

6 geschieden [muṭallaq] مطلّق

14 bestellt; beantragt [maṭlūb] مطلوب

1 mit [maʿ] مع

14 bekannt [maʿrūf / -īn] معروف

10 Informationen [maʿlūmāt] معلومات

13 Abreise [muġādara] مغادرة

VL Marokko [al-maġrib] المغرب

2 Schlüssel [miftāḥ / mafātīḥ] مفتاح / مفاتيح

10 geöffnet, offen [maftūḥ] مفتوح

14 verstanden; verständlich [mafhūm / -īn] مفهوم

14 nützlich [mufīd] مفيد

3 gegenüber [muqābil] مقابل

8 Maß; Menge [miqdār / maqādīr] مقدار / مقادير

14 Moderator [muqaddim / -īn] مقدّم

14 präsentiert [muqaddam] مقدّم

4 Café [maqhā / maqāhī] مقهى / مقاهي

1 Ort [makān / amākin] مكان / أماكن

9 Mekka [makka al-mukarrama] مكّة المكرّمة

5 Büro [maktab / makātib] مكتب / مكاتب

4 Bibliothek; Buchhandlung [maktaba / -āt] مكتبة

14 geschrieben; vorherbestimmt [maktūb] مكتوب

12 gebrochen [maksūr] مكسور

2 Klimaanlage [mukayyif] مكيّف

12 (das) Ausfüllen [malʾ] ملء

13 ausfüllen [malaʾ – yamlaʾ] ملأ – يملأ

8 Salz [milḥ] ملح

8 Löffel [milʿaqa / malāʿiq] ملعقة / ملاعق

15 Treffpunkt [malqā] ملقى

11 König [malik / mulūk] ملك / ملوك

4 ausgezeichnet, toll [mumtāz] ممتاز

6 Schauspieler [mumaṯṯil / -īn] ممثّل

7 möglich [mumkin] ممكن

4 verboten [mamnūʿ] ممنوع

5 wer [man] من

1 aus; von [min] من

2 bitte [min faḍlak(ik)] من فضلك

9 Anlass [munāsaba / -āt] مناسبة

7 Produkt [muntaǧ / -āt] منتج

14 erwartet [muntaẓar] منتظر

14 wartend [muntaẓir] منتظر

10 gemeißelt [manḥūt] منحوت

3 seit [munḏu] منذ

4 Gebiet [minṭaqa] منطقة

14 ausgehend (von) [munṭaliq] منطلق (من)

14 Ausgangspunkt [munṭalaq] منطلق

12 wichtig [muhimm / -īn] مهمّ

13 Beruf [mihna / mihan] مهنة / مهن

6 Ingenieur [muhandis / -īn] مهندس

[muwāfiq / -īn] موافق (على)
14 einverstanden (mit)

14 Tod [maut] موت

14 Zusammenfassung [mūǧaz] موجز

11 vorhanden; es gibt [mauǧūd / -īn] موجود

VL Mauretanien [mūrītānyā] موريتانيا

8 Bananen [mauz] *(koll.)* موز

7 Mosaik [mūzāyīk] موزاييك

15 Musik [mūsīqā] *(f)* موسيقى

12 Thema [mauḍūʿ / mawāḍīʿ] موضوع / مواضيع

2 Angestellter; Beamter [muwaẓẓaf / -īn] موظّف

5 Termin [mauʿid / mawāʿīd] موعد / مواعيد

10 Internetseite [mauqiʿ intirnit] موقع إنترنت

6 Mechaniker [mīkānīkī / -īn] ميكانيكي

1 Geburt [mīlād] ميلاد

4 Hafen [mīnāʾ / mawāniʾ] ميناء / موانئ

ن Nūn

1 Nadja *(Name)* نادية
4 Leute [nās] ناس
12 schlafen [nām - yanām] نام — ينام
7 Messing [nuḥās] نحاس
1 wir [naḥnu] نحن
7 Wasserpfeife [narǧīla / -āt] نرجيلة
11 Bezug [nisba] نسبة
11 in Bezug auf [bi-n-nisba li] بالنسبة ل
12 vergessen [nasīya – yansā] نسي — ينسى
5 Hälfte; halb [niṣf] نصف
14 Amtskollege [naẓīr] نظير
1 ja [naʿam] نعم
8 Minze [naʿnāʿ] نعناع
8 einweichen [naqaʿ – yanqaʿ] نقع — ينقع
12 Witz [nukta / nukat] نكتة / نكت
1 Licht [nūr] نور
13 November [nūfimbar] نوفمبر
2 (das) Schlafen [naum] نوم
13 April [nīsān] نيسان

ه Haʾ

1 diese *(Pl.)* [hāʾulāʾ] هؤلاء
13 Hidschra; Auswanderung [hiǧra] هجرة
11 führen, leiten [hadā – yahdī] هدى — يهدي
7 Geschenk [hadīya / hadāyā] هدية / هدايا
1 diese *(f)* [hāḏihi] هذه ؛ dieser [hāḏā] هذا
5 Pyramide [haram / ahrām] هرم / أهرام
12 so, auf diese Weise [hākaḏā] هكذا
1 *(Partikel vor Fragen ohne Fragewort)* [hal] هل
1 sie *(Pl.)* [hum] هم
3 dort [hunāk] هناك ؛ hier [hunā] هنا
1 sie *(f)* [hiya] هي ؛ er [huwa] هو

و Wāw

1 und [wa] و
2 Pflicht [wāǧib / -āt] واجب
VL eins [wāḥid] واحد
10 Wadi Ram *(Trockental in Jordanien)* وادي رم
6 bei Gott [wa-llāh] والله
10 notwendig sein [waǧab – yaǧib] وجب — يجب
7 finden [waǧad – yaǧid] وجد — يجد
12 Gesicht [waǧh / wuǧūh] وجه / وجوه
10 lassen, veranlassen [wadaʿ - yadaʿ] ودع — يدع
Blatt, Papier; [waraq / aurāq] ورق / أوراق
8 Dokument
13 Ministerium [wizāra / -āt] وزارة
14 Minister [wazīr / wuzarāʾ] وزير / وزراء
9 ankommen [waṣal – yaṣil] وصل — يصل
13 Ankunft, Eintreffen [wuṣūl] وصول
8 stellen; legen [waḍaʿ – yaḍaʿ] وضع — يضع
3 national [waṭanī / -īn] وطني
14 Delegation [wafd] وفد
5 Zeit [waqt / auqāt] وقت / أوقات
6 fallen; *(geogr.)* liegen [waqaʿ – yaqaʿ] وقع — يقع
4 anhalten, stoppen [waqaf – yaqif] وقف— يقف
13 geboren werden [wulid – yūlad] ولد — يولد
6 Junge, Sohn; Kinder [walad / aulād] ولد / أولاد

ي Yāʾ

1 *(Partikel vor Namen)* [yā] يا
12 Hand [yad – aidī] *(f)* يد / أيدي
7 hand-, Hand- [yadawī] يدوي
3 linke Seite [yasār] يسار
12 Los! [yallā] يلاّ
VL Jemen [al-yaman] اليمن
3 rechte Seite [yamīn] يمين
13 Januar [yanāyir] يناير
11 es gibt [yūǧad] يوجد
3 Tag [yaum / ayyām] يوم / أيّام
5 heute [al-yaum] اليوم
5 morgen [yaum al-ġad] يوم الغد
14 täglich [yaumiyan] يومياً
13 Juni [ǧūnyū] يونيو